我国定向增发隧道效应的理论与实证研究

基于新规规制与社会关系的视角

宋鑫·著

企业管理出版社
ENTERPRISE MANAGEMENT PUBLISHING HOUSE

图书在版编目（CIP）数据

我国定向增发隧道效应的理论与实证研究：基于新规规制与社会关系的视角 / 宋鑫著 . -- 北京：企业管理出版社，2022.6

ISBN 978-7-5164-2551-0

Ⅰ.①我… Ⅱ.①宋… Ⅲ.①金融市场—研究—中国 Ⅳ.① F832.5

中国版本图书馆 CIP 数据核字（2021）第 264808 号

书　　名：	我国定向增发隧道效应的理论与实证研究：基于新规规制与社会关系的视角
书　　号：	ISBN 978-7-5164-2551-0
作　　者：	宋　鑫
策　　划：	蒋舒娟
责任编辑：	刘玉双
出版发行：	企业管理出版社
经　　销：	新华书店
地　　址：	北京市海淀区紫竹院南路 17 号　　邮　编：100048
网　　址：	http://www.emph.cn　　电子信箱：1142937578@qq.com
电　　话：	编辑部（010）68701661　　发行部（010）68701816
印　　刷：	北京虎彩文化传播有限公司
版　　次：	2022 年 6 月第 1 版
印　　次：	2022 年 6 月第 1 次印刷
开　　本：	700mm×1000mm　　1/16
印　　张：	15.75 印张
字　　数：	265 千字
定　　价：	88.00 元

版权所有　翻印必究　·　印装有误　负责调换

序　言

自 2006 年 5 月中国证监会颁布《上市公司证券发行管理办法》后，我国资本市场引入了定向增发股权再融资方式。近年来，相比于公开增发与配股等传统的股权再融资方式，我国定向增发的融资规模迅速上升，目前已成为我国资本市场上最主要的股权再融资方式。但定向增发中乱象层出不穷，特别是大股东利用隧道行为侵害中小股东利益的现象最为突出。在定向增发利益博弈中，大股东及其利益关联方在控制权与信息知晓等方面具有天然优势；中小股东因其自身弱势和市场因素原因，容易受到大股东及其利益关联方的利益侵害。大股东社会关系的外部关联与内在结构对定向增发隧道效应产生重要影响，本书从新规规制和社会关系的视角探讨我国定向增发隧道效应的影响机理与经济后果，对于规范我国定向增发市场，提升定向增发市场效率，保护中小股东利益，具有重要的理论和现实意义。

本书遵循"特征—机制—行为—后果—策略"的研究范式，将社会关系纳入定向增发隧道效应的研究领域，从社会关系视角，系统深入地探讨我国定向增发隧道效应的外部条件、内在机理和传导路径。结合我国新兴资本市场的基本特征和独有的社会关系文化，构建经济学假设与模型，推演定向增发中的利益相关者的利益构成和博弈的占优策略，据此对定向增发旧规进行较系统的隧道效应实证检验。运用 PSM-DID 方法验证定向增发新规对大股东隧道效应和企业创新机制的影响。进一步，在科创板领域扩展定向增发规制的相关研究，运用比较法进行国内外定向增发政策的对比与分析，初步探索注册制下定向增发政策的制定方向。根据实证检验和规范研究的结果，本书最后将从新规规制和社会关系视角，提出相关的政策建议。

本书基本研究框架如下。

首先，在整理大量国内外文献的基础上，结合隧道效应理论、资本市场有效理论、信息不对称理论和代理成本理论等相关理论基础，构建了定向增发隧道效应的经济学假设与利益博弈模型。在完美市场环境条件下，推演社会关系各方在定向增发中的利益构成，并逐步放松假设，在信息不对称与存在交易费用的条件下推演是否存在大股东隧道效应。研究发现，无论在完美市场环境下，还是在非完美市场环境下，大股东定向增发中均存在隧道效应，且与大股东参与程度有着重要关系。进一步，本书构建了大股东与机构投资者合谋博弈模型。在一般条件下，顺序博弈后能实现非合作均衡；但大股东与机构投资者存在亲密关系时，能实现合作均衡。

其次，本书在定向增发隧道效应理论模型基础上，结合我国定向增发市场现状，以新规规制和社会关系为研究视角，对我国定向增发隧道效应进行了系统深入的实证研究。本书第5章、第6章和第7章研究定向增发旧规"07规范"与隧道效应的关系，运用2006—2015年定向增发数据，从上层政治关系层面，实证检验政治关联、盈余管理活动与大股东定向增发隧道行为之间的关系；从公司外部关系层面，实证检验大股东和机构投资者之间的合谋关系，进一步探讨定向增发隧道效应；从公司内部关系层面，实证检验股权结构关系密度与大股东定向增发隧道行为之间的关系。第8章研究定向增发新规"17细则"对隧道效应和企业创新机制的影响。实证研究发现以下结论。

第一，在定向增发过程中，大股东压低定向增发发行价格，利用高折价率实现隧道效应。为了提高实施隧道行为的概率，民营企业利用政治关联提高定向增发过会率，推进定向增发项目的动机更加明显。民营企业在政治关联外在条件下，定向增发折价率更高，隧道效应更为显著。进一步研究发现，上市公司大股东通过真实盈余管理行为造成定向增发折价，实现自我利益输送，形成了定向增发隧道效应的传导路径。

第二，一般情况下，机构投资者更多地参与以项目融资为目的的定向增发融资，承担了更多的项目风险，从而制衡了大股东的隧道行为，降低了定向增发的隧道效应。而与大股东有密切关系的机构投资者有机会参与资本运作的定向增发项目，与大股东形成合谋的隧道效应显著，二者以此获取超额收益。

第三，股权关系亲密度与大股东参与定向增发行为呈倒U关系，而且相比国有企业，民营企业中的这种现象更为显著。增强股权关系亲密度能够形成大股东关系联盟，协助大股东在定向增发中进行资本运作，而非进行实体项目运营，提高定向增发隧道效应。从股权关系制衡角度，股权关系制衡度与大股东定向增发参与程度呈负相关关系。股权关系制衡度的提高对大股东在定向增发中隧道行为的制衡有显著的效果。在抑制大股东定向增发折价方面，联合第二大股东持股制衡效果最为显著。同时，其他股东股权联合还有效地降低了大股东定向增发资本运作行为。

第四，定价新规实施以前，上市公司大股东利用政治关联提高定向增发过会率，并利用自身权益优势，通过盈余管理、机构合谋和股权亲密关系等一系列手段进行利益输送。定向增发新规规制修改了旧规中定价基准日选择权，有效抑制了大股东利益输送行为，不仅规范资本市场交易行为，稳定各利益相关者关系，同时支持企业创新发展，使更多的定向增发融资投入企业的创新项目中，一定程度上避免了利用定向增发进行"资本运作"。

最后，本书运用规范研究法，基于科创板的定向增发政策制定的需求，对比了国内A股市场的定向增发政策、科创板市场的再融资征求意见稿和纳斯达克私募融资（定向增发）规则，得到了不同政策的差异性。由于我国科创板的设立是基于更开放的融资环境，通过对我国监管环境的分析，建议可以在一定程度上借鉴纳斯达克的相关政策以完善科创板定向增发过程的全流程监管。

本书从新规规制和社会关系的视角，为抑制我国定向增发隧道效应，提升定向增发市场效率，保护中小股东利益，提出相关的政策建议。①完善资本市场信息披露制度，实现资本市场"三公"原则，解决中小股东与大股东之间的信息不对称问题。同时，规范上市公司的盈余管理行为，避免大股东通过盈余管理实现隧道效应。②规范完善定向增发市场，提升定向增发市场化程度。一是进一步深化定向增发定价的市场化机制，避免大股东通过停牌操控和定价择时等手段，实现定向增发折价带来的隧道效应。二是优化定向增发的准入机制，避免大股东利用政治关联提高定向增发过会率，从而实现隧道效应；同时，有效监控大股东与机构投资者的社会关系，避免大股东与机构投资者合谋实施隧道行为。③为保持市场融资活力，借鉴国外再融资相关政策，加强定向增发事后监管，提高违约成本，利用严厉的惩罚措施来防止公司的违规行为以保护投资者的利益。

理论上，本书将社会关系研究纳入定向增发隧道效应研究领域，拓展了定向增发研究领域的研究范式，建立了定向增发隧道效应的经济学假设与利益博弈模型，为定向增发隧道效应的实证检验构建了一个基本理论框架，深化了定向增发隧道效应的理论基础；从社会关系视角，实证检验了政治关联、机构投资者合谋与股权关系亲密度对大股东隧道行为的影响，以及定向增发新规规制对隧道效应和企业创新的影响，从而更加明确了定向增发大股东隧道效应的机理。实践上，本书对如何完善资本市场信息披露制度，优化定向增发定价及准入机制，进一步抑制我国定向增发隧道效应，提升定向增发市场效率，保护中小股东利益，探索新兴市场科创板未来政策制定的方向，具有较重要的实践指导意义。

本书的创新性主要体现在四个方面。①研究视角上，将社会关系纳入隧道效应研究范畴，拓展了定向增发隧道效应的研究范式。围绕定向增发隧道效应，从大股东社会关系的上层政治关系层面、公司外部关系层面以及公司内部关系层面，进行了理论研究和实证检验。②理论构建上，结合隧道效应理论、资本市场有效理论等相关理论基础，构建了定向增发隧道效应的经济学假设与博弈模型，探讨了完美与非完美资本市场环境下，利益关系各方的利益构成与博弈，为定向增发隧道效应的实证检验提供了理论基础。③研究内容上，实证检验了大股东政治关系、外部机构投资者关系、内部股权关系亲密度以及社会关系强度对隧道效应的影响，并进一步检验了定向增发大股东行为与隧道效应之间的中介效应，揭示了定向增发隧道效应的内在机理，弥补了大股东隧道效应传导路径描述的不足。运用 PSM – DID 方法检验定向增发新规对隧道效应和企业创新的作用效果，并运用规范研究方法对比了国内外再融资相关政策，丰富了有关政策的研究内容。④研究结论上，发现了在产权异质条件下，政治关联、大股东盈余管理行为与股权关系亲密度等因素加剧了定向增发的隧道效应；机构投资者参与及股权关系制衡度对大股东隧道行为具有抑制作用，在大股东与机构投资者亲密关系条件下，两者合谋共同实施隧道行为；定向增发新规能够有效抑制定向增发隧道效应，降低大股东和机构投资者在定向增发中资本运作的程度，使更多再融资资金投入企业创新项目；在如科创板的开放性更强的融资环境中，定向增发政策更偏重于"事后监管"和合格投资者的衡量标准的细分多维化政策。

全书共 10 个章节，第 1 章至第 7 章和第 10 章由宋鑫独自撰写，第 8 章由宋鑫和杨舒景共同撰写，第 9 章由宋鑫和邓月缘共同撰写。本书的撰写得到教育部人文社科青年基金项目"定向增发新规规制、国际经验与科创板政策探索研究（20YJC790118）"，上海市"课程思政"领航课程项目，2020 年度上海高校青年教师培养资助计划（重点推荐）项目的资助。

目 录
CONTENTS

第1章 导论 … 1
1.1 研究背景与意义 …… 1
1.2 研究内容和研究路径 …… 5
1.3 本研究的主要创新点 …… 8

第2章 文献综述 … 11
2.1 基于经典金融理论的隧道效应相关研究综述 …… 11
2.2 基于社会关系的公司金融领域相关研究综述 …… 17
2.3 定向增发中隧道效应的相关研究综述 …… 20
2.4 文献评述 …… 24

第3章 基于社会关系的隧道效应理论模型分析与构建 … 27
3.1 定向增发发行定价的制度演进 …… 27
3.2 定向增发价格机理和利益关系的博弈分析模型 …… 28
3.3 本章小结 …… 47

第4章 定向增发市场现状与社会关系分析 … 49
4.1 定向增发市场现状 …… 49
4.2 定向增发社会关系分析 …… 60
4.3 本章小结 …… 63

V

第 5 章　政治关联、盈余管理与定向增发隧道效应研究　65

- 5.1 理论分析与研究假说 …………………………………… 65
- 5.2 样本选择及研究设计 …………………………………… 70
- 5.3 实证结果与分析 ………………………………………… 79
- 5.4 稳健性检验 ……………………………………………… 87
- 5.5 本章小结 ………………………………………………… 92

第 6 章　认购者合谋关系与定向增发隧道效应研究　94

- 6.1 理论分析与研究假说 …………………………………… 95
- 6.2 样本选择及研究设计 …………………………………… 97
- 6.3 实证结果与分析 ………………………………………… 103
- 6.4 稳健性检验 ……………………………………………… 115
- 6.5 本章小结 ………………………………………………… 118

第 7 章　股权结构关系与定向增发隧道效应研究　120

- 7.1 理论分析与研究假说 …………………………………… 120
- 7.2 样本选择及研究设计 …………………………………… 123
- 7.3 实证结果与分析 ………………………………………… 128
- 7.4 稳健性检验 ……………………………………………… 135
- 7.5 本章小结 ………………………………………………… 140

第 8 章　定向增发定价新规对隧道效应影响研究　142

- 8.1 理论分析与研究假说 …………………………………… 143
- 8.2 样本选择及研究设计 …………………………………… 146
- 8.3 实证结果与分析 Ⅰ ……………………………………… 151
- 8.4 实证结果与分析 Ⅱ ……………………………………… 156
- 8.5 实证结果与分析 Ⅲ ……………………………………… 159
- 8.6 PSM–DID 实证结果与分析 Ⅰ ………………………… 162
- 8.7 PSM–DID 实证结果与分析 Ⅱ ………………………… 167
- 8.8 本章小结 ………………………………………………… 170

第 9 章　科创板定向增发实施规制的国际经验比较研究

172

9.1　科创板定向增发政策研究背景 …………………………… 172

9.2　科创板定向增发政策研究目的与意义 ……………………… 174

9.3　科创板与纳斯达克相关研究综述 …………………………… 175

9.4　中美市场环境对比分析 ……………………………………… 179

9.5　我国上市公司定向增发发行制度对比 ……………………… 187

9.6　纳斯达克定向增发发行规制研究 …………………………… 191

9.7　本章小结 ……………………………………………………… 195

第 10 章　主要结论及政策建议

197

10.1　主要结论 …………………………………………………… 197

10.2　政策建议 …………………………………………………… 199

10.3　不足与展望 ………………………………………………… 202

参考文献 ……………………………………………………………… 203

附　录 ………………………………………………………………… 219

附录 1　2006 年 5 月 8 日颁布施行《上市公司证券发行管理办法》（部分） …… 219

附录 2　2007 年 9 月 17 日发布《上市公司非公开发行股票实施细则》（部分） …… 220

附录 3　2017 年 2 月 15 日公布《关于修改〈上市公司非公开发行股票实施细则〉的决定》（部分） ………………………………………… 223

附录 4　2019 年 11 月 8 日发布关于就《上海证券交易所科创板上市公司证券发行承销实施细则（征求意见稿）》公开征求意见的通知（部分）………… 227

附录 5　纳斯达克实行的"20%规则" ……………………………… 230

第1章 导论

1.1 研究背景与意义

1.1.1 研究背景

自 2006 年 5 月中国证监会颁布《上市公司证券发行管理办法》后，我国资本市场引入了一种新的股权再融资方式——定向增发。定向增发主要是上市公司向特定对象非公开发行股票的一种行为，已经成为中国资本市场上股权再融资的主要方式。2006 年 5 月到 2019 年 12 月，我国采用增发形式融资的 A 股上市公司数量总体呈上升趋势，尤其是 2013—2015 年更是呈几何倍数上涨[1]。问题也逐步突显出来，越来越多的资本市场乱象隐藏其中。最典型的案例是 2015 年 11 月泽熙投资管理有限公司法定代表人、总经理徐翔等人因通过非法手段获取股市内幕信息，从事内幕交易、操纵股票交易价格被捕。有统计数据显示，定向增发公告日当天的平均超额收益率是平时平均超额收益率的 13 倍以上[2]。学术界对实业领域青睐有加的定向增发也产生了一定的质疑。如此高的收益，背后的定向增发的真实目的和增发主体的行为会是什么？是定向增发融资支持实体产业发展带来的效果，还是一系列资本运作产生的结果？学术界正积极地结合国内外最近研究成果对中国资本市场定向增发行为进行系统地研究。

不同于国外成熟的资本市场，我国资本市场起步较晚，相关制度并不完善，大股东隧道行为也尤为严重。我国上市公司普遍存在"一股独大"的现象，同时大陆法系对投资者的保护较弱，第二类代理问题尤为突出。相对于

---

[1] 详见 4.1.1 上市公司融资偏好。
[2] 计算方法：用定向增发公告日累计超额收益率除以定向增发前 20 日累计超额收益率平均值。

国有企业，第二类代理问题在民营企业中更为普遍。而在二级市场上，中小股东的非理性行为又使股权交易"金融异象"[①] 严重（支晓强，2014）。近年来，随着法律法规的不断完善、监管力度的不断加强，大股东侵害中小股东的方式从关联交易、转移定价、债务融资、资金占用等明显方式转变为定向增发等更为隐蔽的形式。

由于不同的制度背景，我国上市公司的定向增发行为有别于西方上市公司的交易行为。国外学者研究认为上市公司实施定向增发的目的是巩固控制权（Barclay 等，2007），或是引入有利的投资者对公司的管理层进行有效的监控，从而降低代理成本（Wruck，1989）。而国内学者研究发现，在我国资本市场中，上市公司大股东存在通过定向增发折价进行自我利益输送的隧道行为（郭思永等，2013；黄叶苨等，2017）。而影响定向增发折价的主要手段包括：择时定价行为、盈余管理行为和内幕交易行为等（吴育辉等，2013；章卫东等，2013；谢琳等，2011）。这些行为严重损害了处于信息劣势的中小股东的利益。

我国中小投资者是一个庞大的群体，以其庞大的参与人数和总投资份额在资本市场占据主体地位，对资本市场运行有着重要影响。但从契约角度看，中小投资者一直是契约关系中的弱势群体。中小投资者受到利益侵害与其自身的特征有着重要的关系。其一，中小投资者个体投资份额小，难以参与公司的经营管理，很难了解公司内部决策和信息；其二，中小投资者往往存在非理性投资，短期行为倾向严重，并不注重价值投资，盲目跟从他人获得收益，有严重的羊群效应（朱少醒，2000），在股市上涨和下跌时具有严重的投资者情绪，过于乐观和悲观（Lee 等，1991；Ben-Rephael 等，2012），是典型的"噪声交易者"（Schmeling，2008）。此外，根据"监督假说""认可假说""防御假说"等相关研究，定向增发往往向市场传递有利信号（Wruck，1989；Hertzel 和 Smith，1993）。此时，短期内市场会呈现利好的情况，而中小投资者热衷于投资该类型股票，却未能识别定向增发的真实意图，最终表现出"赢者诅咒"。

[①] 从金融市场的复杂性看，金融异象主要存在于三个层面：一是证券市场总体层面，如股票溢价之谜和股价过度波动之谜等；二是上市公司个体层面，如规模优先效应、长期逆转现象、动量交易现象、盈利公告效应、红利之谜、股票回购现象和封闭式基金之谜等；三是投资者行为层面，如投资分散化不足、过度交易和卖出决定之谜等。

基于我国中小投资者的特征，上市公司大股东通过构建有效的社会关系在资本市场上对中小投资者的利益产生重要的影响。一方面，大股东联合关联方和机构投资者来侵占中小投资者利益。谢琳等（2011）研究发现大股东和机构投资者存在明显的内幕交易行为，操控定向增发股票价格，侵害中小投资者利益。王志强等（2010）研究发现大股东和关联方联合打压定向增发定价基准日股价，向其自身输送利益。另一方面，大股东、管理层、机构投资者之间存在相互制衡关系，以此影响中小投资者利益。研究表明投资者保护水平与公司的治理程度存在明显的正相关关系（王克敏和陈井勇，2004；王鹏，2008），由于两权分离，股东与管理层之间存在严重的代理问题，管理层作为信息的优势方会存在"道德风险"和"逆向选择"，严重损害公司的治理效果，进而侵害中小投资者利益。不过也有学者发现大股东对管理层具有一定的监督作用，减少代理成本，增加企业绩效，提高投资者保护水平（王克敏和陈井勇，2004；Bushee，1998）。另外，有研究表明机构投资者在公司治理中发挥正向或负向作用，从而影响中小投资者利益。Shleifer 和 Vishny（1986）发现机构投资者对公司的管理层具有监督作用，机构投资者持有的份额与公司价值呈正相关关系。中国学者薄仙慧和吴联生（2009）也通过实证研究得出相似的结论，随着机构投资者持股比例的上升，上市公司的正向盈余管理水平显著降低，机构投资者的参与改善了公司的治理情况。但很多学者认为，机构投资者并没有起到监督的作用，由于其是外部投资者，往往对出现业绩问题的公司采取"用脚投票"的策略，一走了之（Holderness 等，1988；Useem 等，1993；Daily 等，1996）。更有研究表明机构投资者会成为管理层的合谋者，不仅无法对公司进行有效的监督，而且与管理层共同侵害中小投资者利益（Pound，1988；潘越等，2011）。

由此看出，在资本市场利益博弈中，大股东处于权利与信息的优势地位，而中小投资者因其自身特征和市场因素容易受到利益侵害。但无论是通过资本市场还是通过公司治理，大股东意图进行隧道行为都与围绕大股东的利益关系网密切相关。在关系型社会中，大股东可以利用社会关系诸如政治关联等为个人行为带来便利，可以为达成某些目的选择与机构投资者合谋。多层次、多结构的复杂而动态的关系网不仅包括资源型关系网，也包括制衡型关系网（Granovetter，1985）。大股东的行为要受到诸如监管方、其他股东、债权人、社会媒体、分析师等社会关系的制约与监督。

2017年2月，证监会公布的《关于修改〈上市公司非公开发行股票实施细则〉的决定》（简称"17细则"）正式修订了原有的定向增发发行管理办法，将定价基准日由"董事会决议公告日、股东大会决议公告日和发行期的首日"三选一变更为"发行期的首日"。定价方式的修改，弱化了大股东对定价基准日的选择权。新规的出台能否抑制定向增发隧道效应，引导资本市场资源合理配置还有待学术验证。本书将通过系统地梳理大股东在定向增发事件中形成的关系特征，利益关系方之间利益博弈结果以及大股东与利益关系方之间的行为模式，逐步揭示大股东在定向增发中的隧道行为对中小投资者的利益侵害方式，运用PSM-DID实证方法检验"17细则"的出台对上市公司和大股东行为的微观影响，探讨定向增发政策更迭的原因，并进一步扩展对科创板定向增发的研究，对比国内外再融资政策，探索较为适合中国国情的定向增发政策，为注册制下定向增发政策的制定提供参考。

1.1.2 研究意义

本研究基于我国资本市场的转型时期，结合我国特有的文化特征，围绕定向增发事件，对大股东关系网中各方的利益进行理论模型推演与实证检验，提出中小投资者利益保护措施，为监管方提供有效的建议，有助于营造公平的市场环境和准入机制，在理论和实践方面都有重要意义。

1. 理论意义

一是扩展了定向增发研究领域的研究范式，将社会关系研究纳入定向增发大股东隧道行为研究领域。本研究描述了定向增发中大股东复杂动态的社会关系，以及利益关系各方的关系强弱，并探讨了社会关系性质及关系强弱的差异对大股东隧道行为的不同影响。二是深化了定向增发隧道效应的理论基础，为定向增发隧道效应的实证检验构建了一个基本理论框架。本研究建立了定向增发隧道效应的经济学假设和模型，推演利益关系各方的利益构成与多寡，从模型推演中引证大股东侵占中小股东利益的情形，以及其他股东对大股东利益制衡的可能性。从博弈论视角，建立大股东与机构投资者合谋与否的策略组合，形成了大股东与机构投资者不同策略下的资本收益矩阵，并探讨在顺序博弈中的占优决策。三是与以往的研究相比，本研究利用中介效应法检验了定向增发与隧道效应之间的传导机制，完善了大股东隧道行为利益传输路径的描述。运用PSM-DID方法检验定向增发新规对隧道效应和企业创新的作用效果，并运用规范研究方法对比了国内外再融资相关政策，丰富了有关政策的研究内容。四是从社会关系与利益博弈视角，实证检验了政治关联、机构投资者合谋与股权关系亲密度对大股东隧道行为的影响，从而明确了定向增发大股东隧道效应的机理；提出构建制衡性社会关系，为保护定向增发中小投资者的利益提供新思路。

2. 实践意义

一是本研究立足于我国资本市场发展的新环境。随着自贸区的相继设立，我国迎来了一系列重要的金融自由化改革，但金融自由化不等于金融监管的松懈，识别与监管定向增发中存在的隐性问题对防范金融风险尤为重要。本研究将重点集中于如何识别和制衡定向增发隧道行为，即在金融量化宽松的背景下防范公司层面特有的金融风险。二是本研究将理论和实际经济数据相结合，有效论证了理论模型在现实资本市场中的实践意义。数据统计结果表明，目前定向增发不仅成为二级市场上主要的再融资方式，也成为大股东获取利益的一种手段。依据实证数据结果，提出完善资本市场信息披露制度，优化定向增发定价及准入机制，有效监管上市公司的盈余管理行为，避免大股东通过盈余管理实现隧道效应，为政策的制定提供重要的经验证据支持。三是本研究从社会关系视角探究如何利用市场机制"看不见的手"辅助行政监管力量制衡大股东的隧道行为，规范定向增发市场，提升定向增发市场化程度，并提出通过构建制衡性社会关系抑制定向增发隧道效应，提升定向增发市场效率，进而保护中小投资者利益，维护资本市场"三公"原则，对规范金融市场秩序有较重要的实践指导意义。四是基于科创板定向增发制度的研究，初步探索注册制下适合中国国情的定向增发制度的制定，有助于在量化宽松和融资环境逐步开放的资本市场条件下，在兼顾市场公平的同时提升资源配置的有效性。

1.2 研究内容和研究路径

1.2.1 研究内容

本书遵循"特征—机制—行为—后果—策略"的分析思路，包括紧密相连和逻辑递进的六个部分。

①梳理宏观的制度背景和微观的定向增发发行特征，探讨在制度演化和市场发展的背景下形成的定向增发定价机制①和市场机制②。

②根据我国制度背景和关系文化特征，构建经济学假设与模型，推演定向增发中的各关系方的利益构成和合谋博弈的最优决策。

③根据模型推演的结果，在上层政治关系层面，检验大股东借助政治关联，利用真实盈余管理活动形成自我利益输送的隧道效应，即定向增发隧道效应的外在条件、内在机理和传导路径。

④根据博弈分析的结果，在公司外部关系层面，检验大股东与机构投资者的合谋关系；在公司内部关系层面，检验大股东与其他股东的关系紧密度以及关系强弱差异对大股东在定向增发过程中隧道行为的推动或制衡作用。

⑤根据模型推演的结果，构建PSM-DID实证检验模型，验证定向增发新规对大股东利益输送行为和企业创新的影响；进一步运用规范研究方法对比国内外再融资相关政策，基于科创板设立的背景，初步探索注册制下的定向增发制度的制定。

⑥从社会关系和利益博弈的视角，提出优化市场机制策略，制衡大股东定向增发隧道行为，保护中小投资者利益，营造公平市场环境。

1.2.2 研究路径

本书的技术路线如图1.1所示，包括九个部分。

第一部分通过规范研究方法整理大量的国内外文献，回顾经典金融理论隧道效应的研究脉络、基于社会关系视角的隧道效应研究概况以及相关内容在定向增发领域的研究成果，评述并总结定向增发隧道效应相关研究的概况和值得重点关注的研究问题。

第二部分根据隧道效应的特点构建经济学假设与模型。其一，在完美市

---

① 2006年5月证监会颁布的《上市公司证券发行管理办法》规定，定向增发发行价格不低于定价基准日前二十个交易日公司股票均价的百分之九十，本书将此规定称为定向增发定价机制。

② 市场机制是通过市场竞争配置资源的方式，即资源在市场上通过自由竞争与自由交换来实现配置的机制，也是价值规律的实现形式。具体来说，它是供求、价格、竞争、风险等要素之间互相联系及作用的机理。市场机制有一般和特殊之分。一般市场机制是在任何市场都存在并发生作用的市场机制，主要包括供求机制、价格机制、竞争机制和风险机制；特殊市场机制是各类市场上特定的并起独特作用的市场机制，主要包括金融市场的利率机制、外汇市场的汇率机制、劳动力市场的工资机制等。

图 1.1 技术路线图

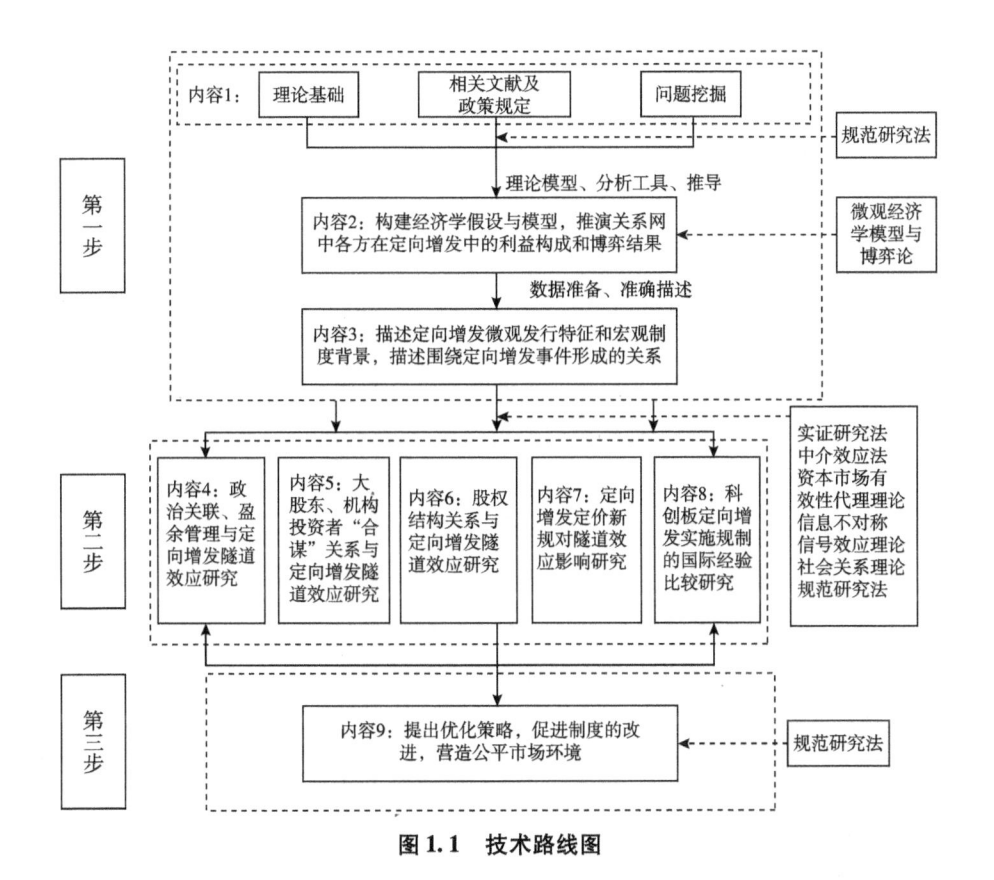

第一步
- 内容1：理论基础 / 相关文献及政策规定 / 问题挖掘 —— 规范研究法
- 理论模型、分析工具、推导
- 内容2：构建经济学假设和模型，推演关系网中各方在定向增发中的利益构成和博弈结果 —— 微观经济学模型与博弈论
- 数据准备、准确描述
- 内容3：描述定向增发微观发行特征和宏观制度背景，描述围绕定向增发事件形成的关系

第二步
- 内容4：政治关联、盈余管理与定向增发隧道效应研究
- 内容5：大股东、机构投资者"合谋"关系与定向增发隧道效应研究
- 内容6：股权结构关系与定向增发隧道效应研究
- 内容7：定向增发定价新规对隧道效应影响研究
- 内容8：科创板定向增发实施规制的国际经验比较研究

实证研究法 / 中介效应法 / 资本市场有效性代理理论 / 信息不对称 / 信号效应理论 / 社会关系理论 / 规范研究法

第三步
- 内容9：提出优化策略，促进制度的改进，营造公平市场环境 —— 规范研究法

场环境条件下，即在信息完全对称、无交易费用、市场充分竞争的状态下，推演利益关系各方在定向增发中的利益构成，并逐步放松假设，推导定向增发各主体间的利益变化及在理论上是否存在大股东利益转移的情况。其二，从博弈论视角，建立关系双方大股东与机构投资者合谋与否的策略组合，并在顺序博弈中分析占优决策。

第三部分分析和描述定向增发宏观的制度背景和微观特征，包括资本市场再融资制度演进、定向增发发行融资概况以及发行主体的认购情况等。根据我国特有的关系文化特征和社会关系相关理论基础，描述定向增发的社会关系和利益链条，描述关系网中各利益主体间的关系强弱对大股东行为的影响，并总结以上描述性分析中发现的现实问题，为后续研究奠定一定的基础。

第四部分在我国独有关系文化、市场环境、制度背景下，结合对定向增发、社会关系相关研究、政策梳理和模型推演的结果，提出研究假设和实证分析模型，构建真实盈余管理活动、应计盈余管理活动等指标。整理上市公司定向增发数据，手工收集政治关联数据，通过实证分析方法，检验在产权异质的条件下大股东利用政治关联，进行真实盈余管理活动对定向增发隧道效应的影响。运用调节效应和中介效应的研究方法，揭示大股东定向增发隧道行为的外部条件、内在机理和传导路径。

第五部分根据理论推演的结果和双方合谋博弈的占优策略组合，提出大股东与机构投资者合谋与否的研究假设和实证分析模型，对定向增发资金用途进行归类，判别大股东与机构投资者参与定向增发的真实目的，运用实证研究法验证机构投资者对大股东隧道行为的作用：是助推还是制衡。

第六部分根据理论推演关系各方的利益结果，认为大股东通过定向增发侵占了其他股东的利益。在公司内部关系层面上，结合上市公司股权结构类型与股权性质，判断其他股东与大股东关系的强弱，手工收集了一致行动人的股权比重，运用实证分析的研究方法，检验大股东与其他股东的关系紧密度以及关系强弱差异对大股东在定向增发过程中隧道行为的推动或制衡作用。

第七部分根据理论推演定向增发隧道效应的作用机理，构建实证检验模型，运用 PSM-DID 方法验证定向增发新规前后大股东利益输送行为，以及定向增发新规前后企业创新投入和创新绩效的不同，以此检验新规的作用效果，即在抑制大股东隧道效应的同时，能否支持企业的创新。

第八部分运用规范研究方法，对比中美市场环境，包括非公开发行历史，经济体制，资本市场市场结构、投资者结构等，进一步对比我国 A 股市场现行的定向增发规定、科创板市场的再融资征求意见稿和纳斯达克市场再融资制度，初步探索注册制下的定向增发制度的制定，完善合格投资者制度。

第九部分运用规范研究方法，根据第一至第八部分内容的研究结果，阐述在定向增发中大股东隧道行为的外部影响因素、内在机理和传导路径，以及利益相关方对大股东隧道效应的影响方式的研究结论。从社会关系与利益博弈角度，提出宏观政策建议和制度优化策略，有助于我国借鉴国外再融资相关政策，加强定向增发事后监管，提高违约成本，营造公平市场环境，为注册制下定向增发制度的制定奠定基础。

1.3　本研究的主要创新点

本研究主要成果和创新点如下所述。

①研究视角上，将社会关系纳入隧道效应研究范畴，拓展了定向增发隧道效应的研究范式。自新古典经济学提出企业理论，到科斯对企业理论进行改进，传统的企业理论提出了所有权与经营权，并对两权分离展开研究，不断深化委托代理理论。La Porta 等（1999）发现全世界范围内普遍存在因股权高度集中而形成的第二类代理问题。随即大股东的隧道行为成为企业理论领域研究的重点。围绕第二类代理问题的研究主要集中于大股东隧道行为的主要方式、影响因素以及经济后果。20 世纪 70 年代，社会关系这一概念被引入经济与管理学研究领域，学者主要关注社会关系在获得融资资源、提高投资效率等方面的积极作用。但无论是在企业理论还是在经济效益方面，都鲜有文献研究社会关系对隧道效应的影响，而社会关系对公司治理与资本市场主体行为都产生重要的影响。本书将社会关系纳入定向增发隧道效应的研究领域，不仅拓展了企业理论隧道效应的研究范式，还拓展了定向增发研究领域的研究范畴。

②理论构建上，构建经济学假设和模型，增强了资本市场隧道效应研究的理论基础。本书在结合隧道效应理论、资本市场有效理论等相关理论的基础上，构建了定向增发隧道效应的经济学假设与利益机理分析模型和博弈分析模型。根据定向增发定价新规分别在无交易费用的完全有效市场、无交易费用的非完全有效市场、存在交易费用的非完全有效市场条件下，推导出大股东在定向增发后的收益和其他股东在定向增发中的收益，并结合博弈论视角，推演各利益主体间的利益构成和关系主体寻求合谋时的博弈均衡，为定向增发隧道效应的实证检验提供了理论基础。

③研究内容上，丰富定向增发研究框架，细化分析社会关系性质和关系强度对隧道效应的影响；利用中介效应，检验了定向增发大股东行为与隧道效应之间的传导机制。其一，本书详细描述定向增发中大股东复杂动态的社会关系层次，描述各利益主体间的关系强弱差异，并实证检验大股东政治关系、外部机构投资者关系、内部股权关系亲密度以及社会关系强度对隧道效应的影响，从社会关系性质和关系强度方面，丰富定向增发研究框架。其二，在定向增发利益输送论中，学者发现大股东定向增发前存在市场择时、停牌操控、正向或负向的应计盈余管理行为，但尚未检验这些行为和隧道效应之间的关系。本书采用中介效应法，检验大股东定向增发前行为与隧道效应之间的传导机制，完善大股东隧道行为利益传输路径的描述；运用 PSM – DID

方法检验定向增发新规对隧道效应和企业创新的作用效果，并运用规范研究方法对比国内外再融资相关政策，丰富有关政策的研究内容。

④研究结论上，提出定向增发社会关系与大股东隧道行为之间关系较新颖的研究结论。预期在产权异质条件下，政治关联、大股东盈余管理行为与股权关系亲密度等因素能够加剧定向增发的隧道效应；机构投资者参与及股权关系制衡度对大股东隧道行为具有抑制作用；在大股东与机构投资者亲密关系条件下，两者合谋共同实施隧道行为。定向增发新规能够有效抑制定向增发隧道效应，降低大股东和机构投资者在定向增发中资本运作的程度，使更多再融资资金投入企业创新项目，并且在如科创板的开放性更高的融资环境中，定向增发政策更偏重于"事后监管"和合格投资者的衡量标准的细分多维化政策。

第 2 章 文献综述

2.1 基于经典金融理论的隧道效应相关研究综述

2.1.1 新古典经济学与制度经济学的公司理论演进

新古典经济学（Neoclassical Economics）将企业看作内部完全有效的"黑匣子"，假设企业完全理性和利润最大化，利用生产函数对企业进行封闭式的最优决策分析。而新制度经济学的企业理论完全推翻了新古典经济学的假设和观点。以科斯为代表的学者提出了市场机制对企业不可忽视的影响。Alchian 和 Demsetz（1972）继承了科斯的理论并形成了新的企业理论。他们认为可以把企业看作一组契约的集合。企业中的每个成员的贡献决定了产品的生产效率，为了保证效率最大化，必须对企业成员生产过程进行监督，并提出企业成员"搭便车"行为和激励效应。

Berle 和 Means（1932）提出所有权和经营权的两权分离现象在美国企业特别普遍，由此形成了所有权和经营权两权分离导致的第一类代理问题，这是企业代理理论形成的逻辑起点。他们对美国企业进行数据分析，发现 58% 的企业均由管理者运行，由大股东控制的企业不足 5%。企业高度分散的股权结构导致所有权与经营权分离，对职业管理者的过度授权和过分依赖成为股东与管理层利益冲突的根源。Jensen 和 Meckling（1976）从两权分离视角进一步发展了科斯理论，对企业所有者和管理者之间的代理问题进行系统阐述。由于企业的所有者并不参与企业经营，是由管理者代理企业经营，所以两者的利益角度不同，管理者只能获得固定收益，企业所有者则希望企业价值最大化。由于两者之间存在着利益冲突和信息不对称情况，导致了道德风险和管理层机会主义行为，如在职消费、消极怠工等，这侵蚀了企业所有者的利益。

针对第一类代理问题，经济学重点关注如何对经理人进行有效监督。Ross（1973）基于柠檬理论，认为在信息不对称下，很难实现委托代理问题的帕累托最优。但如果在双方同时掌握全部信息的情况下，委托人掌握经理人全部经营行为信息，就不存在代理问题，原命题假设则不成立。Mirrlees（1976）用"分布函数的参数化法"提出了在信息不对称情况下代理问题的处理方式。研究结果表明，委托人无法监督代理人行为过程，但可以监督代理人行为结果。Jensen 和 Meckling（1976）提出了代理成本概念，指出委托人为监督经理人行为，所付出的成本包括监督支出、代理人的保证支出和剩余损失；理论上分析了股权集中的正面作用，大股东的利益与公司价值趋于统一，比中小股东有更强的监管动机和更低的监管成本。Fama（1980）提出从激励角度解决代理问题，达到监督目的。Fama 构建了声誉模型，即代理人为了市场声誉自我约束，努力工作获得更好的业绩水平。声誉模型在激励机制中并非显性激励方式而是隐性激励方式，在长期代理关系的处理中有着很好的效果。Grossman 和 Hart（1986），Hart 和 Moore（1990）从博弈视角分析，由于不完备契约，经理人有占有准租金的可能性，因而产生代理成本。张维迎（1996）从显性激励角度研究对经理人的监督问题。研究表明，随着经理人努力程度的提高，企业业绩的提升，对经理人的考核标准就会相应提高。那么，经理人的努力就无法获得更多的显性激励，反而降低了经理人的热情。所以，由于荆棘效应的存在，通过企业业绩识别经理人的努力程度并给予一定的激励，其效果并不明显。随后许多学者的研究也认为大股东的存在能够减少"搭便车"行为（Grossman 和 Hart，1980），有效降低代理成本，提高公司价值（Shleifer 和 Vishny，1986）。Levy（1983）根据美国上市公司的实证结果也表明股权集中度越高的企业，经营绩效往往越好。

继第一类代理问题研究，学者相继提出第二类代理问题。以上研究大多是基于股权相对分散的美国上市公司进行的，而随着公司治理研究的不断推进，学者发现分散的股权结构并不普遍，大部分上市公司都存在能够主导企业经营活动的大股东。La Porta 等（1999）通过对世界上 27 个国家的 540 家上市公司进行研究，发现 64% 的上市公司股权都高度集中在控股股东手中。西欧各发达国家的上市公司大多处于控股股东的严密控制下，东亚的新兴市场中也存在大量由家族控制的上市公司（Claessens 等，2000；Franks，2001；Faccio 和 Lang，2002；Cronqvist，2003）。当股权高度集中时，代理问题将从原来的管理层和股东之间延伸至企业所有者之间。股权高度集中的结构容易导致企业所有者之间的利益冲突，致使控股股东产生侵占中小股东利益的行为（Shleifer 和 Vishy，1997），即第二类代理问题。大股东为追求控制权收益，利用关联交易、转移定价、信用担保、股票发行等方式将上市公司的权益向大股东自身转移（La Porta 等，2002）。因为这些财富转移行为在大股东操控下完成，且隐蔽性高，较难被发现，故 Johnson 等（2000）将这些交易行为形象地称为隧道效应（Tunnelling）。

2.1.2　代理问题与隧道效应的相关研究

自第二类代理问题被提出，大股东的隧道行为成为企业理论研究关注的重点。企业的经济价值由企业未来现金流决定，大股东所掌握的控制权与现金流权相对应，一般来说控制权影响现金流权的大小。但在现代企业复杂的股权结构下，大股东通过金字塔持股结构或交叉持股方式对下游企业实行完全控制，其控制权远超过其享有的现金流权，导致控制权与现金流权分离。控制权与现金流权分离度越大，大股东对中小投资者的利益侵占动机越强烈（La Porta，1999）。控制权收益包括通过现金流权获得的共有收益和通过各种方式获得的私人收益（Grossman 和 Hart，1986）。在股权集中度较高的公司，大股东掌握绝对的控制权，通过控制权获取共有收益和私人收益，第二类代理问题更严重（Shleifer 和 Vishny，1997）。学者邹平等（2007）的研究表明，在中国，最终控制人控制权水平较高，控制人的控制权和现金流权显著影响企业价值，企业价值与现金流权显著正相关，与控制权显著负相关，控制权和现金流权分离度越大，企业价值越低。因此，当控制权和现金流权分离度增加时，上市公司实际控制人与中小股东的代理成本增大，控制人利用控制权进行隧道行为，侵占中小投资者利益，获取更多私人收益。

随着第二类代理问题研究的逐步深入，学者进一步揭示了大股东隧道行为的方式、隧道行为的经济后果及抑制大股东隧道行为的机制等。

大股东实行隧道行为的方式主要包括：转移定价、信用担保、股利政策、关联交易、资产重组、企业并购和股权再融资等。尤其是为促进资金流动而兴起的折价交易模式对资产归类的影响也与日俱增（Longstaff，1995；Das 等，2003；Kahl 等，2003；Aragon，2007；Longstaff，2008；Ang Bollen，2010；Hou Howell，2012；Schaub Schmid，2013）。Johnson 等（2000）将大股东隧道行为方式分为两类：金融性隧道行为和经营性隧道行为。经营性隧道行为指大股东直接通过经营性交易（如关联交易）等获得隐性收益的行为，金融性隧道行为指大股东通过资金运作（如股利政策、关联担保、资产重组等）获取私有收益的行为。Cheung 等（2004）研究了 1998—2000 年中国香港上市公司关联交易数据，发现大股东通过关联交易实施隧道行为。Bertand 等（2002），陆正华等（2011）均研究发现控股股东通过关联担保的方式获得了隐性收益。唐跃军等（2006）的研究表明大股东通过派发现金股利的方式实施隧道行为。张光荣等（2006）通过托普软件的案例研究，发现上市公司大股东存在支撑行为和隧道行为，大股东为了获取长期利益，先利用私人资源对上市公司提供支持，提升公司业绩，维持公司的有效运转，随即通过关联交易、借款担保、直接资金占用等方式转移上市公司资产，侵占中小投资者利益。随着相关法律的不断健全，如《刑法》《公司法》《证券法》严格规定了操纵证券市场、掏空上市公司须承担的相应责任，明确了上市公司的披露义务。大股东侵占中小投资者利益的空间越来越小，无法通过关联交易、信用担保、股利政策等明显方式实现自我利益输送，转而利用更为隐蔽的方式实施隧道行为，如近年来在资本市场上越来越受到上市公司青睐的股权再融资方式定向增发。大量研究表明，定向增发已经成为大股东进行利益输送的主要方式（张鸣，2009；徐寿福，2009；何丽梅，2010；章卫东等，2013；邓鸣茂，2016）。2017 年 2 月 15 日证监会颁布定向增发定价新规，规定定向增发的定价基准日为非公开发行股票的发行期首日，以此遏制大股东利用定向增发定价基准日的自我调整而进行利益输送的行为，但黄叶苨等（2017）研究发现，将发行期的首日确定为定价基准日确实可以降低定向增发折价率，但大股东依然通过停牌操控和市场择时实现低价认购定向增发股份，达到利益输送的目的。

大股东隧道行为的经济后果主要包括两个方面：微观层面，损害公司价值，侵害中小投资者利益，影响公司的长期发展；宏观层面，扰乱金融市场环境，破坏金融市场的公平性，阻碍金融市场健康有序发展。Bertrand 等（2002）以印度公司为研究样本，发现企业利润转移问题，控股股东将收益从劣质企业转向优质企业造成企业资产流失，严重损害公司价值。Riyanto 等（2004）研究了金字塔式的股权结构与大股东隧道行为的关系，大股东看似是为解决企业资金困境而以自有资金向上市公司反向输入，但实质是缓解公司暂时困难而为未来进一步掏空上市公司做铺垫。Peng 等（2011）得出了类似的研究结论，上市公司大股东会在公司陷入困境时施以援手，而在公司运行良好时，实施隧道行为，侵占中小投资者利益。何丽梅和蔡宁（2009）发现我国上市公司的长期回报率呈长期恶化趋势，其中存在控股股东和关联股东增发过程有侵害中小股东利益行为。徐寿福等（2011）和耿建新等（2011）的研究均得出了上市公司定向增发后长期业绩下滑和长期回报率下降的结论。前者通过实证检验发现上市公司在定向增发之前存在盈余管理行为，美化公司的财务业绩，为了短期内实现高的市场收益，加之定向增发再融资后获得大量的自由现金流而进行过度投资，这是其定向增发后长期业绩下降的主要原因。后者利用累计超额回报率 CAR 和长期超额回报率 BHAR 分析定向增发长期回报率下降的事实，利用总资产收益率 ROA 和净资产收益率 ROE 两个指标衡量长期业绩下滑，并利用托宾 Q 分析了深层原因，结果表明投资者短期对定向增发项目的盲目乐观和对公司成长性的高估，及长期对公司经营业绩的失望，是定向增发长期回报率下降的重要原因。李诗田等（2016）从投资者情绪的角度研究上市公司融资偏好。研究表明股市低迷时，定向增发利益输送效应大，上市公司倾向于利用定向增发进行隧道行为，反之倾向于公开增发。因此，在长时间的熊市市场中，定向增发成为侵害中小投资者利益的主要途径，严重影响资本市场的公平性。Johnson 等（2000）从宏观角度进行研究，认为1997年亚洲金融危机就与大股东隧道行为有着重要的关系。

目前主流的研究结果表明抑制大股东隧道行为的主要方式为：股权制衡和法律管制。股权制衡指上市公司的股权由多个股东分散持有，每个股东都不具备完全控制公司行为的权利，股东之间存在牵制作用，形成互相监督互相制衡的模式，在一定程度上抑制大股东对上市公司利益的侵害。

Shleifer 和 Vinshny（1986）率先验证了股权制衡是对投资者的一种保护机制，随后诸多学者也证实了这一观点（Zwiebel，1995；Bennedsen，2000；Edwards，2004；Prima，2015；肖作平等，2007；黄俊等，2012）。Zwiebel（1995）、Bennedsen 和 Wolfenzon（2000）、Gomes 和 Novaes（2001）认为股权结构分散，股权制衡效果明显，可以有效降低大股东的隧道行为，提高对中小投资者利益的保护程度。Volpin（2002）、Maury（2005）、Edwards 和 Weichenrieder（2009）从公司价值角度研究股权制衡的作用，研究表明股权制衡程度越高，公司的市场价值越高，侧面证实了在股票市场上投资者对股权制衡作用的看重，包括股权制衡对大股东行为的控制和对其他投资者利益的保护。Bednarek 和 Moszoro（2013）从资产定价和管理者代理权角度分析了股权结构对公司估值的影响，研究表明股权分散程度越高，公司估值越高，管理者更倾向于投资固定资产而较少持有现金。肖作平和廖理（2007）从债务期限视角研究股权制衡对第一大股东的影响，研究发现第一大股东的持股比例越高，公司债务期限越短，股权集中导致了股东的激进投资行为，为获取短期利益而侵害债权人权益，少数股东持股比例的增加能够显著弱化大股东持股比例与债务期限的负相关关系。从产权性质的角度来看，相比民营企业，国有企业的债务期限更长，对债权人权益的保护程度更高。黄俊等（2012）的研究表明实际控制人的股权结构能显著影响大股东隧道行为，不论是国有企业还是民营企业，实际控制人的持股比例与大股东的隧道行为呈倒 U 关系，且实际控制人的现金流权与控制权偏离程度越高，其隧道行为越明显，外部股东发现大股东存在掏空行为则选择"用脚投票"，并联合其他外部股东对控股股东的隧道行为进行抵制。苏启林等（2015）也研究股权制衡与公司价值之间的关系，研究表明股权制衡能降低家族控制造成的损失，提升上市公司价值。

  诸多研究表明法律管制是影响大股东隧道行为的重要途径。投资者保护的相关法律是其利益保护的正式机制，对公司治理产生了重要影响。20 世纪 90 年代中后期，LLSV[①] 开创了法与金融研究的宏微观理论[②]，第一次明确将法律因素引入解释金融发展和经济增长的具体研究中。La Porta 等（1998）发表论文 *Law and Finance*，重点阐述了法律渊源对金融发展的影响。通过分析 49 个国家的法律体系起源及执法力量，指出英美法系对投资者的保护最强，而法国的大陆法系对投资者的保护最弱，并且上市公司的股权集中度明显与投资者保护呈负相关关系，由此，将制度环境引入金融学研究的范式中。La Porta 等（2002）运用 27 个国家的 539 个样本研究了中小股东法律保护与控股股东现金流对公司价值的影响，结果表明法律保护程度越高，控股股东现金

---

  ① LLSV 指 Rafael La Porta、Florencio Lopez－De－Silanes、Andrei Shleifer 和 Robert Vishny 四位美国著名学者，他们共同提出法与金融理论。
  ② 法与金融理论微观视角和宏观视角的研究：微观视角研究法系、外部投资者保护和金融三者之间的关系，也称为公司治理的法律理论，重点强调法律制度对投资者保护的作用；宏观视角研究投资者保护与金融发展和经济增长的关系，被称为金融发展的法律理论，重点强调法律制度对金融、经济发展的作用。

流越高，则公司估值越高。Tatiana（2002）分析中小股东保护法律条例的变化对巴西上市公司价值的影响，研究表明删除不利于保护中小投资者利益的法律条款后，公司价值提升两倍以上。Johnson（2000）等认为在公司治理相对薄弱的国家，1997年亚洲金融危机对资本的流动影响更大，中小股东权益的有效性更差，资产价格大幅下跌。中国是发展中国家，高速发展的经济与贸易需要更为发达和稳健的资本市场的支持。在中国，法律保护与资本市场发展是一个重要课题。Allen和Jun等（2005）指出中国实体经济的发展已经超过投资者相关保护法律的发展，法制水平远远落后于经济发展水平。吴永明等（2007）研究区域法律治理水平、知识产权保护程度，以及两者的增量对上市公司财务舞弊概率的影响，研究结果表明法律制度环境的改善能够有效保护投资者权益，减少上市公司财务舞弊行为，而法律治理水平的改善可以从提高执法效率和改革诉讼程序两方面着手。林钟高等（2012）探讨投资者法律保护和产品市场竞争对公司价值影响的替代性或互补性，研究结果表明投资者法律保护越好，产品市场竞争越激烈，公司价值越高。而产品市场竞争与投资者保护法律之间存在相互补充的关系，在投资者保护法律环境较差的地区，提高产品市场竞争程度能够有效提高公司价值。李海凤和史燕平（2014）从行业和地区两个层面进行研究，认为投资者法律保护正向影响企业资本配置效率，而政府干预负向影响企业资本配置效率，应加强投资者保护法律的完善，减少政府对市场和企业行为的干预。因此，在我国发展资本市场，增强资本市场的稳健性，应构建全面完善的法律保护体系，这不仅能够提高公司价值，而且能在规范上市公司行为、抑制上市公司财务舞弊与大股东隧道效应等方面发挥至关重要的作用。

2.2 基于社会关系的公司金融领域相关研究综述

2.2.1 社会关系相关理论的发展

以往社会关系的研究主要在社会科学范畴内，Barnes（1954）研究了一个村庄的亲友关系，这仅是社会关系研究的一个雏形。1958年，社会学家Bott在社会关系研究中提出节点的概念，将社会关系研究由个体扩展为网络整体。美国学者Moreno从20世纪30年代至50年代逐步将计量学方法引入社会关系网研究，并建立与此相关的数学模型，开创社会关系网的科学研究范式。20世纪70年代以来，众多学者围绕社会关系网的特征进行大量研究，主要包括三个方面：社会关系网的资源特征、社会关系网的关系特征和社会关系网的结构特征。Lin最早提出社会关系网的社会资源理论。Lin（1990）认为个人的财富、名誉等个人资源不是个人直接拥有的，而是通过社会关系获得的，因此，社会资源具有嵌入性。Granovetter从强弱关系视角研究社会关系网的特征，并提出"嵌入性"概念，研究表明在社会网中存在强关系和弱关系，通过关系的强弱可以建立彼此的关系纽带，关系的联络可以为彼此带来相应的资源。其中，关系的强弱可以从互动频率、感情强度、亲密程度等维度来衡量（Granovetter，1973、1974）。以Burt为代表的学者提出结构洞理论，社会关系网中主体构建的关系网络从结构上来看就是类似于带有节点连接的洞的结构。个体之间的相互联系以节点与洞为桥梁，人们从关系网中获取资源，并否认关系强弱与资源获取的关系（Burt，1992；Burt，2002）。结构洞的提出使得社会网络关系更加形象，层次更加分明，生动而形象地描述了个体在社会网络中获取资源的途径。因此，Burt提出个体在社会关系网络中所处的位置决定其获取资源的能力。

2.2.2 社会关系在公司金融领域的研究

嵌入性理论为社会关系在经济学的研究提供了重要的理论基础。20世纪70年代，社会关系这一概念被引入经济与管理学研究领域（Tichy等，1979）。大多数学者主要基于社会关系资源特征、社会关系强弱特征研究社会关系对企业主体行为影响的经济后果。研究发现社会关系在企业融资、投资、风险承担、企业绩效与声誉提升等方面发挥了积极作用。

①社会关系对融资活动的影响。大量学者研究社会关系在降低企业融资难度、提升企业融资额度、减少企业融资成本等方面的重要作用，包括银行贷款（Houston等，2014；唐建新等，2011），商业信用（Mcmillan和Woodruff，1999），证券融资（杨星等，2016）等方面。Chuluun等（2014）研究了公司董事会关系覆盖面对债券成本的影响，研究表明董事会关系覆盖面越广，其债券利率越低；信息不对称程度越高的公司，董事会关系对债券利率的影响程度越高。王营和曹廷求（2014）基于嵌入性理论，研究董事关系网对企业债务资源获取的影响。研究结果在融资规模和长期债务方面得出与前面一致的

结论，但融资成本方面的结论与其他学者的研究结果相反。Liedong 和 Rajwani（2017）探讨政治关系对债务成本的影响，调查结果揭示了政治关系的阴暗面，政治关系降低了财务报告质量、披露非财务信息和董事会独立性，因此与较高的利率有关。尤其是企业从非国有银行借款时，政治关系对债务成本的负面影响更大。

②社会关系对投资活动的影响。Cohen 等（2008）研究资本市场如何利用社会关系传递信息。研究表明公司董事与基金经理通过共有教育建立社会关系的桥梁，基金经理会在关联公司中投入更多的资金，而投资组合也会有更大的回报率，因此，社会关系网络是传递信息影响资本市场资产价格的重要机制。杨勇（2012）基于结构洞的理论进行研究，得出与 Cohen 类似的结论，结果表明基金经理的网络中心度越高，其投资效率越高。Noyes 和 Hatten（2014）研究为什么某些企业更愿意进行风险投资，研究表明某些公司通过连锁董事会、业务实践等建立社会关系，从而使风险投资具有更高的收益。

③社会关系对风险承担的影响。Chuluun 等（2014）进一步研究债券的违约程度，研究表明董事会社会关系越丰富，公司违约的声誉成本越高，投资者要求的风险补偿越低。张敏（2015）研究社会关系对企业风险承担的影响，研究结果表明，社会关系有助于提升企业的风险承担水平；同时，企业所在地区市场化水平越低，高管激励越充分，企业面临的投资机会越多，社会关系对风险承担的促进作用越强。

④社会关系对企业绩效的影响。Tsai（2001）、Baum（2004）、Bell（2005）、Dhanasai 和 Parkhe（2006）分别就关系强度、关系规模、关系属性的异质性及关系的稳定性对企业绩效的影响进行系统研究，研究结果表明更加优质而稳健的社会关系能够提升企业绩效。Adler 和 Kwon（2000）从社会关系资源论角度研究社会关系给企业带来的社会资本，为企业实现产出目标提供重要支持。Mcevily 和 Marcus（2005）的研究表明管理者的社会关系能够给企业带来大量资源，帮助企业提高竞争力，实现更大的企业价值。陈运森（2015）基于结构洞理论进行研究，发现企业在社会网络中结构洞中的位置越好，企业经营效率和投资效率越高，未来企业业绩也会越高。另外，也有学者研究了社会关系对企业创新（杨洪涛等，2015；Zhang，2015）和对 IPO 定价后果的影响（郑凯等，2017；史欣向，2015）。越来越多的学者的研究逐步扩展社会关系在经济生活中的作用与影响。

大量学者研究社会关系在企业融资、投资、风险承担、企业绩效、企业创新和 IPO 定价等方面发挥了积极作用。虽然有学者提出股权分散度可以有效制衡大股东隧道行为，却鲜有学者从关系性质及关系强弱特征角度研究其对隧道效应的影响。

2.3 定向增发中隧道效应的相关研究综述

2.3.1 定向增发隧道效应相关研究

国内外学者对于上市公司选择定向增发进行再融资的动因有以下几种观点。第一种是监控假说。通过定向增发可以引入积极投资者，从而对上市公司的管理者进行监督，减少两权分离的代理问题（Wruck，1989；Molin，1996；Chen 等，2002）。第二种是控制权假说。Cronqvist 等（2005）研究瑞典上市公司数据，发现影响上市公司融资方式选择的重要因素是控制权；Laporta 等（1999）的研究表明公司实际控制人可以通过定向增发获得更多股票，并控制增发对象，从而避免控制权被稀释。第三种是管理者防御假说。在定向增发中选择消极投资者作为发行对象，不仅能减少积极投资者对公司政策的干预，还能降低公司被收购的风险（Barclay 等，2007）。第四种是协同效应假说。Chakraborty 和 Gantchev（2013）研究发现定向增发可以增进股东之间的协同，且有助于与债务拥有者进行债务条约的谈判，减少股东间的协调摩擦，最终可以让公司债务违约率降低一半。第五种是隧道效应假说。国内外大量研究发现，由于相关法律的不断健全，大股东侵占利益的方式由关联交易等明显式转为以定向增发为主的隐蔽式（Johnson 等，2000），对定价的极大控制权，使发行定价成为大股东攫取利益的主要手段（黄叶苨等，2017；吴育辉等，2013）。由于我国上市公司股权集中度的特征和资本市场发展相对不成熟，上市公司控股股东通过定向增发进行利益输送的现象尤为严重。

定向增发隧道行为的主要途径为定向增发折价。大股东在定向增发中进行隧道行为的主要途径为影响定向增发定价和定向增发后市场价格，即大股东通过定向增发折价进行自我利益输送。Ritter 等（1995）、张鸣和郭思永（2009）、徐寿福（2009）、何丽梅（2010）均得出这个结论，研究还表明大股东认购比例越高，定向增发折价程度越高，认购定向增发股份的比例超过大股东原持股比例，大股东将获得更多超额收益。何丹和王楠（2012）认为定向增发折扣与股东的类型高度相关，其中控股股东或大股东对定向增发折价的影响最为显著。崔晓蕾和何婧（2016）的研究表明定向增发折价与资本市场行情呈正相关关系，即股市行情高涨，则折扣率提高，反之则降低。不过有学者提出，大股东利益输送行为并不一定是定向增发折价的决定性因素，发行人也会出于对投资者在锁定期持股损失的弥补而折价，也就是利益输送不一定是定向增发股高折价发行的必要前提（林乐芬和熊发礼，2018）。

国内外学者研究发现，定向增发折价的主要手段包括择时定价行为、盈余管理行为、内幕交易行为等。

1. 择时定价行为

Ritter 和 Loughran（1995）认为公司发行股票存在严重的择时行为。Baker 等（2008）、Huang 和 Ritter（2009）等发现择时现象出现于市场受到投机者行为偏见左右时，或是企业管理层对市场时机的主观选择过程中。Frank Nezafat（2019）指出在投资者信誉度已知的前提下，企业选择在投资者高估市场价值的时机投放股票。颜淑姬和许永斌（2011）通过理论研究分析了控股股东在资产注入定向增发中的择时增发行为，指出控股股东更会在股市上行期进行定向增发。Charmaine Oneil 等（2012）得出同样结论，企业多半会选择在股票市场价格被高估的情况下进行定向增发，以获得较高的溢价收益。Gomes Pillips（2012）指出市场透明度越高，信息公开程度越高，上市公司越倾向于择时公开发售股票，反之则择时私募，即定向增发。郭思永和刘春江（2013）研究发现市场时机与定向增发折价存在相关关系，在定向增发过程中存在严重的市场择时定价现象，在股市上行周期股东进行定向增发转移财富。吴育辉等（2013）从时机选择和停牌操控两个角度对定向增发的择时定价行为进行研究，研究表明，一方面，上市公司大股东进行定向增发时对不同的投资者选择的发行时机存在差异，在股价低迷时期，大股东对自身进行定向增发获取较低价格的定向增发股票，而在股价上涨时期，大股东对机构投资者进行定向增发；另一方面，大股东认购定向增发股份时停牌的概率或停牌时间长度均比机构投资者认购时的大，这导致定向增发后的市场价格更高，因此在这个过程中大股东锁定定向增发的低定价和高市场以实施掏空行为。另外，"17 细则"要求上市公司定向增发股定价基准日确立在发行期首日，这使大股东可以通过超长停牌（吴育辉，2013）等投机方式，择时进行利益输送（黄叶苨等，2017）。

2. 盈余管理行为

Welch等（1998）、Shivakumar（2000）、Rangan（1998）以及其他学者均发现上市公司在定向增发前存在盈余管理行为，投资者则通过增发价格折扣消除盈余管理的影响，不过管理者的盈余管理行为和投资者折价购买只不过是囚徒困境的纳什均衡，进行盈余管理的股票也会面临未来股价下跌的风险。我国学者薛爽等（2010）、李增福等（2012）、章卫东等（2013）、王晓亮（2016）均发现上市公司在定向增发前存在盈余管理行为。章卫东（2010）研究发现中国上市公司定向增发新股前一年有盈余管理的动机，其盈余管理的程度与第一大股东的持股比例呈正相关关系。章卫东等（2013）进一步研究，提出面向不同的投资者，上市公司盈余管理活动的方向不同。向大股东及其关联方定向增发时，上市公司定向增发前进行负向的盈余管理行为；向机构投资者等非关联方定向增发时，上市公司定向增发前进行正向的盈余管理行为。李增福等（2012）的研究也发现上市公司会在定向增发前进行真实活动盈余管理和应计盈余管理。王丽娟和潘峥（2018）对沪深证券交易所2009—2015年数据样本进行模型分析后得出了股票价格走势与发行人择时行为的关系。从股东角度而言，持股比例较大的股东倾向于通过操纵公司盈余管理来调整股票价格，获取额外收益。

3. 内幕交易行为

Vladimir Atanasov等（2005）的研究表明在发展中国家新兴市场上，大股东在掌握较多的内部信息的情况下，对政策的应变能力较强，这使其能依据实际情况改变侵占中小股东权益的方式，以达到利益输送的目的。谢琳等（2011）选取了2006—2009年A股上市公司定向增发数据为样本，研究定向增发中是否存在内幕交易和股价操纵行为，发现我国定向增发存在内幕交易行为。作者进一步研究发现，部分公司选取了大小非解禁时期[①]进行定向增发，通过定向增发利好消息和股价操纵行为抬高股价，使得大小非解禁获得更高的市价，加速上市公司原股东的利益转移。马文静等（2018）认为定向增发折价的决定性因素主要是投资者择时动机，并通过实证研究发现公告效应是定向增发折价的最重要的决定性因素，而定向增发折扣一定程度上能映

---

① 大小非，指大小非流通股；大小非解禁，指限售的非流通股允许上市。

射交易内部信息和情况。

相关研究认为抑制定向增发大股东隧道行为的方式包括：机构投资者的参与（王俊飚和刘明，2012），投资者保护水平[①]（郭思永，2012），投资者异质信念水平（支晓强和邓路，2014）和网络舆论（沈艺峰等，2013）。这些都可以有效控制定向增发定价，降低折扣率，遏制大股东的利益转移行为。沈艺峰等（2013）认为网络舆论是对中小投资者的非正式的保护机制，是正式的法律保护的重要补充机制。我国资本市场起步晚，相关制度尚未健全，网络舆论对中小投资者的利益保护发挥了重要作用。研究表明，负面的网络舆论可以降低定向增发后的股票超额收益率，甚至降低定向增发审核过会率；进一步研究表明，负面网络舆论越多的公司其会计业绩越差，说明网络舆论能够在一定程度上发现定向增发中可能存在的问题，解决信息不对称问题，达到保护中小投资者的目的。卢闯和李志华（2011）以 2006—2010 年第 3 季度上市公司定向增发数据为样本，从投资者情绪角度研究投资者情绪对定向增发折价的影响。研究表明乐观投资者的情绪影响定向增发高折价，而悲观投资者的情绪影响定向增发低折价。

2.3.2 社会关系与定向增发相关研究

关于定向增发中社会关系的研究主要集中于政治关系的研究。杨星等（2016）的研究发现，与民营企业相比，国有企业具有更高的审批过会率和融资额度，但民营企业通过政治关联可以提高其定向增发审批过会率。政治关联一直影响经济行为，制度越不健全的国家和地区，企业借助政治关联寻求自身发展或商业便利的可能性越大（Bartels 和 Brady，2003）。政治关联的价值在于为企业获取利益，涉及融资的成败、成本及额度，对企业的处罚，政府救助等，企业获取的收益将高于政治寻租成本，间接提高企业价值，而官员也将获取利益（Shleifer 和 Vishny，1994；Houston 等，2014；Maria，2014；李健等，2012）。借助政治关联行为在资本市场上显失公平，而且存在政治关联的企业其会计信息质量往往更差（Chaney 等，2011）。我国正处在转型期，

[①] 投资者保护水平的度量方法：各地区对投资者保护程度来自《中国市场化指数——各地区市场化相对进程》，该报告从政府与市场的关系、非国有经济的发展、产品和要素市场的发育、市场中介组织发育和法律制度环境等 5 个方面评价了各地区市场化指数，该数值越大，表明该上市公司所处地区的市场化水平越高，排名越靠前，治理环境越好。

法制法规不断完善，政治关联仍在公司融资领域发挥重要作用。政治关联可以为我国民营企业带来融资便利，解决民营企业融资困境，尤其是在金融发展水平较低的地区（罗党论等，2008；于蔚等，2012）。潘红波等（2008）从银行贷款的期限和贷款数额的角度发现政治关联给企业带来的效益。彭文伟（2017）从定向增发融资角度研究政治关联的影响，研究表明民营企业借助政治关联更容易通过定向增发审核，存在政治关联的企业长期业绩表现更好。鲜有国外学者针对政治关联对定向增发的影响进行研究。

2.4　文献评述

　　社会学对社会关系的研究非常丰富，提供了重要的理论基础和研究范式，如嵌入性理论、资源论、结构洞理论等。20世纪70年代，依据嵌入性理论，社会关系被引入经济和管理领域。大多数的研究表明社会关系能够在公司融资、投资、风险承担、企业绩效与声誉提升等方面发挥积极作用。但国内外几乎没有学者从隧道效应角度考虑社会关系的作用，是推波助澜、助纣为虐还是遏恶扬善，抑或袖手旁观？社会关系在经济生活中处于非常重要的地位，尤其是在关系文化异常浓厚的中国，个体间的关系被视为企业在新兴市场经济中运行的关键要素。近年来，我国的法律法规正在逐步完善，越来越严格地规范经济体运行。但无论如何严格规范，企业和个人的铤而走险、目无法纪的现象依然存在，除了经济利益的利诱外，市场经济体运行的不规范也为此埋下隐患。因此，从市场机制运行的角度，寻求遏制隧道效应的机理，对当下发展中的中国尤为重要。本书意在从社会关系角度考察如何解决隧道效应问题。

　　关于隧道效应的理论研究已经非常成熟，从新古典经济学的企业假说到新制度经济学的企业理论，学者逐步提出企业理论中的第一类代理问题，即所有权与经营权分离，以及由股权集中度过高所导致的第二类代理问题，即大股东与中小股东代理问题。隧道效应问题一直是企业理论学者关注的重要课题，其症结就在于无论在什么年代，无论采用什么方法，终无法完全遏制与消除大股东隧道行为。从早期的关联交易、转移定价、借款担保、直接资金占用等方式，到如今的定向增发、并购重组、注入不良资产等方式，随着法律法规的不断健全，大股东非法侵占中小投资者利益的空间越来越小，隧道行为的实施方式也更为隐蔽。无论是隐蔽还是明显，隧道效应终究是难以根治的问题。现有研究主要关注了法律法规以及以媒体效应、社会舆论为代表的非正式机制对中小投资者的保护作用，却忽视了社会关系所起到的关键作用，忽视了推动建立有效的关系对遏制隧道效应的重要性。

大量学者证实定向增发成为大股东进行利益输送的新工具。更为严格的定向增发融资规范在2017年2月更新，有学者在进行初步测试后认为其在规范大股东隧道行为上仍具有一定的局限性，其长期效果需要更多的时间来检验。就目前的研究成果而言，学者发现了定向增发融资方式存在的隧道行为以及隧道行为的方式，为规范资本市场的发展做出了重要贡献，也为后续的研究奠定了重要的基础，但基于社会关系视角，立足于中小投资者利益保护的定向增发隧道效应研究有待深化。

其一，应进一步增强定向增发隧道效应的理论模型基础，为实证研究构建基本理论框架。大量的定向增发研究运用实证分析方法展现了上市公司定向增发再融资的动因、定向增发隧道效应及其途径以及定向增发在二级市场上的短期和长期公告效应。但鲜有文献对定向增发隧道效应的理论模型进行系统的构建和推演，理论模型基础的研究较为匮乏，使实证分析缺少理论研究的支撑。因此，应进一步构建和探讨定向增发隧道效应的理论模型，完善定向增发隧道效应研究的整体框架。

其二，大股东行为与隧道效应的传导机制需要进一步验证。现有的文献描述了大股东在定向增发前或定向增发时的应计盈余管理、停牌操控等行为，但没有进一步实证检验盈余管理等行为与定向增发折价之间的内在因果关系，缺乏对定向增发隧道效应传导路径的完整描述。应充分探究大股东盈余管理等行为对定向增发折价的传导机制，证实大股东行为是否导致了隧道效应。

其三，应进一步研究社会关系对隧道效应的影响，丰富市场机制对中小投资者利益保护的方式。在定向增发研究领域，有大量文献提出了大股东对中小投资者的利益侵害，却鲜有文献研究遏制大股东行为保护中小投资者利益的方式。少数文献从非正式机制角度探讨了在定向增发中媒体报道等对中小投资者利益的保护。应进一步研究社会关系对定向增发隧道效应影响的研究，从客观角度评价围绕定向增发主体事件形成的关系网，在定向增发中产生的作用，对大股东隧道行为产生的作用，利用社会关系的理论基础和研究范式描述主体之间的关系性质、关系强度对整个事件的影响，进而提出有针对性的建议，丰富中小投资者利益保护措施。

其四,从社会关系视角,细化研究定向增发利益相关者对定向增发隧道效应的影响。在政治关联方面,现有文献主要从政治关联角度研究了在产权异质的条件下,上市公司利用政治关联提高定向增发过会率获取定向增发资源,但并没有研究政治关联对隧道效应的影响;在机构投资者的研究方面,现有文献发现机构投资者的参与能够减少大股东隧道行为,但对于机构投资者在定向增发中所处的地位、与大股东之间的关系以及如何对隧道效应产生影响,均没有详细描述;在股权结构关系方面,现有文献证明,除了法律法规,股权结构是抑制大股东隧道效应最有效的方式,而在定向增发研究领域却鲜有文献对股权结构和隧道效应之间的关系进行研究,更缺少对股东间关系性质和关系强度的描述和对不同的关系性质、关系强度差异对定向增发隧道效应影响的检验。

其五,结合中国的情境和关系文化对隧道效应进行有针对性的研究。不同的国家在法律体系、国家发展史以及传统文化等方面都存在显著差异,国外的研究成果并不能与中国的实际情况完全吻合。根据中国制度环境特征与中国的关系文化背景,讨论社会关系对定向增发影响的文献较为少见,甚至还未有相关文献讨论社会关系对隧道效应的影响。随着全球资本市场一体化进程的加快,从市场机制角度深层次探讨社会关系与隧道效应的关系对目前我国国际化进程至关重要。

第3章 基于社会关系的隧道效应理论模型分析与构建

3.1 定向增发发行定价的制度演进

《上市公司证券发行管理办法》（以下简称《管理办法》）自2006年5月颁布施行，明确规定了非公开发行股票的条件。非公开发行股票，是上市公司采用非公开方式，向不超过十名的特定对象发行股票的行为。定向增发的发行价格不低于定价基准日前二十个交易日公司股票均价的百分之九十，且发行的股份自发行结束之日起，十二个月内不得转让；控股股东、实际控制人及其控制的企业认购的股份，三十六个月内不得转让。

《上市公司非公开发行股票实施细则》（以下简称《实施细则》）对定向增发定价基准日做出了清晰的解释。2017年2月修订后的《实施细则》将定向增发基准日的解释由"定价基准日可以为关于本次非公开发行股票的董事会决议公告日、股东大会决议公告日，也可以为发行期的首日"改为"定价基准日为本次非公开发行股票发行期的首日"。这次修改极大地限制了定向增发的可操纵性，是制度变革的一次胜利。从本书的研究范围来看，绝大多数的上市公司在制度允许的框架内，选择了董事会决议公告日作为基准日。因为在"董事会决议公告日""股东大会决议公告日"和"发行期的首日"这三个日期中，董事会决议公告日对于上市公司来说非常灵活可控，上市公司可以在股价连续上升或股价不断下降的任何一个对上市公司或大股东更有利的时点召开董事会，进而控制定向增发发行定价的基调。相比而言，股东大会的召开需要提前一个月进行公告，发行期首日与整个发行审核周期非常不易控制。虽然2017年2月《实施细则》的修订极大地限制了上市公司对定向增发定价的操控，但也有研究表明其效果仍有一定局限，大股东依然通过停牌操控和市场择时实现低价认购定向增发股份，达到利益输送的目的（叶苈等，2017）。

定向增发定价与减持的制度演进及制度影响、意义见表3.1。

3.2 定向增发价格机理和利益关系的博弈分析模型

3.2.1 定价模型假定与关系方的利益机制推演

根据定向增发的发行特点，Baek等（2006）、张鸣和郭思永（2009）在完美市场环境下构建定向增发定价相关模型，推演上市公司定向增发前后大股东收益情况。本节将从市场环境和博弈视角全面拓展相关模型的推演，分别在完全有效市场、无交易费用的半强势有效市场以及存在交易费用的半强势有效市场三种环境中构建模型，通过逐步放松假定，考察逐步接近现实资本市场情形下，定向增发关系网中的各方在定价机理的作用下的利益分配、权衡与博弈。

情形1：完美市场环境（基准情况）

在完美市场环境中构建模型并推演定向增发社会关系网中各方的定价机制和利益构成。其中，变量和函数的研究假定具体如下。

假定1：在完美市场环境下，市场完全有效，信息完全对称。定向增发后公司股票市值 = 定向增发前公司股票市值 + 定向增发增加值。

假定2：交易过程中无交易费用。

假定3：大股东参与认购定向增发股份，中小股东未参与定向增发股份认购。

假定4：上市公司定向增发前总股份数为 N_0，每股股票价格为 P_0，大股东持股比例为 γ，且 $\gamma \in (0, 1]$；定向增发股份数为 ΔN，每股股票发行价格为 P_k，大股东认购比例为 δ，且 $\delta \in [0, 1]$。

根据假定可得到，定向增发前公司总市值 $V_0 = N_0 \times P_0$，大股东持股市值 $V_{B0} = \gamma N_0 \times P_0$，中小股东持股市值 $V_s = (1 - \gamma) N_0 \times P_0$；定向增发后公司总市值 $V_1 = N_0 \times P_0 + \Delta N \times P_k$，大股东持股市值 $V_{B1} = (\gamma N_0 + \delta \Delta N) \times \dfrac{N_0 \times P_0 + \Delta N \times P_k}{N_0 + \Delta N}$，大股东认购定向增发股份支出 $Q = \delta \Delta N \times P_k$，中小股东持股市值 $V_{s1} = (1 - \gamma) N_0 \times \dfrac{N_0 \times P_0 + \Delta N \times P_k}{N_0 + \Delta N}$。

表 3.1 定向增发定价与减持的制度演进及制度影响、意义

时间	制度名称	主要内容	影响/意义
2000年4月30日	《上市公司向社会公开募集股份暂行办法》	上市公司公募增发，必须具备以下主要条件。公司在最近三年内连续盈利，本次发行当年的净资产收益率不低于同期银行存款利率水平；且预测本次发行当年的净资产收益率不低于配股规定的净资产收益率平均水平，或与增发前基本相当，进行重大资产重组的上市公司，重组前的业绩可以模拟计算，重组后一般应保持十二个月以上。公司不存在资金、资产被控股股东占用，或有明显损害公司利益的重大关联交易。	我国第一个有关股权再融资的公开募集资金的相关法规，规范了申请公募增发的上市公司的资格条件。为后续定向增发再融资相关制度规定奠定了基础。
2002年6月21日	《关于进一步规范上市公司增发新股的通知》（征求意见稿）	上市公司申请增发新股，除应当符合《上市公司新股发行管理办法》规定的条件外，还须满足以下条件。最近三个会计年度加权平均净资产收益率不低于百分之十，且最近一年加权平均净资产收益率不低于百分之十。扣除非经常性损益后的净利润与扣除前的净利润相比，以低者作为加权平均净资产收益率的计算依据。增发新股募集资金量不得超过公司首次增发新股时上市经审计的上年度末经审计的净资产之值。资产重组比例超过百分之七十的上市公司，重组后不得申请增发新股可不受此限制。最近一期财务报表中的资产负债结构不存在重大缺陷，上市公司同行业（如资金、法人或其他组织及其关联人、资产被具有实际控制权的个人、原料采购或产品销售同类交易额占同类交易总额的百分之五十以上等），信息披露未违反有关规定。	进一步加强了对公司公开增发股票的政策限制。提高了上市公司增发新股的准入要求，使上市公司增发再融资的热度有所下降，反映了当时资本市场对公开增发的热衷，但由于政策的加强限制，公开增发的难度加大，导致资本市场再融资的着力点转向了定向增发。
2006年5月6日	《上市公司证券发行管理办法》	非公开发行股票的特定对象应当符合下列规定。特定对象符合股东大会决议规定的条件；发行对象不超过十名。发行对象为境外战略投资者的，应当经国务院相关部门批准。上市公司非公开发行股票，应当符合下列规定。发行价格不低于定价基准日前二十个交易日公司股票均价的百分之九十；本次发行的股份自发行结束之日起，十二个月内不得转让；控股股东、实际控制人及其控制的企业认购的股份，三十六个月内不得转让；本次发行将导致上市公司控制权发生变化的，还应当符合中国证监会的其他规定。	标志着处于暂停状态的上市公司再融资功能得以恢复。《管理办法》首次建立了上市公司发行新股的制度，由于非公开发行条件较宽松，在市场上掀起了一股非公开增发热潮。

29

续表

时间	制度名称	主要内容	影响/意义
2007年9月17日	《上市公司非公开发行股票实施细则》	(1) 对定价基准日的解释 《管理办法》所称"定价基准日",是计算发行底价的基准日,定价基准日可以为关于本次非公开发行股票的董事会决议公告日、股东大会决议公告日,也可以为发行期的首日。上市公司应按不低于该发行底价的价格发行股票。 《管理办法》所称"定价基准日前二十个交易日股票交易均价"的计算公式为:定价基准日前二十个交易日股票交易均价=定价基准日前二十个交易日股票交易总额÷定价基准日前二十个交易日股票交易总量。 (2) 对定向增发股票对象的解释 《管理办法》所称"发行对象不超过十名",是指认购并获得本次非公开发行股票的法人、自然人或其他合法投资组织不超过十名;证券投资基金管理公司以其管理的两只以上基金认购的,视为一个发行对象,信托公司作为发行对象,只能以自有资金认购。 (3) 对发行对象减持的解释 ①发行对象属于下列情形之一的,具体发行对象及其认购价格或者定价原则应当由上市公司董事会的非公开发行股票决议确定,并经股东大会批准;认购的股份自发行结束之日起三十六个月内不得转让:上市公司的控股股东、实际控制人或其控制的关联人;通过认购本次发行的股份取得上市公司实际控制权的投资者;董事会拟引入的境内外战略投资者。 ②发行对象属于上述规定以外情形的,上市公司应当在取得发行核准批文后,按照规定以竞价方式确定发行价格和发行对象。发行对象认购的股份自发行结束之日起十二个月内不得转让。	补充了对《管理办法》相关规定的解释。由于规定相对宽泛,易被资本市场增发主体和投资者利用来操控定向增发定价。

30

续表

时间	制度名称	主要内容	影响/意义
2017年2月15日	《上市公司非公开发行股票实施细则》修订	(1) 将定价基准日修改为：定价基准日为本次非公开发行股票发行期的首日。上市公司应按不低于发行底价的价格发行股票。 (2) 修改发行对象减持的相关规定。发行对象属于下列情形之一的，具体发行对象及其定价原则应当由上市公司董事会的非公开发行股票决议确定，并经股东大会批准，认购的股份自发行结束之日起三十六个月内不得转让：上市公司的控股股东、实际控制人或其控制的关联人；通过认购本次发行的股份取得上市公司实际控制权的投资者；董事会拟引入的境内外战略投资者。	增加了再融资的发行难度，降低了定向增发定价可操控余地。此次证监会重塑再融资体系的影响广泛而深刻。此举不仅能有效遏制过度融资和资本短期逐利套取价差的行为，而且有助于资本市场的长期健康发展。
2017年5月26日	《上市公司股东、董监高减持股份的若干规定》	上市公司大股东、董监高计划通过证券交易所集中竞价交易减持股份，应当在首次卖出的十五个交易日前预先披露减持计划，由证券交易所予以备案。减持计划实施完毕后，大股东、董监高应当在减持时间区间内，未实施减持或者减持计划未实施完毕的，应当在减持计划时间区间届满的两个交易日内向证券交易所报告，并予公告；在预先披露的减持时间区间届满后两个交易日内向证券交易所报告，并予公告。上市公司大股东在三个月内通过证券交易所集中竞价交易减持股份的总数，不得超过公司股份总数的百分之一。股东持有上市公司非公开发行的股份，在股份限售期届满后十二个月内通过集中竞价交易减持的数量，还应当符合证券交易所规定的比例限制。	更加严格地限制了上市公司股东、董监高减持。规定了减持备案制度和公告制度，并对股东持有原股份数和非公开发行认购的股份的减持数量加以严格限制。

31

续表

时间	制度名称	主要内容	影响/意义
2017年5月27日	《上海证券交易所上市公司股东及董事、监事、高级管理人员减持股份实施细则》	大股东减持或者特定股东减持，采取集中竞价交易方式的，在任意连续九十个自然日内，减持股份的总数不得超过公司股份总数的百分之一。上市公司非公开发行股份的，除遵守此规定外，在股份限售期届满后十二个月内，减持数量还不得超过其持有的该次非公开发行股份的百分之五十。大股东减持或者特定股东减持股份，采取大宗交易方式的，在任意连续九十个自然日内，减持股份的总数不得超过公司股份总数的百分之二。董监高在任期届满前离职的，应当在其就任时确定的任期内和任期届满后六个月内，继续遵守下列限制性规定：每年转让的股份不得超过其所持本公司股份总数的百分之二十五；离职后半年内，不转让其所持本公司股份。	意味着非公开发行股份退出同期延长，资产周转速度降低。市场现存多数定向增发投资产品投资运作面临产品期限问题，短期定向增发融资将受到较大的影响。
2019年3月1日	《上海证券交易所科创板股票上市规则》	上市公司非公开发行股票结果并登记完成后，应当在股票上市前披露发行结果公告等相关文件，并向本所申请办理新增股份的上市交易。上市公司申请股份的解除限售在限售解除前五个交易日披露提示公告。上市公司股份的限售与减持，适用本规则、《上市公司及董事、监事、高级管理人员股份减持实施细则》关于减持股份的相关规定，本规则未规定的，适用《上市公司及董事、监事、高级管理人员股份减持实施细则》。公司上市时未盈利的，在公司实现盈利前，控股股东、实际控制人自公司股票上市之日起3个完整会计年度内，不得减持首发前股份；自公司股票上市之日起第四个会计年度和第五个完整会计年度内，每年减持首发前股份不得超过公司上市时所持公司股份总数的百分之二。公司上市时未盈利的，在公司实现盈利前，董事、监事、高级管理人员及核心技术人员自公司上市之日起3个完整会计年度内，不得减持首发前股份；在前述期间内离职的，应当继续遵守本款规定。公司实现盈利后，前两款减持规定的股东可以自当年年度报告披露后次日起减持首发前股份，但应当遵守本节其他规定。	根据本土科创板注册制的核心特点，颁布科创板上市发行细则，为后续规范非公开发行具体细则做铺垫。同时，在后续规定部分针对不同的情况对应不同的要求。

32

续表

时间	制度名称	主要内容	影响/意义
2019年3月1日	《上海证券交易所科创板股票上市规则》	上市公司控股股东、实际控制人自公司股票上市之日起三十六个月内,不得转让或者委托他人管理其直接和间接持有的首发前股份,也不得提议由上市公司回购该部分股份。上市公司核心技术人员自公司股票上市之日起十二个月内不得转让本公司首发前股份;自所持首发前股份限售期满之日起四年内,每年转让的首发前股份不得超过上市时所持本公司首发前股份总数的百分之二十五,减持比例可以累积使用。	根据本土科创板注册制的核心特点,颁布科创板上市发行细则,为后续规范非公开发行具体规定部分做铺垫。同时,在减持规定对不同的情况针对不同的要求。
2019年11月8日	《科创板上市公司证券发行注册管理办法(试行)》(征求意见稿)	上市公司非公开发行股票,应当向合格投资者,持有本公司股份百分之五以上的股东,以及本公司的董事、监事、高级管理人员发行,每次发行对象不超过三十五名。上市公司非公开发行股票,发行对象应当符合股东大会决议规定的条件,所称"定价基准日",是指计算发行底价的基准日。非公开发行股票的定价基准日为发行期首日。上市公司应当以不低于发行底价的价格向发行对象发行股票,发行价格应当不低于定价基准日前二十个交易日公司股票均价的百分之八十。上市公司董事会决议提前确定全部发行对象,且发行对象属于下列情形之一的,定价基准日或者发行期首日,发行对象决议公告日前六个月内不得转让:(一)上市公司的控股股东、实际控制人或其控制的关联人;(二)通过认购本次发行的股票取得上市公司实际控制权的投资者;(三)董事会拟引入的境内外战略投资者。	为了规范科创板上市公司证券发行与承销行为,根据相关规则制度,主要规定了科创板上市公司非公开发行的基本流程和信息披露要求。

续表

时间	制度名称	主要内容	影响/意义
2020年2月14日	《关于修改〈上市公司非公开发行股票实施细则〉的决定》	定价基准日为本次非公开发行股票的发行期首日。上市公司应当以不低于发行底价的价格发行股票。上市公司董事会决议提前确定全部发行对象，且属于下列情形之一的，定价基准日可以为关于本次非公开发行股票的董事会决议公告日、股东大会决议公告日或者发行期首日，认购的股份自发行结束之日起十八个月内不得转让：（一）上市公司的控股股东、实际控制权的投资者；（二）通过认购本次发行的股份取得上市公司实际控制权的投资者；（三）董事会批引入的境内外战略投资者。发行对象认购的股份自发行结束之日起六个月内不得转让。定价基准日前二十个交易日股票交易均价的计算公式为：定价基准日前二十个交易日股票交易均价＝定价基准日前二十个交易日股票交易总额／定价基准日前二十个交易日股票交易总量。所称"发行对象不超过三十五名"，是指认购并获得本次非公开发行股票的法人、自然人或者其他合法投资组织不超过三十五名。证券投资基金管理公司、证券公司、合格境外机构投资者、人民币合格境外机构投资者以其管理的二只以上产品认购的，视为一个发行对象。信托公司作为发行对象，只能以自有资金认购。	是对2017年定增新规的"松绑"，也体现了资本市场化制度激励企业创新发展的态势所在。将发行对象范围扩大至三十五名以内，能够吸引更多机构投资者参与定向增发，为企业带来良好资源；折价从百分之九十减低到百分之八十，能够进一步降低定向增发的发行门槛；恢复定价基准日为企业的发行便利。此次决定为后疫情时代下实体经济的回暖发展提供了动力，也修正了A股市场在之前两三年内情紧的发行制度。
2020年2月14日	《关于修改〈创业板上市公司证券发行管理暂行办法〉的决定》	非公开发行股票的特定对象应当符合下列规定：（一）特定对象不超过三十五名。发行对象为境外战略投资者的，应当遵守国家的相关规定。上市公司非公开发行股票，应当符合下列规定：（一）发行价格不低于定价基准日前二十个交易日公司股票均价的百分之八十；（二）本次发行的股份自发行结束之日起，六个月内不得转让；控股股东、实际控制人及其控制的企业认购的股份，十八个月内不得转让。依据本办法通过非公开发行股票取得的上市公司股份，其减持不适用《上市公司股东、董监高减持股份的若干规定》的有关规定。	再融资新规释放出的放松信号有望再次提振定增市场。发行限制的放松可提高企业参与定增的积极性及可行性。而定价修改能够提高定增对投资者的吸引力。

续表

时间	制度名称	主要内容	影响/意义
2021年10月31日	《北京证券交易所上市公司证券发行注册管理办法（试行）》	上市公司向特定对象发行股票的，发行价格应当不低于定价基准日前二十个交易日公司股票均价的百分之八十。向特定对象发行股票的定价基准日为发行期首日。上市公司董事会决议提前确定全部发行对象，且发行对象属于下列情形之一的，定价基准日可以为关于本次发行股票的董事会决议公告日或者发行期首日：（一）上市公司的控股股东、实际控制人或者其控制的关联方；（二）通过认购本次发行的股票成为上市公司控股股东、实际控制人或实际控制人控制的关联方，股东大会决议公告日，发行对象为上市公司前十名股东、董事、监事、高级管理人员及核心员工；（三）董事会拟引入的境内外战略投资者。向特定对象发行的股票，自发行结束之日起六个月内不得转让。做市商为取得做市库存股参与认购的除外，但做市商应当承诺自发行结束之日起六个月内不得申请退出为上市公司做市。发行对象属于认购的投资者的，其认购的股票自发行结束之日起十二个月内不得转让。实际控制人或者其控制的关联方、通过认购本次发行的股票成为上市公司控股股东或实际控制人的投资者。	

35

(1) 定向增发后大股东收益

$$\Delta V_B = V_{B1} - V_{B0} - Q$$

$$= (\gamma N_0 + \delta \Delta N) \times \frac{N_0 \times P_0 + \Delta N \times P_k}{N_0 + \Delta N} - \gamma N_0 \times P_0 - \delta \Delta N \times P_k$$

$$= \frac{N_0 \times \Delta N}{N_0 + \Delta N}(P_0 - P_k)(\delta - \gamma)$$

$$(s.t. P_k \geq 90\% P_0, \delta \in [0, 1], \gamma \in (0, 1)) \qquad (3-1)$$

根据《上市公司证券发行管理办法》规定，增发价格不低于定价基准日前20个交易日公司股票交易均价的90%，所以 $s.t. P_k \geq 90\% P_0$。由于大股东认购定向增发股份，定向增发发行价格越高，大股东支付的认购成本越高，所以从大股东利己的心理考虑，P_k 更倾向于小于 P_0，则 P_k 取值区间为 $90\% P_0 \leq P_k \leq P_0$，越接近 $90\% P_0$，股东收益越高。在认购比例方面，$\delta - \gamma > 0$，大股东收益为正，大股东认购比例 δ 越高，大股东定向增发收益越高。综上，大股东在参与定向增发项目时，定向增发定价 P_k 越低，大股东认购比例 δ 越高，则大股东收益越高。

(2) 定向增发后中小股东收益

$$\Delta V_s = V_{s1} - V_{s0}$$

$$= (1 - \gamma) N_0 \times \frac{N_0 \times P_0 + \Delta N \times P_k}{N_0 + \Delta N} - (1 - \gamma) N_0 \times P_0$$

$$= (1 - \gamma) N_0 \Delta N \times \frac{P_k - P_0}{N_0 + \Delta N}$$

$$(s.t. P_k \geq 90\% P_0, \gamma \in (0, 1)) \qquad (3-2)$$

从 ΔV_s 计算结果中可见，只要定向增发价格 P_k 小于定向增发前股票价格 P_0，则中小股东权益受到损失。在此情形下，当大股东以低于股票价格认购大于原持有股份比例的定向增发股份，则侵占了中小股东的权益。

情形2：非完美市场环境（放松假定1）

在股票市场中，很难有上述假定1的理想情况，即定向增发后的公司市值=原市值+定向增发增加值。股票市场主体间的信息不对称，信号效应、中小投资者羊群效应（朱少醒等，2000）以及投资者情绪（Lee等，1991；Ben-Rephael等，2012），均会引起股价的非理性波动。因此，进一步分析将放松情形1中假定1的条件。研究假定具体如下。

假定1：交易过程中无交易费用。

假定2：大股东参与认购定向增发股份，中小股东未参与定向增发股份认购。

假定3：上市公司定向增发前总股份数为 N_0，每股股票价格为 P_0，大股东持股比例为 γ，且 $\gamma \in (0, 1]$；定向增发股份数为 ΔN，每股股票发行价格为 P_k，大股东认购比例为 δ，且 $\delta \in [0, 1]$；定向增发后，股票市场价格为 P_m，市场价格与定向增发价格比值 $\theta = P_m/P_k$。

根据假定可得到，定向增发前公司总市值 $V_0 = N_0 \times P_0$，大股东持股市值 $V_{B0} = \gamma N_0 \times P_0$，中小股东持股市值 $V_s = (1-\gamma) N_0 \times P_0$。定向增发后公司总市值 $V_1 = P_m \times (N_0 + \Delta N) = \theta P_k \times (N_0 + \Delta N)$，大股东持股市值 $V_{B1} = (\gamma N_0 + \delta \Delta N) \times \theta P_k$，大股东认购定向增发股份支出 $Q = \delta \Delta N \times P_k$，中小股东持股市值 $V_{s1} = (1-\gamma) N_0 \times \theta P_k$。

（1）定向增发后大股东收益

$$\begin{aligned}\Delta V_B &= f(P_k, \delta, \theta) - f(q, x) \\ &= V_{B1} - V_{B0} - Q \\ &= (\gamma N_0 + \delta \Delta N) \times \theta P_k - \gamma N_0 \times P_0 - \delta \Delta N \times P_k \\ &= P_k \Delta N \delta (\theta - 1) + \gamma N_0 (\theta P_k - P_0) \\ &(s.t. P_k \geq 90\% P_0, \delta \in [0, 1], \gamma \in (0, 1])\end{aligned} \quad (3-3)$$

从式（3-3）推导结果来看，大股东定向增发收益与 $\theta - 1$ 和 $\theta P_k - P_0$ 存在显著的关系，若 $\theta - 1 > 0$，则 $\theta > 1$，$\theta = P_m/P_k$，所以，$P_m > P_k$。同时，$\theta P_k - P_0 > 0$，$P_m > P_0$。在市场价格上涨时，大股东的上市公司市值增加。大股东的持股市值增加来源于两个部分：一是原持股份市值增加带来的收益；二是认购定向增发股份市值增加带来的收益。原持股份市值增加带来的收益为 $\gamma N_0 (\theta P_k - P_0)$，认购定向增发股份市值增加带来的收益为 $P_k \Delta N \delta (\theta - 1)$，当 $P_m > P_k$，大股东将从定向增发的认购中获得收益。但是，大股东的收益是否侵占了中小股东利益呢？

（2）定向增发后中小股东收益

$$\begin{aligned}\Delta V_s &= V_{s1} - V_{s0} \\ &= (1-\gamma) N_0 \times P_m - (1-\gamma) N_0 \times P_0 \\ &= (1-\gamma) N_0 (P_m - P_0) \\ &(s.t. P_k \geq 90\% P_0, \gamma \in (0, 1])\end{aligned} \quad (3-4)$$

由于中小股东在定向增发中未认购股份，上市公司通过定向增发总股份增加，中小股东股份占比减少，稀释了中小股东股权比重。当 $P_m > P_0$ 时，虽然中小股东在二级市场上获利，但由于稀释股权，中小投资者所获得的收益比重降低。中小股东所占股权比重降低：$\Delta N_s = (1-\gamma) - (1-\gamma)\dfrac{N_0}{N_0+\Delta N} = (1-\gamma)\dfrac{\Delta N}{N_0+\Delta N}$。

(3) 中小投资者股份比重降低的权益损失

$$\Delta V_{ss} = (P_m - P_0)(N_0 + \Delta N) \times (1-\gamma)\dfrac{\Delta N}{N_0+\Delta N}$$
$$= (1-\gamma)(P_m - P_0)\Delta N \tag{3-5}$$

大股东通过定向增发认购获得更多上市公司股份，其掌握的上市公司股权比重增加，大股东的控制权进一步稳固，并且通过股权比重的增加可进一步获得更多的控制权收益。

(4) 大股东认购股份获得的控制权收益

$$\Delta V_{BR} = (\delta - \gamma)(P_m - P_k)\Delta N$$
$$= (\delta - \gamma)(P_m - P_0)\Delta N + (\delta - \gamma)(P_0 - P_k)\Delta N$$
$$(s.t. \delta > \gamma; \delta, \gamma \in (0,1]) \tag{3-6}$$

将公式 (3-6) 分成两个部分即可分析出大股东通过股份比重的增加获得的双重收益。第一部分 $(\delta - \gamma)(P_m - P_0)\Delta N$，当二级市场股价上涨，即 $P_m > P_0$ 时，大股东获得市场收益；第二部分 $(\delta - \gamma)(P_0 - P_k)\Delta N$，当定向增发折价发行，即 $P_k < P_0$ 时，大股东获得定向增发认购收益。

基于此，当大股东低价认购定向增发股份时，随着其定向增发股份比重的增加，其他股东的权益损失更加严重，而大股东可以从定向增发中获得定向增发收益和市场收益的双重收益。在定向增发事件辐射的关系网中，中小股东作为最直接的利益相关者，为了维护自身利益，会尽可能地抵制大股东定向增发认购行为，抵制能力强弱与其占有的股份比重有着重要的关系（毛世平，2009）。

情形3：存在交易费用的非完美市场环境（放松假定1和假定2）

进一步放松假定，将假定无交易费用放松为存在交易费用，并根据交易费用的性质将其分成必要交易费用和或有交易费用。定向增发募集资金过程必然产生一定的发行费用，包括尽职调查中证券公司保荐人、律师事务所、会计师事务所费用、承销商承销费用等，构成了定向增发募集资金过程中的必要交易费用。除此之外，为了推动定向增发预案的实施，上市公司还会利用政治关系、媒体效应等，诸如此类的交易费用具有可变动性，归为或有交易费用。研究假定具体如下。

假定1：定向增发交易过程中，存在交易费用。其中，必要交易费用为C_f，或有交易费用为C_v。

假定2：大股东参与认购定向增发股份，中小股东未参与定向增发股份认购。

假定3：上市公司定向增发前总股份数为N_0，每股股票价格为P_0，大股东持股比例为γ，且$\gamma \in (0, 1)$；定向增发股份数为ΔN，每股股票发行价格为P_k，大股东认购比例为δ，且$\delta \in [0, 1]$；定向增发后，股票市场价格为P_m，市场价格与定向增发价格比值$\theta = P_m/P_k$。

根据假定可得到，定向增发前公司总市值$V_0 = N_0 \times P_0$，大股东持股市值$V_{B0} = \gamma N_0 \times P_0$，中小股东持股市值$V_s = (1-\gamma) N_0 \times P_0$。定向增发后公司总市值$V_1 = P_m \times (N_0 + \Delta N) = \theta P_k \times (N_0 + \Delta N)$，大股东持股市值$V_{B1} = (\gamma N_0 + \delta \Delta N) \times \theta P_k$，大股东认购定向增发股份支出$Q = \delta \Delta N \times P_k + \gamma (C_f + C_v)$，中小股东持股市值$V_{s1} = (1-\gamma) N_0 \times \theta P_k$。

（1）定向增发后大股东收益

$$\begin{aligned}\Delta V_B &= f(P_k, \delta, \theta) - f(q, x) - f(c, x') \\ &= V_{B1} - V_{B0} - Q \\ &= (\gamma N_0 + \delta \Delta N) \times \theta P_k - \gamma N_0 \times P_0 - \delta \Delta N \times P_k - \gamma (C_f + C_v) \\ &= P_k [(\gamma \theta N_0 + \Delta N \delta (\theta - 1)] - \gamma N_0 \times P_0 - \gamma (C_f + C_v) \\ &= P_k \Delta N \delta (\theta - 1) + \gamma [N_0 (P_m - P_0) - (C_f + C_v)] \end{aligned}$$

$(s.t. P_k \geq 90\% P_0, \delta \in [0, 1], \gamma \in (0, 1))$ （3-7）

从推导结果（3-7）来看，大股东定向增发收益与$\theta - 1$和$N_0 P_m - N_0 P_0 - (C_f + C_v)$存在显著的关系，若$\theta - 1 > 0$，则$\theta > 1$，$\theta = P_m/P_k$，所以，$P_m > P_k$。此时，大股东的收益与其支出的交易费用存在重要关系，$\gamma [N_0 (P_m - P_0) - (C_f + C_v)] > 0$，则大股东支出的变动交易费用不得高于原股票上涨带来的收益扣除必要交易费用的差值（$C_v < N_0 (P_m - P_0) - C_f$），那么，在存在交易费用的情况下，大股东是否会选择花费变动交易费用进行定向增发，如利用政治关联提高定向增发预案的过会率？$\Delta V_B = P_k \Delta N \delta (\theta - 1) + \gamma [N_0 (P_m - P_0) - (C_f + C_v)] = 0$时，假定$C_f = 0$，$C_v = \delta/\gamma \Delta N (P_m - P_k) + N_0 (P_m - P_0)$，由此可见，若变动交易费用不高于股价上涨带来的收益，大股东的定向增发的交

易费用就低于收益,大股东净收益为正。大股东两部分收益分别是通过认购定向增发股份获得收益 $\delta \Delta N (P_m - P_k)$ 和通过原持有股票获得收益 $\gamma N_0 (P_m - P_0)$,上市公司总的变动交易费用为 $C_v = \delta / \gamma \Delta N (P_m - P_k) + N_0 (P_m - P_0)$,而大股东的变动交易费用仅为 γC_v,差值为 $(1 - \gamma) C_v = \delta / \gamma (1 - \gamma) \Delta N (P_m - P_k) + (1 - \gamma) N_0 (P_m - P_0)$,那么大股东节约的变动交易费用从何而来?

(2) 定向增发后中小股东收益

$$\begin{aligned} \Delta V_s &= V_{s1} - V_{s0} - f(c', x') \\ &= (1 - \gamma) N_0 \times P_m - (1 - \gamma) N_0 \times P_0 - (1 - \gamma)(C_f + C_v) \\ &= (1 - \gamma) N_0 [(P_m - P_0) - (C_f + C_v)] \\ &(s.t. P_k \geq 90\% P_0, \gamma \in (0, 1]) \end{aligned} \quad (3-8)$$

根据 ΔV_s 计算结果,中小股东收益与大股东定向增发收益 $(P_m - P_0) - (C_f + C_v)$ 存在显著的关系,若 $P_m > P_0 + C_f + C_v$,股票价格上涨,比定向增发前股票价格与定向增发交易费用之和高,则中小股东收益上涨。由于中小股东并未认购定向增发股份,却要承担定向增发交易费用 $(1 - \gamma)(C_f + C_v)$,说明大股东转嫁了部分交易费用,实际收益更高,而中小股东的利益受到了侵害。

此外,由于定向增发,股份膨胀,而中小股东并未认购,因此其股权比重降低。当二级市场股票价格 P_m 上涨时,涨幅超过定向增发前股票价格 P_0 与交易费用之和,大股东与中小投资者均可获利。但是从资本市场公平角度来看,在定向增发的认购中,大股东掌握控制权和主动权,了解内幕信息,可以选择是否认购定向增发股份,并通过认购定向增发股份获得控制权和股票价值的双重收益;而中小股东所有股权比重低,丧失了大股东享有的特权。所以,在定向增发过程中,从市场公平角度,上市公司股份膨胀,但中小股东股权比重降低,$\Delta N_s = (1 - \gamma) - (1 - \gamma) \frac{N_0}{N_0 + \Delta N} = (1 - \gamma) \frac{\Delta N}{N_0 + \Delta N}$,收益受到损失。

(3) 中小股东总的收益损失

$$\begin{aligned} \Delta V_{ss} &= \Delta V_{ss1} + \Delta V_{ss2} \\ &= (1 - \gamma)(P_m - P_0) \Delta N + (1 - \gamma)(C_f + C_v) \\ &= (1 - \gamma)[(P_m - P_0) \Delta N + (C_f + C_v)] \\ &(s.t. P_k \geq 90\% P_0, \gamma \in (0, 1]) \end{aligned} \quad (3-9)$$

在公式 (3-9) 中,由于中小股东股份比重降低,收益损失 $\Delta V_{ss1} = (P_m - P_0)(N_0 + \Delta N) \times (1 - \gamma) \frac{\Delta N}{N_0 + \Delta N} = (1 - \gamma)(P_m - P_0) \Delta N$。同时,中小

股东未参与认购却承担了部分定向增发的交易费用,由此形成的收益损失 $\Delta V_{ss2} = (1 - \gamma)(C_f + C_v)$。

进一步,大股东通过定向增发认购获得更多上市公司股份,其掌握的上市公司股权比重增加,控制权进一步稳固,并且通过股权比重的提高可进一步获得更多的控制权,收益增加 $\Delta V_{BR1} = (\delta - \gamma)(P_m - P_k)\Delta N = (\delta - \gamma)(P_m - P_0)\Delta N + (\delta - \gamma)(P_0 - P_k)\Delta N$,大股东在认购定向增发股份时少支付的交易费用带来的收益增加 $\Delta V_{BR2} = (\delta - \gamma)(C_f + C_v)$。

(4) 大股东总收益

$$\begin{aligned}\Delta V_{BR} &= \Delta V_{BR1} + \Delta V_{BR2} \\ &= (\delta - \gamma)(P_m - P_k)\Delta N + (\delta - \gamma)(C_f + C_v) \\ &= (\delta - \gamma)[(P_m - P_0)\Delta N + (P_0 - P_k)\Delta N + (C_f + C_v)] \\ &\quad (\text{IF } \delta > \gamma)\end{aligned} \quad (3-10)$$

将式(3-10)分成三个部分即可分析出大股东通过股份比重的增加获得的双重收益。第一部分 $(\delta - \gamma)(P_m - P_0)\Delta N$,当二级市场股价上涨,即 $P_m > P_0$ 时,大股东获得市场收益,中小股东却受到股权比重降低的损失 $(\delta - \gamma)(P_m - P_0)\Delta N$,对比可见当大股东认购比例 $\delta = 100\%$ 时,控制权收益完全从中小股东转移至大股东;第二部分 $(\delta - \gamma)(P_0 - P_k)\Delta N$,当定向增发折价发行,即 $P_k < P_0$ 时,大股东获得定向增发认购收益,而中小股东未参与认购,丧失了定向增发收益;第三部分 $(\delta - \gamma)(C_f + C_v)$,交易费用收益,中小股东承担交易费用损失 $(1 - \gamma)(C_f + C_v)$,当大股东认购比例 $\delta = 100\%$ 时,大股东交易费用收益完全来源于中小股东利益,当大股东认购比例 $\delta < 100\%$ 时,大股东交易费用收益部分来源于中小股东利益。

通过上述分析,可见在定向增发的过程中,大股东获得了三部分收益,其中定向增发股份市场价格上涨收益和交易费用收益均侵占了中小股东的利益。大股东认购折价发行定向增发股票的收益,也是中小股东无法获得的收益。随着定向增发股份 ΔN 和大股东认购比重 δ 的增加,大股东转移中小股东的收益将会更多,中小股东遭受的收益损失更大。由于或有交易费用 C_v 的存在,大股东在定向增发时,考虑自身利益的增加,当或有交易费用超过定向增发带来的收益,大股东将放弃利用政治关联、媒体效应等或有事项进行定向增发发行的操纵。相反,如果大股东利用了政治关联、媒体效应等或有事项,产生了或有交易费用 C_v,那么其势必要在定向增发中弥补这部分损失,获得更高的收益。由于或有交易费用的存在，大股东定向增发对中小股东利益损害更加严重，中小股东作为大股东关系网中最重要的利益相关者，会加强对大股东定向增发认购行为的抵制，并且中小股东的制衡能力与其所占股份比重有着重要的关系。

3.2.2 定向增发各关系方的利益博弈分析

定向增发对象不仅包括大股东（大股东关联方），还包括机构投资者和自然人。自然人参与认购定向增发股份的样本少，且对上市公司影响小；机构投资者不仅具有专业优势，资金量巨大，还掌握大量资本市场上的信息，能够与大股东形成相互呼应或监督之势，机构投资者的核心职能是在资本市场上逐利。因此，在定向增发过程中，大股东合谋对象更有可能是机构投资者，而非自然人。机构投资者参与定向增发的最终目的是获得资本利得，一旦有机会获得超额收益，机构投资者极有可能与大股东合谋。因此，在如下的分析过程中，假定定向增发对象为大股东和机构投资者，自然人未参与定向增发认购。在构建静态博弈分析模型前，首先探讨在完美资本市场环境下和非完美资本市场环境下的定向增发关系方的利益构成，由于静态博弈分析中会增加对交易费用和策略成本的探讨，在分析各方利益构成时将暂不讨论存在交易费用的情况。

假定1：完美资本市场环境下，市场完全有效，信息完全对称。定向增发后公司股票市值 = 定向增发前公司股票市值 + 定向增发增加值。

假定2：定向增发交易过程中无交易费用。

假定3：大股东和机构投资者参与认购定向增发股份，中小股东未参与定向增发股份认购，自然人未参与认购。

假定4：上市公司定向增发前总股份数为 N_0，每股股票价格为 P_0，大股东持股比例为 γ，且 $\gamma \in (0, 1]$；定向增发股份数为 ΔN，每股股票发行价格为 P_k，大股东认购比例为 δ，机构投资者认购比例为 $1 - \delta$，且 $\delta \in [0, 1]$。

根据假定可得到，定向增发前公司总市值 $V_0 = N_0 \times P_0$，大股东持股市值 $V_{B0} = \gamma N_0 \times P_0$，中小股东持股市值 $V_s = (1 - \gamma) N_0 \times P_0$。定向增发后公司总市值 $V_1 = N_0 \times P_0 + \Delta N \times P_k$，大股东持股市值 $V_{B1} = V_{B0} + \delta \Delta N \times P_k = (\gamma N_0 + \delta \Delta N) \times \dfrac{N_0 \times P_0 + \Delta N \times P_k}{N_0 + \Delta N}$，大股东认购定向增发股份支出 $Q_B = \delta \Delta N \times P_k$，机构投资者持股市值为 $V_I = (1 - \delta) \Delta N \times \dfrac{N_0 \times P_0 + \Delta N \times P_k}{N_0 + \Delta N}$，机构投资者认购定向

增发股份支出 $Q_I = (1-\delta)\Delta N \times P_k$，中小股东持股市值 $V_{s1} = (1-\gamma)N_0 \times \dfrac{N_0 \times P_0 + \Delta N \times P_k}{N_0 + \Delta N}$。

（1）定向增发后大股东收益

$$\begin{aligned}\Delta V_B &= V_{B1} - V_{B0} - Q \\ &= (\gamma N_0 + \delta\Delta N) \times \frac{N_0 \times P_0 + \Delta N \times P_k}{N_0 + \Delta N} - \gamma N_0 \times P_0 - \delta\Delta N \times P_k \\ &= \frac{N_0 \times \Delta N}{N_0 + \Delta N}(P_0 - P_k)(\delta - \gamma)\end{aligned}$$

$(s.t.\ P_k \geqslant 90\% P_0,\ \delta \in [0,1],\ \gamma \in (0,1))$ （3-11）

（2）定向增发后机构投资者收益

$$\begin{aligned}\Delta V_I &= V_I - Q_I \\ &= (1-\delta)\Delta N \times \frac{N_0 \times P_0 + \Delta N \times P_k}{N_0 + \Delta N} - (1-\delta)\Delta N \times P_k \\ &= \frac{(1-\delta)\Delta N \times N_0}{N_0 + \Delta N}(P_0 - P_k)\end{aligned}$$

$(s.t.\ P_k \geqslant 90\% P_0,\ \delta \in [0,1])$ （3-12）

从式（3-11）和式（3-12）可见，大股东收益与认购比例 δ、定向增发价格 P_k 和发行股份数量 ΔN 相关，当 P_k 小于 P_0，δ 大于 γ，大股东定向增发收益为正，在此基础上大股东收益随着认购比例 δ 的增加，定向增发价格 P_k 的降低和发行股份数量 ΔN 的增加而提高。机构投资者的收益与机构投资者认购比例 $1-\delta$、定向增发价格 P_k 和发行股份数量 ΔN 相关，当 P_k 小于 P_0，机构投资者的收益为正，机构投资者的收益随着认购比例 $1-\delta$ 的增加、定向增发价格 P_k 的降低和发行比例 ΔN 的增加而提高。所以，对比大股东定向增发收益与机构投资者定向增发收益，当定向增发发行价格 P_k 降低，大股东和机构投资者均获利；随着发行股份数量 ΔN 的增加，大股东和机构投资者获利均增加。但大股东认购比例 δ 增加，则机构投资者的认购比例 $1-\delta$ 减少，大股东认购比例与机构投资者的认购比例此消彼长，所以机构投资者认购比例过多会削减大股东的利益。

（3）定向增发后中小股东收益

$\Delta V_s = V_{s1} - V_{s0}$

$$= (1-\gamma) N_0 \times \frac{N_0 \times P_0 + \Delta N \times P_k}{N_0 + \Delta N} - (1-\gamma) N_0 \times P_0$$

$$= (1-\gamma) N_0 \Delta N \times \frac{P_k - P_0}{N_0 + \Delta N}$$

$$(s.t. P_k \geq 90\% P_0, \gamma \in (0, 1]) \tag{3-13}$$

从 ΔV_s 计算结果中可见，定向增发价格 P_k 小于定向增发前股票价格 P_0，则中小股东收益受到损失。在此情形下，大股东和机构投资者以低于股票价格认购定向增发股份，就掠夺了中小股东的权益。

进一步在非完美市场环境中分析各方利益构成，假定条件如下。

假定1：定向增发交易过程中无交易费用。

假定2：大股东和机构投资者参与认购定向增发股份，中小股东未参与定向增发股份认购，自然人未参与认购。

假定3：上市公司定向增发前总股份数为 N_0，每股股票价格为 P_0，大股东持股比例为 γ，且 $\gamma \in (0, 1]$；定向增发股份数为 ΔN，每股股票发行价格为 P_k，大股东认购比例为 δ，机构投资者认购比例为 $1-\delta$，且 $\delta \in [0, 1]$；定向增发后，股票市场价格为 P_m，市场价格与定向增发价格比值 $\theta = P_m/P_k$。

根据假定可得到，定向增发前公司总市值 $V_0 = N_0 \times P_0$，大股东持股市值 $V_{B0} = \gamma N_0 \times P_0$，中小股东持股市值 $V_s = (1-\gamma) N_0 \times P_0$。定向增发后公司总市值 $V_1 = P_m \times (N_0 + \Delta N) = \theta P_k \times (N_0 + \Delta N)$；大股东持股市值 $V_{B1} = (\gamma N_0 + \delta \Delta N) \times \theta P_k$，大股东认购定向增发股份支出 $Q = \delta \Delta N \times P_k$；机构投资者持股市值为 $V_I = (1-\delta) \Delta N \times \theta P_k$，机构投资者认购定向增发股份支出 $Q_I = (1-\delta) \Delta N \times P_k$；中小股东持股市值 $V_{s1} = (1-\gamma) N_0 \times \theta P_k$。

(1) 定向增发后大股东收益

$$\Delta V_B = V_{B1} - V_{B0} - Q$$
$$= (\gamma N_0 + \delta \Delta N) \times \theta P_k - \gamma N_0 \times P_0 - \delta \Delta N \times P_k$$
$$= \gamma N_0 (\theta P_k - P_0) + P_k \Delta N \delta (\theta - 1)$$

$$(s.t. P_k \geq 90\% P_0, \delta \in [0, 1], \gamma \in (0, 1]) \tag{3-14}$$

(2) 定向增发后机构投资者收益

$$\Delta V_I = V_I - Q_I$$
$$= (1-\delta) \Delta N \times \theta P_k - (1-\delta) \Delta N \times P_k$$
$$= (1-\delta) \Delta N \times P_k (\theta - 1)$$

$$(s.t.\ P_k \geq 90\% P_0,\ \delta \in [0,1]) \tag{3-15}$$

从式（3-14）和式（3-15）推导结果来看，在非完全有效资本市场中，大股东收益由两部分组成：第一部分是原持有股份在二级市场上股价变动带来的收益；第二部分是定向增发定价与二级市场价格差额带来的收益。当二级市场价格高于原持有股份价格，即 $P_m > P_0$，大股东获得市场收益；当 $\theta - 1 > 0$，大股东获得定向增发收益。机构投资者的收益依附于大股东收益，当 $\theta - 1 > 0$，机构投资者获得低价认购定向增发股份的收益。因此，当大股东低价发行定向增发股份时，机构投资者将获得"顺风车"收益。

（3）定向增发后中小股东收益

$$\begin{aligned}\Delta V_s &= V_{s1} - V_{s0} \\ &= (1-\gamma) N_0 \times P_m - (1-\gamma) N_0 \times P_0 \\ &= (1-\gamma) N_0 (P_m - P_0) \end{aligned}$$

$$(s.t.\ P_k \geq 90\% P_0,\ \gamma \in (0,1]) \tag{3-16}$$

根据式（3-16）的推导结果，中小股东的收益与二级市场的股票价格有关，而中小股东在定向增发中因持股比重降低而导致的收益损失同式（3-5）分析，大股东因认购股份获得的控制权收益同式（3-6）分析。此处重点讨论大股东与机构投资者的不同策略静态博弈分析，不再赘述中小股东的损益情况。

以上分析大股东和机构投资者在正常的交易秩序中，认购定向增发股份所获得的收益。那么，大股东和机构投资者是否存在合谋的可能？表3.2构建一个大股东与机构投资者合谋博弈收益矩阵。C_P 为大股东为与机构投资者合谋付出的代价，如减少认购定向增发股份，降低定向增发发行价格；V_M 表示机构投资者选择与大股东合谋带来的合谋效益，如二级市场股票价格上涨更多；C_M 表示机构投资者为达成合谋所付出的代价。

表3.2 大股东与机构投资者不同策略下的博弈收益矩阵

大股东	机构投资者	
	合谋	不合谋
合谋	$(\Delta V_B - C_P + V_M,\ \Delta V_I + C_P + V_M - C_M)$	$(\Delta V_B - C_P,\ \Delta V_I + C_P)$
不合谋	$(\Delta V_B + V_M,\ \Delta V_I + V_M - C_M)$	$(\Delta V_B,\ \Delta V_I)$

大股东与机构投资者合谋租金 $R(C) = -C_P + V_M + C_P + V_M - C_M = 2V_M - C_M$，当 $V_M > C_M/2$，市场收益大于1/2的机构投资者付出的代价，两者合谋的

租金将大于零，大股东与机构投资者获得超额收益。在此基础上，比较收益矩阵中大股东与机构投资者的策略，无论机构投资者是否选择合谋，大股东选择不合谋的收益均高于选择合谋的收益，即 $\Delta V_B + V_M > \Delta V_B - C_P + V_M$，$\Delta V_B > \Delta V_B - C_P$，所以，大股东的占优决策为"不合谋"。当大股东选择不合谋，机构投资者的收益 $\Delta V_I + V_M - C_M$ 与 ΔV_I 大小取决于市场收益和合谋代价的大小。假定 $V_M > C_M$，那么，机构投资者选择合谋的收益比选择不合谋的收益大 $V_M - C_M$，但当机构投资者选择合谋，则大股东"搭便车"没有支付任何成本，获得了超额收益 V_M，根据囚徒困境的分析逻辑，机构投资者并不愿意选择合谋，因此机构投资者的占优决策为"不合谋"。此时的纳什均衡策略为：大股东和机构投资者均选择不合谋，并获得收益（ΔV_B, ΔV_I）。

由于定向增发资金预期用途不同，上市公司进行定向增发的目的存在差异，其将定向增发股份配售给机构投资者时的利益角度会有所不同。在上述一般情形的基础上，本研究加入定向增发资金用途，甄别大股东定向增发目的，进一步对大股东与机构投资者是否合谋进行博弈分析。定向增发资金用途主要包括：补充流动资金、资产置换重组、集团整体上市、项目融资、收购其他资产、实际控制人资产注入、引入战略投资者、配套融资。根据资金运用的性质可以将定向增发资金用途划分为两类：项目融资和资本运作，其中项目融资包括项目融资、配套融资；资本运作包括补充流动资金、资产置换重组、集团整体上市、收购其他资产、实际控制人资产注入、引入战略投资者。相比于资本运作，项目融资的风险和收益均具有更大不确定性。将资金投入支撑企业实业发展的项目中，存在成功和失败两种可能，若项目成功，则仍存在项目的长期投入、建设和回报的问题，项目收益 = 未来现金流折现 - 期初投入。所以，在长达 n 期的项目发展过程中，很难确定项目的成败和具体的收益。因此，将定向增发资金投入项目营运中，风险性更高。反观资本运作，可即时实现定向增发目的，定向增发募资结束即可补充流动资金，期限短且无风险。同理，"资产置换重组、集团整体上市、收购其他资产、实际控制人资产注入、引入战略投资者"均具有即时性，风险低，可控制，在定向增发发行结束即可实现预期目标。所以，资本运作的风险性远远低于项目融资，而且更容易实现股东预期目的。假定对于认购方来说项目融资风险成本为 R_p，而资本运作的风险成本为 R_c，根据理论分析得到 $R_p > R_c$。本研究从关系视角重新构建大股东与机构投资者合谋与否的博弈矩阵。当大股东与机构投资者存在密切关系时，大股东更倾向于将资本运作型定向增发股票增发给机构投资者。当大股东和机构投资者存在密切关系时，双方选择合谋，则大股东更倾向于进行资本运作，资本运作成本为 R_c。当双方并未达成合谋一致意见，则进行了 τ 部分项目融资 τR_p，μ 部分资本运作 μR_c，其中 $\tau+\mu=1$。同时假设双方无密切关系，未达成合谋一致意见，则大股东进行项目融资，项目融资成本为 R_p，假定 $V_M > C_M$。

表 3.3　大股东与机构投资者密切关系情形下博弈收益矩阵

大股东	机构投资者	
	合谋	不合谋
合谋	$(\Delta V_B - C_P + V_M - R_c,\ \Delta V_I + C_P + V_M - C_M - R_c)$	$(\Delta V_B - C_P - \mu R_c - \tau R_p,\ \Delta V_I + C_P - \mu R_c - \tau R_p)$
不合谋	$(\Delta V_B + V_M - \mu R_c - \tau R_p,\ \Delta V_I + V_M - C_M - \mu R_c - \tau R_p)$	$(\Delta V_B - R_p,\ \Delta V_I - R_p)$

从表 3.3 的收益矩阵来看，该博弈在既定的假设条件下，考虑大股东和机构投资者的单期行为的纯策略。当大股东选择合谋，因为 $V_M > C_M$，$R_c < \mu R_c + \tau R_p$，则 $\Delta V_I + C_P + V_M - C_M - R_c > \Delta V_I + C_P - \mu R_c - \tau R_p$，所以机构投资者选择合谋的收益将大于机构投资者选择不合谋的收益。当大股东选择不合谋，因为 $V_M > C_M$，$\mu R_c + \tau R_p < R_p$，则 $\Delta V_I + V_M - C_M - \mu R_c - \tau R_p > \Delta V_I - R_p$，所以机构投资者选择合谋的收益将大于机构投资者选择不合谋的收益。因此，无论大股东选择合谋还是不合谋，机构投资者选择合谋为占有决策。当机构投资者选择合谋，当 $C_P + R_c < \mu R_c + \tau R_p$ 时，大股东将选择与机构投资者合谋。所以，大股东与机构投资者同时参与定向增发项目，关系密切，大股东认购比重更大，进行资本运作等条件将促成大股东与机构投资者在定向增发事件中的合谋。

3.3　本章小结

本章从定向增发的定价角度，推演参与方利益关系和合谋博弈情况。从定价新规来看，2017 年定向增发的定价制度和发行过程所要接受的监管均趋于严格。本章依据定价新规分别在无交易费用的完全有效市场环境下、无交易费用的非完全有效市场、存在交易费用的非完全有效市场，即在逐步放松假定的条件下，推导出大股东在定向增发中的收益和其他股东在定向增发中

47

的收益。进一步，本章构建大股东与机构投资者合谋博弈模型，分析不同条件下大股东与机构投资者是否会达成合谋及影响合谋的因素。在对模型进行分析后，我们得到以下结论。

①大股东以低于股票价格认购大于原持有股份比例的定向增发股份，则侵占了其他股东的权益。其他股东由于持有上市公司股份比重的降低，在公平性上承担了损失，而大股东持股比重增加，获得定向增发低价发行收益和市场收益的双重收益。

②在存在交易费用的情况下，大股东在定向增发中获得了三部分收益，包括定向增发低价发行收益、定向增发股份市场价格上涨收益和交易费用收益。其中，后两部分均侵占了其他股东利益。

③在一般条件下，对大股东与机构投资者的不同策略组合进行顺序博弈后，得到纳什均衡策略，大股东与机构投资者未达成合谋。进一步加入定向增发资金用途变量以及大股东与机构投资者存在密切关系的条件，根据资金用途的甄别，发现双方存在密切关系、大股东认购比例大、进行资本运作等三个条件将促成大股东与机构投资者在定向增发事件中的合谋。

以上的模型推演得到了大股东与其他利益相关者在定向增发事件中利益博弈的初步答案。大股东在定向增发中获得的超额收益成为大股东热衷于推动并参与定向增发再融资行为的重要原因。即使在存在交易费用的情况下，大股东也可以将交易费用转嫁给其他股东并从中获利。其他未参与定向增发的股东有足够的理由抵制大股东定向增发的利益转移行为，维护自身利益。模型的推演和博弈的结果为后文的实证分析奠定了重要基础。

第4章　定向增发市场现状与社会关系分析

4.1　定向增发市场现状

4.1.1　上市公司融资偏好

上市公司通过资本市场进行股权交易，实现资金的融通和配置。除了首次公开募股（IPO），上市公司还可以进行股权再融资。我国主要的股权再融资方式包括配股、增发新股和可转债。其中，增发新股指公开增发新股和定向增发新股。配股是资本市场最早的股权再融资方式，起源于20世纪90年代，随着《关于上市公司送配股的暂行规定》的出台，配股资格逐渐趋于严格。1997年，可转换债券正式进入我国资本市场，但由于发行难度大，其发展较为缓慢。2001年，证监会颁布《上市公司新股发行管理办法》，规定了公开增发新股的若干条例，公开增发新股进一步扩充了我国资本市场再融资方式。随着全流通时代的到来，我国积极推进股权分置改革并取得成效，实现了资本市场股份全流通，资本市场的融资功能和资本配置功能进一步得以扩展。2006年5月8日，《上市公司证券发行管理办法》开始实施，规范了定向增发新股的方式。至此，配股、可转债、公开增发和定向增发构成了我国上市公司进行股权再融资的主要方式。但在资本市场上，上市公司似乎存在严重的融资偏好问题，根据对Wind数据库现有数据的统计，笔者发现定向增发融资方式已远远超过其他方式成为最受资本市场青睐的股权再融资方式（见图4.1）。从2006年5月8日至2016年12月31日，上市公司共实施定向增发3444次，占比91.43%，其他再融资方式实施合计不足10%，其中，可转债和分离交易可转债共占比3.14%。而在国外，可转债融资方式相对较发达。公开增发和配股在资本市场上活跃一时，曾经被证监会几次出台新规进行规范，而2006年至2016年仅占2.69%和2.74%。2017年定增新规出台，图4.2进一步统计了2006—2019年定向增发、公开增发和配股三种方式的发行占比。结果表明，定增新规的约束并没有大幅度增加其他再融资方式的占比，定向增发还是最主要的再融资方式。由此，相对于其他股权再融资方式，定向增发几乎成为近年来资本市场股权再融资的唯一选择。

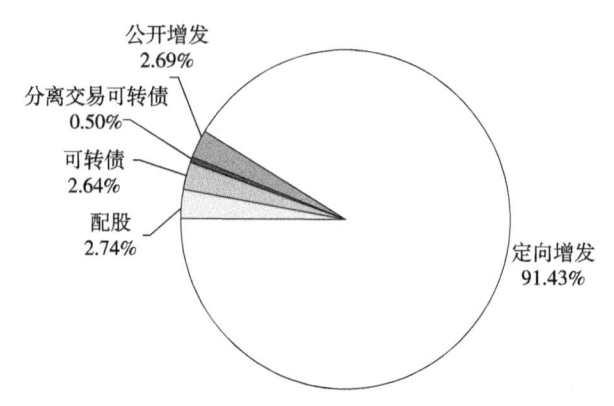

图 4.1　2006—2016 年股权再融资发行情况统计

资料来源：根据 Wind 资讯数据统计。

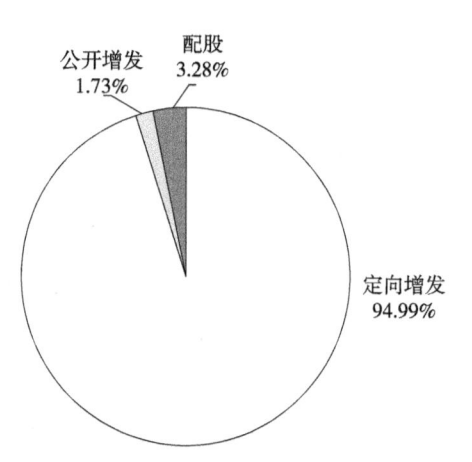

图 4.2　2006—2019 年股权再融资发行情况统计

资料来源：根据 Wind 资讯数据统计。

为什么上市公司对定向增发如此热衷？是因为定向增发发行门槛更低，操作更简易，发行费用更低？还是定向增发能够增加控股股东的控制权？抑或定向增发能够实现上市公司股东的其他目的？这为本书进一步分析提供了现实基础。

4.1.2 上市公司定向增发融资规模

据统计，2006—2019 年全部 A 股市场定向增发共计 4536 次，募集资金总额达 8.56 万亿元（见表 4.1）。无论是定向增发的数量还是募集的资金金额，都呈现逐年递增的趋势（见图 4.3）。尤其是自 2014 年起呈现几何倍数的增长，2015 年达到峰值，2016 年出现小幅回落。2014—2015 年中国股市经历了继 2008 年之后的又一次剧烈波动，这源于《关于进一步促进资本市场健康发展的若干意见》（俗称新"国九条"）政策的推进。党的十八届三中全会重点提到了推进股票发行注册制改革，多渠道推动股权融资。这些政策的出台缓解了中国企业高负债率的情况，激活了一直处于低迷状态的二级市场。但随后投资者的大幅涌入、资金杠杆加大、场外配资的野蛮等导致股价疯狂上涨。2015 年证监会叫停场外配资端口接入，打破了资本市场积累的投机泡沫，股价开始下跌。之后，证监会出台"五选一"的政策，要求上市公司制订包括但不限于大股东增持、董监高增持、公司回购股份、员工持股计划、股权激励等维护公司股价的具体方案。此时，上市公司纷纷停牌，发布定向增发预案，为维护资本市场稳定和上市公司市值做出努力。因此，2015 年定向增发在次数和规模上都达到峰值，与当时的历史背景也有重大的关系。此外，定向增发作为资本市场再融资事件，会向二级市场传递利好的消息，尤其是在股价上行时期（郭思永和刘春江，2013）。在 2014—2015 年的牛市时期，上市公司不仅可以通过定向增发增持股份获利，还可以传递利好消息，进一步刺激股价上涨。

表 4.1　2006—2019 年上市公司定向增发发行数量和发行规模统计

年度	定向增发 次数	占比	发行规模 实际募资总额/十亿元	占比
2006	58	1.28%	103.99	1.22%
2007	169	3.73%	335.68	3.92%
2008	128	2.82%	211.30	2.47%
2009	128	2.82%	278.27	3.25%
2010	165	3.64%	337.20	3.94%
2011	179	3.95%	370.00	4.32%

续表

年度	定向增发 次数	占比	发行规模 实际募资总额/十亿元	占比
2012	161	3.55%	365.02	4.27%
2013	277	6.11%	338.15	3.95%
2014	475	10.47%	623.74	7.29%
2015	876	19.31%	1334.01	15.59%
2016	828	18.25%	1776.80	20.77%
2017	555	12.24%	1017.12	11.89%
2018	279	6.15%	786.40	9.19%
2019	258	5.69%	677.58	7.92%
合计	4536	100.00%	8555.26	100.00%

资料来源：根据 Wind 资讯数据统计。

说明：由于计算中的四舍五入，某一类数据相加之和可能与合计数据略有不同。

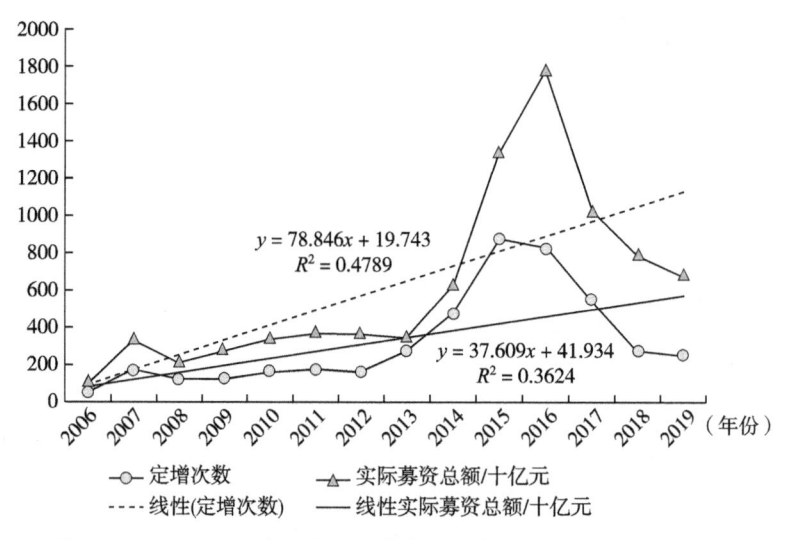

图 4.3　2006—2019 年上市公司定向增发发行数量和发行规模趋势

资料来源：根据 Wind 资讯数据统计。

2017 年 2 月，证监会发布"17 细则"，将定向增发定价基准日由"董事会决议公告日、股东大会决议公告日、发行期的首日"三选一改为"发行期首日"，极大限制了发行定价的选择权。图 4.4 进一步呈现了 2006—2019 年定向增发发行数量和发行规模。定向增发数量在 2015 年达到顶峰后，2016 年有所回落，2017 年锐减，且 2017—2019 年维持在较低水平，这说明新规对于市场内定向增发的热情起到较大抑制作用。所以，对定向增发事件的分析，还应结合不同时期的背景，结合更为翔实的数据，探究新规前后的定向增发隧道效应的不同，得出更为稳健的结论。

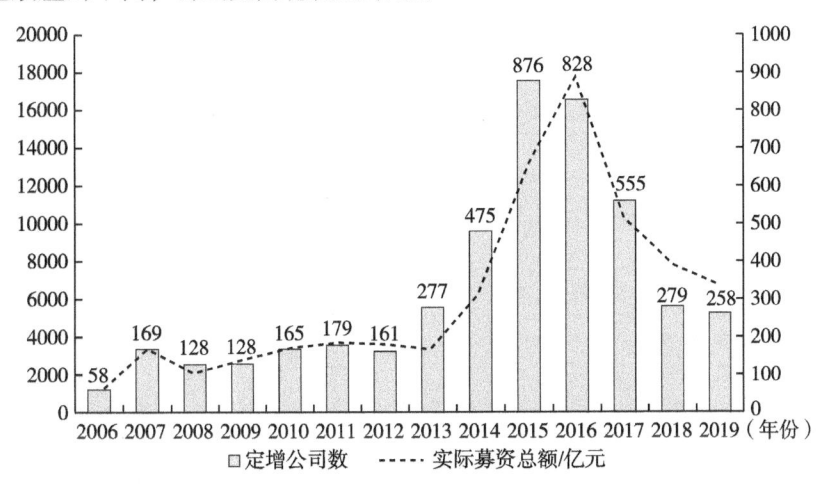

图 4.4 2006—2019 年定向增发发行数量和发行规模趋势

资料来源：根据 Wind 资讯数据统计。

4.1.3 上市公司定向增发融资的行业分布

在 4536 次定向增发事件中，中小板定向增发次数达 1246 次，占比 27.47%；创业板定增次数达 799 次，占比 17.61%；北交所定增次数仅有 173 次，占比 3.81%；而主板市场定向增发 2318 次，占比 51.10%，远高于中小板、创业板和北交所（见表 4.2）。本章依据 2012 版中国证券监督管理委员会（CSRC）行业分类指引，将所有上市公司分为 19 个行业：A 农、林、牧、渔业；B 采矿业；C 制造业；D 电力、热力、燃气及水生产和供应业；E 建筑业；F 批发和零售业；G 交通运输、仓储和邮政业；H 住宿和餐饮业；I 信息传输、软件和信息技术服务业；J 金融业；K 房地产业；L 租赁和商务服务业；M 科学研究和技术服务业；N 水利、环境和公共设施管理业；O 居民服务、修理和其他服务业；P 教育；Q 卫生和社会工作；R 文化、体育和娱乐业；S 综合类。2006—2019 年全部 A 股上市公司定向增发次数除了在制造业达到 2611 次，表现格外突出，在其他行业的分布较为平均。这种分布特点与主板、中小板定向增发分布较一致，而创业板却不同。统计数据中发现，居民服务、修理和其他服务业并没有定向增发的公司。在创业板定向增发各行业分布中，制造业虽然仍以472次达到最多，但并未远远超过其他行业，信息传输、软件和信息技术服务业定向增发次数达到了178次。从主板、中小板和创业板不同分布特点来看，主板和中小板所面对的问题较为接近，而创业板以高新技术企业为核心，定向增发所显示的需求和问题会有所不同。

表4.2　2006—2019年上市公司各行业定向增发数量统计

行业	全部A股定增次数	占比	主板定增次数	占比	中小板定增次数	占比	创业板定增次数	占比	北证定增次数	占比
采矿业	107	2.36%	83	3.58%	12	0.96%	12	1.50%	0	0.00%
文化、体育和娱乐业	82	1.81%	45	1.94%	16	1.28%	21	2.63%	0	0.00%
电力、热力、燃气及水生产和供应业	181	3.99%	160	6.90%	11	0.88%	7	0.88%	3	1.73%
房地产业	179	3.95%	164	7.08%	15	1.20%	0	0.00%	0	0.00%
建筑业	117	2.58%	65	2.80%	42	3.37%	10	1.25%	0	0.00%
交通运输、仓储和邮政业	117	2.58%	99	4.27%	16	1.28%	2	0.25%	0	0.00%
金融业	121	2.67%	109	4.70%	9	0.72%	3	0.38%	0	0.00%
农、林、牧、渔业	54	1.19%	25	1.08%	26	2.09%	3	0.38%	0	0.00%
批发和零售业	209	4.61%	152	6.56%	40	3.21%	14	1.75%	3	1.73%
信息传输、软件和信息技术服务业	464	10.23%	111	4.79%	140	11.24%	178	22.28%	35	20.23%
制造业	2611	57.56%	1185	51.12%	839	67.34%	472	59.07%	115	66.47%
教育	8	0.18%	3	0.13%	3	0.24%	2	0.25%	0	0.00%
科学研究和技术服务业	47	1.04%	21	0.91%	4	0.32%	17	2.13%	5	2.89%
水利、环境和公共设施管理业	99	2.18%	37	1.60%	24	1.93%	29	3.63%	9	5.20%
卫生和社会工作	18	0.40%	4	0.17%	9	0.72%	5	0.63%	0	0.00%
住宿和餐饮业	8	0.18%	7	0.30%	1	0.08%	0	0.00%	0	0.00%
综合	14	0.31%	14	0.60%	0	0.00%	0	0.00%	0	0.00%
租赁和商务服务业	100	2.20%	34	1.47%	39	3.13%	24	3.00%	3	1.73%
合计	4536	100.00%	2318	51.10%	1246	27.47%	799	17.61%	173	3.81%

资料来源：根据Wind资讯数据统计。

说明：由于计算中的四舍五入，某一类数据相加之和可能与合计数据略有不同。

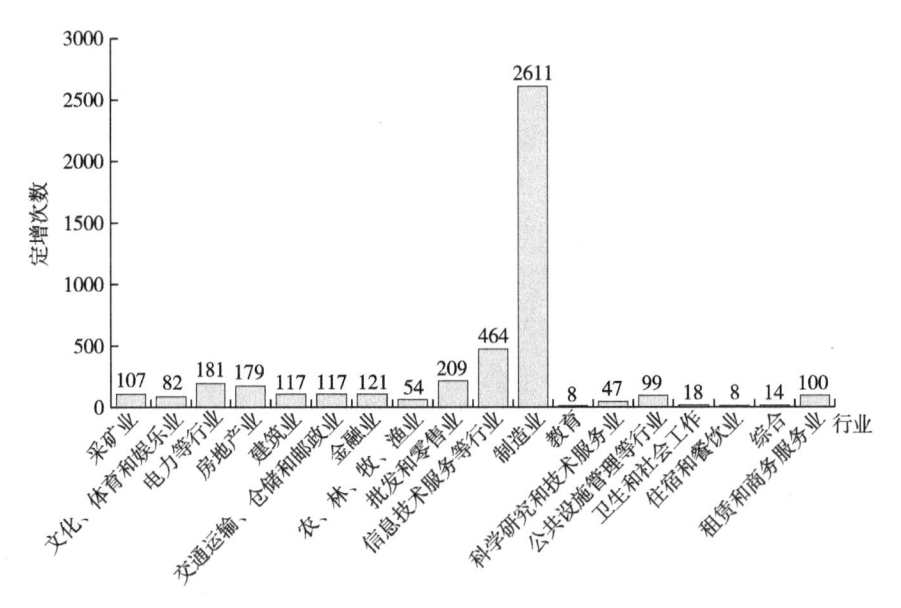

图 4.5　2006—2019 年全部 A 股定向增发各行业分布
资料来源：根据 Wind 资讯数据统计。

4.1.4　上市公司定向增发参与者的认购情况

对定向增发事件的统计，最为重要的是对定向增发发行对象的统计。发行对象与实施定向增发的上市公司形成千丝万缕的关系，是上市公司为实现增发目的而精心挑选出的"优胜者"，对定向增发对象的统计与分析有助于进一步识别上市公司定向增发的真实目的。本章之所以认定定向增发对象是上市公司选定的，是因为 2006 年发布的《上市公司证券发行管理办法》第三十七条规定非公开发行股票的发行对象不超过 10 名。《上市公司非公开发行股票实施细则》第八条对此进一步解释，发行对象不超过 10 名，是指认购并获得本次非公开发行股票的法人、自然人或者其他合法投资组织不超过 10 名，证券投资基金管理公司以其管理的 2 只以上基金认购的，视为一个发行对象。

据统计数据显示（见表 4.3），大股东及其关联方单独认购 530 次，占比 11.60%；机构投资者单独认购 1254 次，占比 27.65%；境内自然人单独认购 281 次，占比 6.19%。另外，大股东及其关联方认购定向增发股份的比重较大，累计占比 42.68%，机构投资者认购定向增发股份累计占比达 54.76%，成为定向增发重要的参与方之一。从图 4.6 统计结果可见，大股东认购的家数从 2006 年的 25 家迅速增长至 2015 年的 364 家，机构投资者的认购家数从

2006 年的 40 家增长至 2015 年的 646 家。折线图 4.6 显示大股东认购家数占总家数的比重呈平缓下降趋势，而机构投资者的认购比重呈平缓上升趋势，这说明在定向增发认购的参与者中，机构投资者作为重要的组成部分参与绝大多数上市公司的定向增发融资事件，而大股东参与认购情况虽然较多，相比总体上升趋势略有下降。这说明了监管机构近年来对资本市场再融资的管制，也说明了定向增发属于金融市场行为，机构投资者作为重要的力量参与企业的再融资。图 4.7 进一步补充了 2006—2019 年定向增发发行对象认购家数和金额的统计情况。数据表明"17 细则"发布后，即 2017 年后，以大股东和机构投资者为主的定向增发参与者均有较大幅度减少，且减少幅度相似，认购金额也大幅度下降。此外，自然人由于参与程度较低，本章暂不对其进行分析。

表 4.3　2006—2019 年定向增发发行对象认购情况统计

发行对象	认购频次	占比	累计占比
大股东	397	8.70%	8.70%
大股东关联方	133	2.90%	11.60%
大股东关联方，机构投资者	177	3.90%	15.50%
大股东关联方，机构投资者，境内自然人	102	2.20%	17.70%
大股东关联方，机构投资者，境外机构投资者	3	0.07%	17.77%
大股东关联方，机构投资者，境外机构投资者，境内自然人	1	0.02%	17.79%
大股东关联方，境内自然人	28	0.62%	18.41%
大股东关联方，境外机构投资者	1	0.02%	18.43%
大股东，大股东关联方	74	1.63%	20.06%
大股东，大股东关联方，机构投资者	91	2.01%	22.07%
大股东，大股东关联方，机构投资者，境内自然人	55	1.21%	23.28%
大股东，大股东关联方，机构投资者，境外机构投资者	2	0.04%	23.32%
大股东，大股东关联方，境内自然人	28	0.62%	23.94%
大股东，大股东关联方，境外机构投资者，机构投资者，境内自然人	1	0.02%	23.96%
大股东，大股东关联方，境外机构投资者，境内自然人	1	0.02%	23.98%
大股东，公司股东	1	0.02%	24.01%
大股东，公司股东，机构投资者	1	0.02%	24.03%
大股东，公司股东，机构投资者，境内自然人	6	0.13%	24.16%

续表

发行对象	认购频次	占比	累计占比
大股东，公司股东，境内自然人	5	0.11%	24.27%
大股东，机构投资者	463	10.21%	34.48%
大股东，机构投资者，大股东关联方	1	0.02%	34.50%
大股东，机构投资者，境内自然人	254	5.60%	40.10%
大股东，机构投资者，境内自然人，大股东关联方	1	0.02%	40.12%
大股东，机构投资者，境外机构投资者	10	0.22%	40.34%
大股东，境内自然人	82	1.81%	42.15%
大股东，境外机构投资者	5	0.11%	42.26%
大股东，境外机构投资者，境内自然人	1	0.02%	42.28%
公司股东	4	0.09%	42.37%
公司股东，机构投资者	2	0.04%	42.41%
公司股东，机构投资者，境内自然人	4	0.09%	42.50%
换股公司股东	8	0.18%	42.68%
机构投资者	1254	27.65%	70.32%
机构投资者，大股东关联方	1	0.02%	70.35%
机构投资者，境内自然人	882	19.44%	89.79%
机构投资者，境内自然人，境外自然人	1	0.02%	89.81%
机构投资者，境外机构投资者	30	0.66%	90.47%
机构投资者，境外机构投资者，境内自然人	17	0.37%	90.85%
机构投资者，境外机构投资者，境外自然人	1	0.02%	90.87%
机构投资者，全体持有人	1	0.02%	90.89%
境内自然人	281	6.19%	97.09%
境内自然人，机构投资者	3	0.07%	97.15%
境外机构投资者	10	0.22%	97.37%
境外机构投资者，机构投资者	2	0.04%	97.42%
境外机构投资者，境内自然人	2	0.04%	97.46%
全体投资者	109	2.40%	99.86%
合计	4536	100.00%	100.00%

资料来源：根据 Wind 资讯数据统计。

说明：由于计算中的四舍五入，某一类数据相加之和可能与合计数据略有不同。

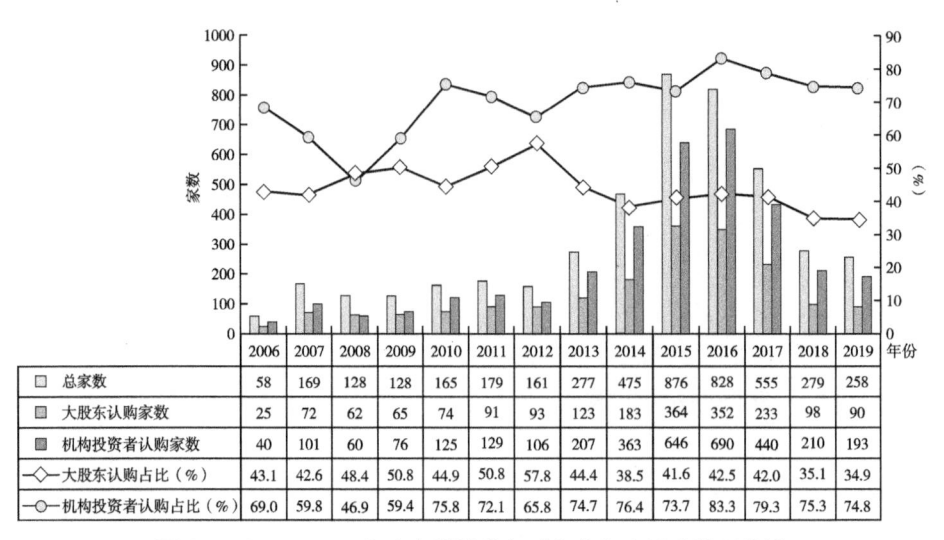

图 4.6 2006—2019 年定向增发发行对象分年度认购情况统计

年份	2006	2007	2008	2009	2010	2011	2012	2013	2014	2015	2016	2017	2018	2019
总家数	58	169	128	128	165	179	161	277	475	876	828	555	279	258
大股东认购家数	25	72	62	65	74	91	93	123	183	364	352	233	98	90
机构投资者认购家数	40	101	60	76	125	129	106	207	363	646	690	440	210	193
大股东认购占比（%）	43.1	42.6	48.4	50.8	44.9	50.8	57.8	44.4	38.5	41.6	42.5	42.0	35.1	34.9
机构投资者认购占比（%）	69.0	59.8	46.9	59.4	75.8	72.1	65.8	74.7	76.4	73.7	83.3	79.3	75.3	74.8

资料来源：根据 Wind 资讯数据统计。

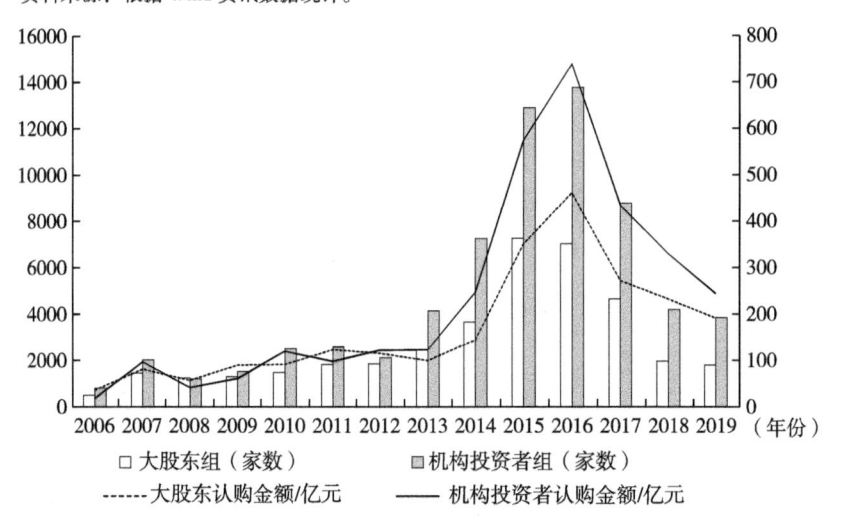

图 4.7 2006—2019 年定向增发发行对象认购情况统计

资料来源：根据 Wind 资讯数据统计。

本研究根据上市公司自主发布的非公开发行股票发行情况报告及上市公告书整理了定向增发资金用途，包括补充流动资金、公司间资产置换重组、集团公司整体上市、壳资源重组、配套融资、融资收购其他资产、实际控制人资产注入、项目融资和引入战略投资者。在不同年度的资金用途分布情况如表 4.4 所示，其中，资金用途为项目融资的定向增发达到 1549 次，远高于其他用途的定向增发；用于项目融资的定向增发除了 2016 年略高外，在其他年度分布较为平均。进一步，根据资金运用的性质可以将定向增发资金用途划分为两类——项目融资和资本运作，其中项目融资包括项目融资、配套融资；资本运作包括补充流动资金、资产置换重组、集团整体上市、收购其他资产、实际控制人资产注入、引入战略投资者（同第3章）。图4.8直接统计定向增发资金用途为项目融资和资本运作的分布情况，数据反映了"17细则"发布后资本运作的非项目融资数量锐减，虽然定增新规出台后，定向增发整体数量有所下降，但从统计的趋势来看，截至2019年，以资本运作为目的的定向增发数量下降更多，初步说明"17细则"对定向增发资本运作有一定的限制作用，使更多的资金流入了项目融资。从统计数据来看，2018年资本运作所受影响并不明显，到2019年，项目融资多于资本运作，说明"17细则"政策的影响有一定的滞后性。但从2017—2019年的统计数据中也不难看出，"17细则"的影响不仅仅局限于对资本运作的抑制性，项目融资也在逐年大幅缩水，说明资本市场的再融资整体情况受到了抑制。定向增发的资金用途分析能够反映定向增发的目的。下文将根据定增资金运用性质，进一步对定向增发资金用途做出更细致的分析，详见第6章。

表4.4 2006—2019年定向增发资金用途分布情况统计　　（单位：次）

年份	补充流动资金	公司间资产置换重组	股权激励	集团公司整体上市	壳资源重组	配套融资	融资收购其他资产	实际控制人资产注入	项目融资	引入战略投资者
2006	0	1	0	5	0	0	6	2	38	0
2007	1	2	0	21	8	2	18	14	72	2
2008	1	7	18	4	16	0	16	11	43	1
2009	4	2	0	20	4	0	11	12	61	1
2010	5	1	0	18	3	0	19	6	101	2
2011	3	11	0	28	6	0	21	6	94	0
2012	16	9	0	17	13	2	18	10	66	4
2013	22	1	0	11	15	38	50	8	123	4
2014	34	0	0	10	20	101	137	18	139	15
2015	133	4	0	16	31	224	243	20	187	18
2016	82	5	2	7	20	186	202	24	288	12
2017	47	1	2	4	3	129	165	14	189	1
2018	20	1	1	0	2	48	124	2	80	1
2019	12	4	3	3	0	65	99	1	68	0
合计	380	49	8	178	129	795	1129	148	1549	61

资料来源：根据Wind资讯数据统计。

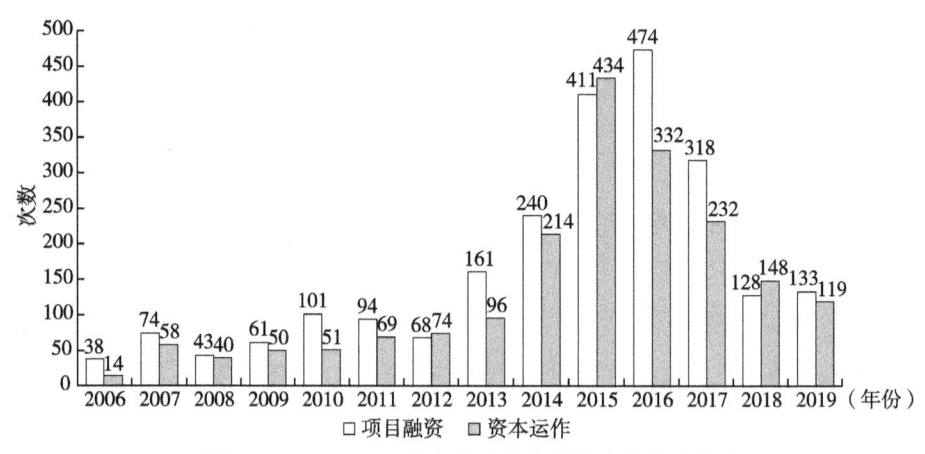

图 4.8　2006—2019 年各年度定向增发资金用途比重
资料来源：根据 Wind 资讯数据统计。

4.2　定向增发社会关系分析

4.2.1　上市公司社会关系分析

上市公司作为公众企业，经过证券管理部门批准，有权在证券交易所进行股权交易。上市公司从公司规模、盈利能力、合规性等方面来说皆属于较为优质的公司，又可以公开募集资本，具有良好的融资渠道。上市公司由于具有公共性，需要接受公众，包括股东、董事会、经理层、债权人、供应商、政府、员工等的监督。此外，上市公司为了生存与发展，不断地进行经营活动、融资活动、投资活动以提升公司治理绩效，这带来了关系边界的外延。上市公司社会关系包括生产关系、交换关系、分配关系、家族关系等，并具有多层次、复杂性和系统性。以深交所上市公司锡业股份（000960.SZ）为例，由日常经营形成的上下游企业关系包括与客户和供应商之间的关系以及同业竞争关系，由公司融资活动形成的主要股东和债权人之间的关系，由公司投资扩张行动所形成的并购标的公司之间的关系，由公司治理形成的董事会、经理层之间的关系，以及由社会责任带来的公众利益关系等，这些构成了锡业股份的社会关系网（见图 4.9）。每一家上市公司在经营活动中都会形成巨大的关系网，多层次、多结构的社会关系中，每个层次都存在利益的协同、博弈和制衡，这奠定了上市公司定向增发社会关系的研究基础和前提。

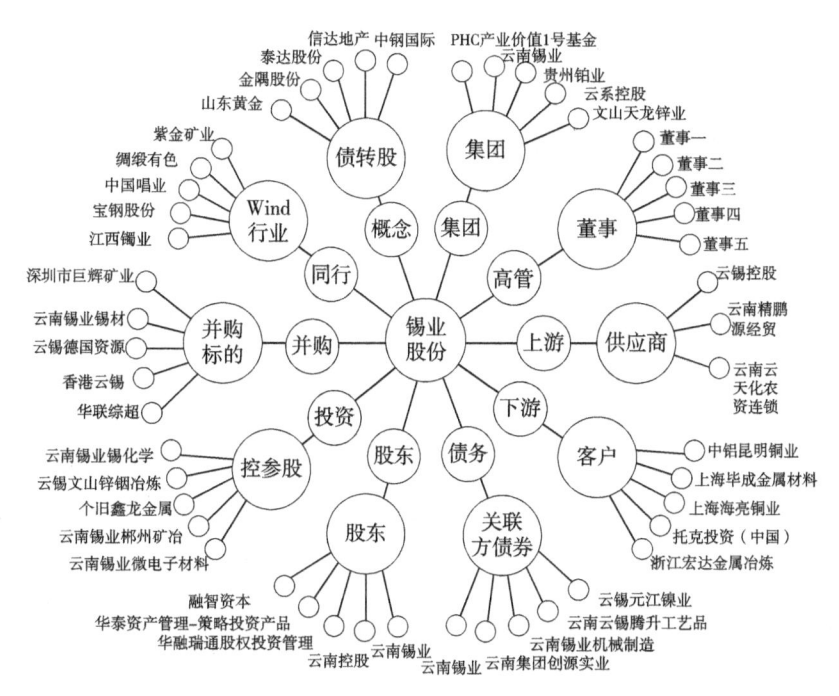

图 4.9　2016 年锡业股份（000960.SZ）社会关系网

资料来源：Wind 资讯数据库。

4.2.2　定向增发利益相关者社会关系分析

上市公司定向增发属于重大事项，涉及诸多利益相关者，辐射出复杂的社会关系（见图 4.10）。这种社会关系是动态的、多层次的、多结构的，第一层次包括发行对象、定增标的、社会关注与政府监管、中介机构和其他利益相关者，第二层次还可将第一层次详细划分，此外，各层次间还有相互关联，从而构成复杂、动态的多层次关系网。从定向增发对象来看，上市公司遴选的不超过 10 名投资者包括大股东、机构投资者、自然人，必然被纳入以定向增发事件为中心的关系网中。其中，大股东与机构投资者、自然人存在合谋、制衡、协同、合作、博弈等关系。定向增发的资金用途包括补充流动资金、资产置换重组、集团整体上市、项目融资、收购其他资产、实际控制人资产注入、引入战略投资者、配套融资，其中，作为定向增发的标的被并购公司、集团整体、战略投资者等被纳入定向增发关系网中。在定向增发发行过程中进行尽职调查的证券公司、保荐人、律师事务所、会计师事务和承销商等因利益关系和尽职责任被纳入定向增发关系网中。定向增发过程中，存在与此密切相关但又未直接参与定向增发的两方——"其他利益相关者"和"社会关注与政府监管"。定向增发事件的进行，对上市公司来说是再融资行为，影响公司的资产负债率，关系到债权人的利益，影响公司的资本结构，关系到中小股东的利益，影响公司未来业绩与成长性，关系到关联方的利益，因此，其他利益相关者在定向增发事件中被纳入定向增发关系网中。监管方作为保护中小股东利益的正式机构，在定向增发过程中对上市公司合规性等方面进行严格的检查，对上市公司内幕交易、操纵股票市场等行为进行严厉的打击，在定向增发关系网中扮演重要的角色。媒体关注、分析师判断等作为中小股东保护的补充机制，通过改善公司治理、完善信息环境，在定向增发中起到积极作用。

图 4.10 定向增发事件的社会关系

定向增发社会关系中，除了组内有相关关系，组间也存在强弱不同的相关关系。根据嵌入性理论的相关概念，社会关系中存在强弱不同的关联关系并以此形成强弱不同的关系纽带，相互关联可以为彼此带来相应的资源。图 4.11 重点分析了大股东、机构投资者、中小股东、政府监管方、社交媒体与分析师之间的关系，两两之间的连线代表关系的强弱，实线代表强关系属性，虚线代表弱关系属性。其中，大股东与中小股东之间存在利益侵占、股权制衡等强烈的利益冲突，大股东和机构投资者之间存在合谋、协同、非合作博弈等相关关系。政府监管从正式机制角度关注资本市场运作，关系到大股东、机构投资者和中小股东。社交媒体和分析师从非正式机制参与资本市场运作，间接影响上市公司利益，并改善大股东与中小股东的信息不对称问题。

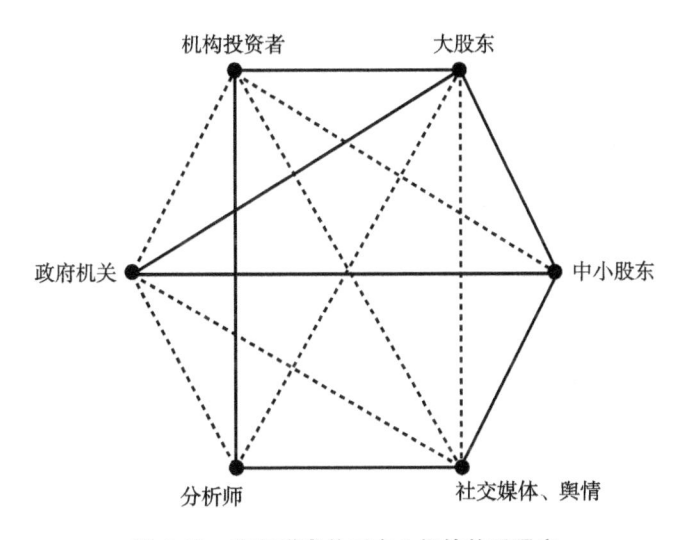

图 4.11　定向增发关系方之间的关系强度

4.3　本章小结

本章从融资偏好、融资规模、行业分布、认购细节以及定向增发的社会关系等方面详细分析定向增发的发行现状，并发现如下问题。

①自进入 21 世纪以来，配股、可转债、公开增发和定向增发成为我国上市公司股权再融资的主要方式。随着时间的推进，定向增发以 91.43% 的占比成为主流的股权再融资方式，2013 年至 2015 年定向增发的融资规模几乎呈几何倍数增长。为什么资本市场对定向增发如此热衷，但随着"17 细则"的出台，2017—2019 年定向增发家数和金额骤减？

②从定向增发的各行业分布来看，主板和中小板分布特点更为相近，与创业板有着显著的不同，说明定向增发在不同行业不同板块面临的问题不尽相同。

③从参与方来看，定向增发最主要的认购者为机构投资者和大股东，那么在参与定向增发的过程中，二者的合作会演化为一场精心的"合谋"吗？

④从定向增发资金用途上看，大多数资金流向项目发展，但为何项目融资的定向增发比重却在逐年缩小，而补充流动资金、收购资产的定向增发比重却在逐年上升？不同资金用途会使定向增发定价、参与方构成有所不同吗？

⑤定向增发的社会关系分析中，展现了一个动态的、复杂的、多层次的关系网，各方之间的关系强度也显著不同。那么，不同的定向增发参与主体嵌入关系网中，对定向增发事件的走势会有着怎样的影响？不同的关系强度对参与主体的利益存在什么样的影响？

定向增发市场现状和社会关系的分析，为我们的研究呈现了全面的定向增发融资概况和围绕定向增发形成的社会关系网络。同时，也抛出了一些值得思考和研究的问题，承接了前文的模型推演，并为后文的理论分析和实证研究做了重要铺垫。

第5章 政治关联、盈余管理与定向增发隧道效应研究

本章主要研究在定向增发中，大股东实现隧道效应的外在条件和内在机理。外在条件方面，探讨政治关联和产权异质是否为大股东实施隧道行为提供了先决条件，并影响了大股东实施隧道行为的动机。进一步，本章探究产生隧道效应的内在机理和传导机制，即大股东通过何种路径实现定向增发高折价，进而实现隧道效应。

现有文献基于中国市场发展与关系文化，在政治关联对公司融资、投资、风险承担、企业绩效等方面的积极作用做了详细的研究与分析，但对政治关联与隧道效应的关系鲜有涉及。在定向增发隧道效应上，已有大量文献证实大股东利用定向增发高折价进行自我利益输送，但鲜有文献探讨隧道效应的内在机理和传导机制。进行相关研究的重要性已在第2章进行详细分析和总结，此处不再赘述。根据第3章定向增发参与方利益关系的模型推演结果，在存在交易费用的情况下，大股东在定向增发中获得了三部分收益，即定向增发低价发行收益、定向增发股份市场价格上涨收益和交易费用收益，其中后两部分收益的获得均侵占了其他股东利益。模型推导结论可以进一步利用数据分析方法检验。

综上，本章将结合股票市场数据，运用调节效应、中介效应、Robust-OLS回归分析等分析方法，重点研究我国资本市场上政治关联、产权异质与定向增发隧道效应之间的关系以及隧道效应的内在机理和传导路径，检验模型推演所表现的现实意义，为我国资本市场健康有序发展提出相关的建议。

5.1 理论分析与研究假说

5.1.1 产权异质、大股东认购与隧道效应

我国上市公司普遍存在"一股独大"的现象，同时大陆法系对投资者的

保护较弱（La Porta 等，2002），为大股东的利益输送行为提供了土壤。因此，我国上市公司大股东利益输送行为较为严重，第二类代理问题尤为突出。随着相关法律的不断健全，如《刑法》《公司法》和《证券法》严格规定了操纵证券市场、掏空上市公司承担的相应责任，明确了上市公司的披露义务，大股东非法侵占中小股东利益的空间越来越小，无法通过关联交易等明显的利益转移手段实现自身利益最大化。近年来，大股东利益侵占行为以更加隐蔽的形式呈现出来（Johnson 等，2000）。

定向增发融资一般经过如下过程：董事会提出预案—股东大会决议—相关部门审核批准—核准发行。由于我国上市公司普遍存在"一股独大"的现象，大股东对董事会决议具有极大的影响力（唐建新，2013）。作为市场行为主体，大股东推动董事会提出定向增发预案的目的是实现自身利益最大化，而大股东通过定向增发谋求自身利益最大化有两种途径：一是在定向增发中直接实现自身利益输送；二是借助定向增发来融资，后续有效运用新增资金加速公司价值增长。由于公司未来价值增长需要经历一段时间，因此大股东通过第二种途径实现自身利益最大化具有较大的不确定性。同时上市公司存在控制权与现金流权的分离，即使公司价值在未来得到了有效提升，具有控制权的大股东并不能获得全部价值提升的收益。相比而言，大股东通过定向增发直接实现自身利益输送不确定性较小，是实现自身利益最大化非常有效的途径（郭思永，2013）。尤其是在中小投资者的自我保护机制尚需完善的我国资本市场环境下，大股东在定向增发中利用控制权直接进行自身利益输送的动机更强。大股东在定向增发中直接进行自身利益输送的主要方式是低价认购定向增发股份，认购的越多，折价越高，所获得的收益越多。由于大股东能够在一定程度上左右公司的定向增发决策，因此参与认购定向增发股份对于大股东来说不难实现。大量研究证明，定向增发的高折价发行成为大股东利益输送的新工具（章卫东和李海川，2010；郭思永和刘春江，2013；黄叶苨等，2017）。

第3章的理论推导结果表明，大股东以低于股票价格认购大于原持有股份比例的定向增发股份，则侵占了其他股东的权益。其他股东由于持有上市公司股份比重的降低，在公平性上承担了损失，而大股东持有比重增加，获得定向增发低价发行收益和市场收益的双重收益。因此，为了实现利益输送，大股东参与认购定向增发股份时，定向增发股票会具有更高的折价，而且随着大股东认购比例的增加，折价程度也会随之提高。根据定向增发价格形成机制即"定向增发发行价格不低于定价基准日前二十个交易日公司股票均价的百分之九十"，定向增发价格取决于定价基准日前二十个交易日的公司股票价格。大股东作为决策方可以利用定价规则通过被动择时和主动操纵来决定或者影响定向增发前股票价格，进而造成定向增发折价。因此，大股东通过定向增发进行自身利益输送的典型特征是大股东认购定向增发股价越积极，定向增发折价程度越高，隧道效应越明显。根据以上分析，本研究提出假设1a。

假设1a：大股东认购定向增发股份存在显著的隧道效应。

由于我国民营企业大股东与中小股东代理问题较国有企业更为严重，因此民营企业大股东借助定向增发活动进行自身利益输送的动机强于国有企业，据此提出假设1b。

假设1b：相对于国有企业，民营企业大股东认购定向增发股份时，隧道效应更严重。

5.1.2 产权异质、政治关联与隧道效应

目前，我国融资资源配置尚处于政府严格管制阶段，而企业的发展和企业价值的提升与外部资源配给有着重要的关系。根据寻租理论，政府的干预程度越高，企业的寻租需求越强烈。定向增发领域的准入机制为严格的核准制，其核心就是政府干预资源配置。现有研究表明，在股权融资审核中，国有企业凭借天然的政治优势，无论是在信贷市场，还是在股权再融资市场，其所获得的支持远大于非国有企业（Su和Yang，2009）。在上市过会率和配股成功率方面，非国有企业远低于国有企业（祝继高，2009）。国有企业改革和股票市场建立息息相关，早期股票市场主要就是服务于国有企业（祝继高，2011）。定向增发如今成为再融资市场的主流，在政府的支持下，国有企业的定向增发过会率也高于民营企业（杨星，2016）。

民营企业为了获取更多的资源，需要建立政治关联来提高定向增发过会率。政治关联可以为民营企业带来融资便利，有助于解决民营企业融资困境，尤其是在金融发展水平较低的地区（罗党论等，2008；于蔚等，2012）。潘红波等（2008）从银行贷款的期限和贷款数额的角度发现政治关联给企业带来的效益。彭文伟（2017）从定向增发融资角度研究了政治关联的影响，研究表明民营企业借助政治关联更容易通过定向增发审核，存在政治关联的企业

长期业绩表现更好。从社会关系资源论角度，民营企业有动机建立政治关联，获取融资资源。

因此，民营企业利用政治关联提高定向增发过会率，也为大股东实施隧道行为提供了前提条件（见图5.1）。根据第3章的理论推演，在存在交易成本时，大股东在定向增发中获取的收益为：$\Delta V_{BR} = (\delta - \gamma)(P_m - P_0)\Delta N + (\delta - \gamma)(P_0 - P_k)\Delta N + (\delta - \gamma)(C_f + C_v)$。

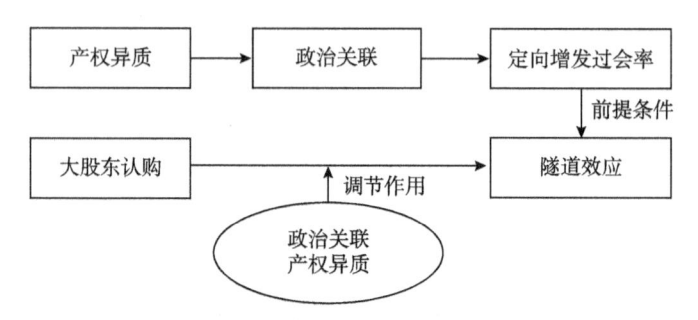

图 5.1 定向增发隧道效应外在影响条件的分析架构

大股东获得了三部分收益：市场收益、折价发行收益和交易费用收益。其中定向增发股份市场价格上涨收益和交易费用收益的获取均侵占了中小投资者利益。因此，在产权异质和政治关联的调节作用下，民营企业大股东将更有动机借助政治关联提高定向增发过会率，实施隧道行为，为自己谋取更多的私有收益。

基于此，本研究提出假设2a、假设2b和假设2c。

假设2a：民营企业的定向增发过会率远低于国有企业。

假设2b：相对于国有企业，民营企业更有动机利用政治关联提高定向增发过会率。

假设2c：存在政治关联的条件下，民营企业隧道效应更显著。

5.1.3 大股东认购、盈余管理与隧道效应

大股东在上市公司中具有控制权和决策权，为了获得定向增发收益，会积极认购定向增发股份，并努力提高定向增发折价率。根据定向增发发行定价制度，大股东对折价的影响来源于被动择时和主动操纵。前者需要等待市场行情变化，对于大股东来说很难把握和控制，后者成为大股东更常见的选择。根据原有定向增发价格形成机制，大股东通过影响定价基准日前二十个

交易日的公司股票均价就可以操纵定向增发价格。

在资本市场中，投资者会根据接收到的信息对资产价格做出判断，释放信息是影响市场价格的主要手段。上市公司最常规的释放信息的方式是披露财务信息。盈余管理则是通过更改实际交易时间和方式或利用主观判断事项更改会计处理方式来人为影响所披露的财务信息的行为（Schipper，1989）。Kim 和 Ritter（1999）发现资本市场会高估盈余管理为正向的上市公司股价，低估盈余管理为负向的上市公司股价。因此，在定向增发之前进行盈余管理会影响投资者对股票价值的判断，负向的盈余管理程度越高，定向增发前股票价格低于真实价格的程度越高，定价基准日前二十个交易日公司股票均价就会越低，定向增发折价率也会随之增加。基于此，提出假设 3a。

假设 3a：定向增发前负向盈余管理程度越高，定向增发折价率越高，隧道效应越明显。

如果该假设成立，那么大股东很有可能通过盈余管理造成定向增发折价来达到自身利益输送的目的。而大股东会采取何种盈余管理方式呢？已有研究指出，盈余管理主要包括应计盈余管理和真实盈余管理两类（Gunny，2010）。Dechow 和 Skinner（2000）认为应计盈余管理是利用会计政策和会计估计等主观判断项目，对公司的财务业绩进行美化或丑化。Roychowdhury（2006）认为真实盈余管理是上市公司改变正常的交易活动，进而改变经济业务发生的时间或计量属性，实现对利润的操控。二者本质区别在于是否改变了公司的实际经营活动：真实盈余管理活动通过改变公司的实际经营活动，影响了当期的经营现金流和业绩评价；而应计盈余管理活动并未改变公司的实际经营活动，只是改变了当期会计盈余的账面处理。以往针对定向增发中盈余管理的研究主要集中于应计盈余管理方面，例如章卫东（2010）研究发现在定向增发前存在明显的应计盈余管理行为。

近年来的研究表明，由于真实盈余管理活动更具隐蔽性，而应计盈余管理易受到监管处罚，上市公司逐渐转变为借助真实活动盈余管理来操纵会计业绩（Roychowdhury，2006）。因此，在我国会计法律法规不断完善、监管力度不断加强的背景下，上市公司进行应计盈余管理将面临更高的审计风险和处罚成本，大股东更有可能在定向增发之前进行负向真实盈余管理，影响上市公司的股票价格，造成定向增发折价。

综上所述，如果大股东寻求以低价购买定向增发股份的方式来实现自身利益输送，这一目的的实现需要以低定价为条件，而根据原有定向增发定价形成机制，定向增发前的负向真实盈余管理可能会成为大股东人为制造定向增发低定价的现实选择之一。也就是说，大股东决定认购定向增发股份后，通过负向真实盈余管理促成定向增发低定价，最终低价购买定向增发股份，实现自身利益输送，因此大股东隧道行为的传导路径为盈余管理活动的中介效应（见图5.2）。如果上述推理成立的话，负向真实盈余管理就成为大股东认购定向增发股份对定向增发折价作用的中介变量。根据前文的分析，民营企业大股东与中小股东之间的代理问题更为突出，通过定向增发谋求自身利益输送的动机更强，因此这一中介效应可能在民营企业中更为明显。

图 5.2　定向增发隧道效应传导路径的分析架构

据此提出假设 3b 和假设 3c。

假设 3b：负向盈余管理活动在大股东认购与隧道效应之间发挥中介效应。

假设 3c：相对于国有企业，负向盈余管理活动在民营企业大股东认购与隧道效应间的中介效应更为明显。

5.2　样本选择及研究设计

5.2.1　样本与数据

2006 年 5 月 8 日至 2015 年 12 月 31 日沪深 A 股主板中，共有 2563 家公司申请定向增发审批，其中，通过审核的定向增发为 1730 例，未通过审核的定向增发为 833 例。剔除金融行业公司和数据缺失公司后，得到 2156 个研究定向增发过会率的研究样本。在研究假设 3a、假设 3b 和假设 3c 中，由于盈余管理类数据缺失较严重，最终得到通过审核的定向增发样本 1407 个。如此选择样本的原因在于：第一，2006 年 5 月中国证监会颁布《上市公司证券发行管理办法》后，定向增发才成为上市公司股权再融资的主要方式；第二，由于中小板和创业板的定向增发事件集中于 2014 年，缺少连续多年的数据，较多计算类的数据无法获得，同时这两个板块的公司具有高成长性和高风险性，市场对其估值认知跨度较大，没有形成稳定的估值区间，因此将这两个板块的公司排除在外；第三，金融类公司的会计计量要素与其他公司不同，因此将其排除在样本之外。为了消除异常值对研究结论的影响，对所有连续变量进行 5% 水平的缩尾（Winsorize）处理。

公司定向增发数据来自 Wind 数据库，财务数据和市场指标来自 CSMAR 数据库，手工搜索新浪财经中上市公司高管履历并形成政治关联指标。

5.2.2 变量定义

1. 被解释变量

定向增发折价率 *DISCOUNT* 衡量认购者的隧道效应。大量文献证明发行折价程度越高，大股东利益输送越多，隧道效应越明显（张鸣和郭思永，2009；郭思永和刘春江，2013；支晓强和邓路，2014；黄叶苨等，2017）。根据 Baek（2006）的研究方法，定向增发折价率 =（定向增发预案公告日收盘价 − 定向增发发行价格）/定向增发预案公告日收盘价 ∗ 100，其中，乘以 100 的目的是调整量纲，使实证结果更容易理解。当定向增发预案公告日市场交易价格高于定向增发定价，则定向增发折价更高，认购者将获得超额收益。

被解释变量定向增发过会率 *PASS*，定义为哑变量，上市公司提交的定向增发预案被证监会（含发审委）审核通过则取值为 1，否则为 0。

2. 解释变量

解释变量 *PC* 为上市公司政治关联，定义为哑变量。根据许浩然等（2016）的研究，结合定向增发的融资机理，即定向增发主要由董事会和股东大会主导，本章节将政治关联变量定义为，在定向增发当年，若该公司董事长曾在政府部门任职或担任人大代表、政协委员，则政治关联 *PC* 取值为 1，否则为 0。

解释变量 *BIG* 为大股东是否认购定向增发股份，定义为哑变量，大股东认购了定向增发股份，取值为 1，未认购则取值为 0。

解释变量 *BIG_RATE* 为大股东在定向增发中的认购比例。

盈余管理程度用三种盈余管理指标来衡量：一是琼斯模型估计出的 *DAC*

为应计盈余管理程度（Jones）；二是修正的琼斯模型估计出的 $DACC$ 为应计盈余管理程度（Dechow）；三是真实盈余管理模型估计出 EM_PROSY 为真实盈余管理程度（Roychowdhury）。为使得模型估计更为匹配，本章将所有模型中分母 A_t 总资产替换为 TQ 总股本。值得说明的是，为了更精确地估计出在定向增发前上市公司是否进行了盈余管理，本章将盈余管理指标期间设定为定向增发前一个季度，三种盈余管理数值均存在正负，正数代表正向盈余管理，值越高，正向盈余管理程度越高，负数代表负向盈余管理，值越低，负向盈余管理程度越高。

为了进一步考察产权性质的影响，本章设计了代表企业性质的哑变量 $COMP$：民营企业为1，国有企业为0。$COMP\_Y$ 将国有企业进行细分，中央国有企业为1，地方国有企业为0。

表5.1 变量定义表

变量	变量描述	定义
PASS	定向增发过会率	哑变量，定向增发预案通过证监会审核为1，否则为0
DISCOUNT	定向增发折价率	折价率 = [（首日收盘价 − 定向增发价格）/首日收盘价] *100
BIG	大股东是否认购	哑变量，大股东认购定向增发股份为1，否则为0
BIG_RATE	大股东认购比例	大股东认购定向增发股份的比例
COMP	企业性质	哑变量，民营企业为1，国有企业为0
COMP_Y	国有企业性质	哑变量，将国有企业进行细分，中央国有企业为1，地方国有企业为0
PC	政治关联	哑变量，董事长曾在政府部门任职或担任人大代表、政协委员取值为1，否则为0
DAC	应计盈余管理Ⅰ	根据琼斯模型计算出的应计盈余管理程度
DACC	应计盈余管理Ⅱ	根据修正的琼斯模型计算出的应计盈余管理程度
EM_PROSY	真实盈余管理	根据真实盈余管理模型计算出的真实盈余管理程度
CHANGE	换手率	换手率 = [指定交易日成交量（手）*100/截至该日股票的流通股总股数（股）] *100%
FRAC	发行规模	发行规模 = 发行总股数/上市公司股票总量
LEV	资产负债率	资产负债率 = 总负债/总资产
ROE	净资产收益率	净资产收益率 = 净利润/平均股东权益
IND	行业	哑变量，按证监会行业大类分类

5.2.3 研究方法

1. 中介效应检验法

根据温忠麟（2004）的研究结论，本章中盈余管理中介效应的检验步骤为：第一步，以大股东认购定向增发股份作为自变量，以折价率作为因变量进行回归，如果回归结果显示大股东认购系数显著，说明大股东认购造成了定向增发折价；第二步，以盈余管理作为自变量，以折价率作为因变量进行回归，如果回归结果显示盈余管理系数显著，说明盈余管理导致了定向增发折价；第三步，以大股东认购作为自变量，以盈余管理（中介变量）作为因变量进行回归，如果回归结果显示大股东认购系数显著，说明大股东认购对公司定向增发前盈余管理具有影响；第四步，如果上述结果成立，再将大股东认购和盈余管理同时作为自变量放入模型，以折价率作为因变量进行回归，如果大股东认购的回归系数显著性下降（或变得不显著），则说明大股东认购部分（完全）通过盈余管理行为影响定价增发折价水平。

2. 应计盈余管理和真实活动盈余管理衡量方法

本章衡量盈余管理行为，应用琼斯模型和修正的琼斯模型衡量应计盈余管理程度，用真实活动盈余管理模型衡量真实活动盈余管理程度。

（1）琼斯模型度量应计盈余管理

$$\frac{TA_{it}}{A_{it-1}} = \beta_0 \frac{1}{A_{it-1}} + \beta_1 \frac{\Delta REV_{it}}{A_{it-1}} + \beta_2 \frac{PPE_{it}}{A_{it-1}} + \varepsilon_{it} \qquad (5-1)$$

TA_{it}为第i家公司在t年的应计利润，A_{it-1}为第i家公司第$t-1$年的总资产，ΔREV_{it}为第i家公司第t年的主营业务收入与第$t-1$年的主营业务收入之差，PPE_{it}为第i家公司第t年年末的固定资产原值。中间三项$\beta_0 \frac{1}{A_{it-1}} + \beta_1 \frac{\Delta REV_{it}}{A_{it-1}} + \beta_2 \frac{PPE_{it}}{A_{it-1}}$为非可操控性应计利润，回归得到的残差为可操控性应计利润，即DAC应计盈余管理程度。

（2）修正的琼斯模型度量应计盈余管理

$$\frac{TA_{it}}{A_{it-1}} = \beta_0 \frac{1}{A_{it-1}} + \beta_1 \frac{\Delta REV_{it} - \Delta REC_{it}}{A_{it-1}} + \beta_2 \frac{PPE_{it}}{A_{it-1}} + \varepsilon_{it} \qquad (5-2)$$

其中，ΔREC_{it}为第i家公司第t年的应收账款净额与第$t-1$年的应收账款净额之差，其余变量同上；中间三项$\beta_0 \frac{1}{A_{it-1}} + \beta_1 \frac{\Delta REV_{it} - \Delta REC_{it}}{A_{it-1}} + \beta_2 \frac{PPE_{it}}{A_{it-1}}$为非可操控性应计利润，回归得到的残差为可操控性应计利润，即$DACC$应计盈余管理程度。

（3）真实活动盈余管理模型度量真实活动盈余管理

Roychowdhury指出真实活动盈余管理主要由三部分组成：异常现金流量

EM_CFO_{it}、异常产品成本 EM_PROD_{it} 和异常酌量性费用 EM_DISEXP_{it}，真实活动盈余管理的总体计量指标 EM_PROXY_{it} 为三种操控方式之和。

首先，异常现金流量 EM_CFO_{it} 通过式（5-3）进行回归，回归残差为异常现金流量 EM_CFO_{it}，其中 CFO_{it} 为第 i 家公司第 t 年的经营活动产生的现金流量净额，中间三项 $a_1\left(\frac{1}{A_{it-1}}\right) + a_2\left(\frac{REV_{it}}{A_{it-1}}\right) + a_3\left(\frac{\Delta REV_{it}}{A_{it-1}}\right)$ 为正常的经营活动现金流（Dechow，1995）。

$$\frac{CFO_{it}}{A_{it-1}} = a_0 + a_1\left(\frac{1}{A_{it-1}}\right) + a_2\left(\frac{REV_{it}}{A_{it-1}}\right) + a_3\left(\frac{\Delta REV_{it}}{A_{it-1}}\right) + \varepsilon_{it} \quad (5-3)$$

其次，异常产品成本 EM_PROD_{it} 通过式（5-4）进行回归，回归残差为异常产品成本 EM_PROD_{it}，其中 $PROD_{it}$ 为正常产品成本，等于销售产品成本加上当年存货的变动额，中间四项 $a_1\left(\frac{1}{A_{it-1}}\right) + a_2\left(\frac{REV_{it}}{A_{it-1}}\right) + a_3\left(\frac{\Delta REV_{it}}{A_{it-1}}\right) + a_4\left(\frac{\Delta REV_{it-1}}{A_{it-1}}\right)$ 为正常的产品成本。

$$\frac{PROD_{it}}{A_{it-1}} = a_0 + a_1\left(\frac{1}{A_{it-1}}\right) + a_2\left(\frac{REV_{it}}{A_{it-1}}\right) + a_3\left(\frac{\Delta REV_{it}}{A_{it-1}}\right) + a_4\left(\frac{\Delta REV_{it-1}}{A_{it-1}}\right) + \varepsilon_{it} \quad (5-4)$$

再次，异常酌量性费用 EM_DISEXP_{it} 通过式（5-5）进行回归，回归残差为异常酌量性费用 EM_DISEXP_{it}，其中，$DISEXP_{it}$ 是酌量性费用，包括当年的销售费用和管理费用，中间两项 $a_1\left(\frac{1}{A_{it-1}}\right) + a_2\left(\frac{S_{it}}{A_{it-1}}\right)$ 为正常酌量性费用。

$$\frac{DISEXP_{it}}{A_{it-1}} = a_0 + a_1\left(\frac{1}{A_{it-1}}\right) + a_2\left(\frac{S_{it}}{A_{it-1}}\right) + \varepsilon_{it} \quad (5-5)$$

最后，真实盈余管理的总体计量指标如式（5-6）。

$$EM\_PROXY_{it} = EM\_PROD_{it} + EM\_CFO_{it} + EM\_DISEXP_{it} \quad (5-6)$$

5.2.4 回归模型设定

1. 产权异质、大股东认购与隧道效应的检验模型

为了检验大股东认购对定向增发隧道效应的影响，本章设计了多元线性回归模型（5-7）和（5-8）检验假设1a和假设1b。模型（5-7）检验大股东认购与否对定向增发隧道效应的影响，模型（5-8）检验大股东认购比例对定向增发隧道效应的影响。为了进一步分析企业性质的作用，本章对模

型（5-7）和模型（5-8）进行分组检验，以考察民营企业与国有企业两类企业中大股东认购的隧道效应差异。根据假设1a，预期模型（5-7）的回归结果中 β_1 显著为正，预期模型（5-8）的回归结果中 β_1 显著为正。根据假设1b，预期模型（5-7）的回归结果 β_1 和预期模型（5-8）的回归结果 β_1 将在民营企业分组中更为显著。

$$DISCOUNT = \beta_0 + \beta_1 BIG + \sum \beta_i CONTROL_i + \varepsilon \quad (5-7)$$

$$DISCOUNT = \beta_0 + \beta_1 BIG\_RATE + \sum \beta_i CONTROL_i + \varepsilon \quad (5-8)$$

2. 产权异质、政治关联对定向增发隧道效应影响的检验模型

为了检验不同产权性质以及政治关联对定向增发隧道效应的影响，本章设计了多元线性回归模型（5-9）、（5-10）和（5-11）分别检验假设2a、假设2b和假设2c。模型（5-9）检验定向增发隧道效应产生的前提，即不同产权性质对定向增发过会率的影响，其中，模型中对 COMP 进行细化，将国有企业细分为中央国有企业（$COMP\_Y = 1$）和地方国有企业（$COMP\_Y = 0$）。模型（5-10）检验政治关联对定向增发过会率的影响。为了分析不同产权性质情况下，企业政治关联对定向增发过会率的影响，在回归中对模型（5-10）进行民营企业和国有企业分组检验。模型（5-11）检验政治关联对大股东隧道效应调节效应。根据假设2a，预期模型（5-9）的回归结果中 β_1 显著为负；根据假设2b，预期模型（5-10）的回归结果中 β_1 在民营企业分组中显著为正；根据假设2c，预期模型（5-11）的回归结果中 β_3 在民营企业分组中显著为正。

$$PASS = \beta_0 + \beta_1 COMP + \sum \beta_i CONTROL_i + \varepsilon \quad (5-9)$$

$$PASS = \beta_0 + \beta_1 PC + \sum \beta_i CONTROL_i + \varepsilon \quad (5-10)$$

$$DISCOUNT = \beta_0 + \beta_1 BIG + \beta_2 PC + \beta_3 BIG \times PC + \sum \beta_i CONTROL_i + \varepsilon \quad (5-11)$$

3. 大股东认购、盈余管理与隧道效应的检验模型

为了检验大股东实施隧道行为所采用方式的作用机理，本章设计了多元回归模型（5-12）和（5-13）检验大股东是否在定向增发之前进行了盈余管理，设计了多元回归模型（5-14）检验盈余管理对定向增发折价的影响。为了检验真实盈余管理是否在大股东认购与定向增发折价之间起到中介效应，根据温忠麟（2004）的研究构建模型（5-15）。其中，前三个模型中的 MATP 分别代表琼斯模型的应计盈余管理 DAC、修正的琼斯模型的应计盈余管理 DACC 和真实活动盈余管理 EM_PROSY。若模型（5-15）的回归结果显示

β_1 显著性下降或不显著，则意味着真实盈余管理在大股东认购和定向增发折价之间发挥了部分（完全）中介作用。

根据假设 3a，预期模型（5-14）的回归结果中以真实盈余管理程度变量 EM_PROSY 为因变量时 β_1 显著为负，以应计盈余管理程度变量 DAC 和 $DACC$ 为因变量时 β_1 不显著；根据假设 3b，预期模型（5-12）和（5-13）的回归结果中以真实盈余管理程度变量 EM_PROSY 为因变量时 β_1 显著为负，以应计盈余管理程度变量 DAC 和 $DACC$ 为因变量时 β_1 不显著；根据假设 3b 和假设 3c，预期模型（5-15）的回归结果显示 β_1 显著性下降或不显著，且在民营企业分组中变化更为明显。

$$MATP = \beta_0 + \beta_1 BIG + \sum \beta_i CONTROL_i + \varepsilon \qquad (5-12)$$

$$MATP = \beta_0 + \beta_1 BIG\_RATE + \sum \beta_i CONTROL_i + \varepsilon \qquad (5-13)$$

$$DISCOUNT = \beta_0 + \beta_1 MATP + \sum \beta_i CONTROL_i + \varepsilon \qquad (5-14)$$

$$DISCOUNT = \beta_0 + \beta_1 BIG + \beta_2 EM\_PROSY + \sum \beta_i CONTROL_i + \varepsilon \qquad (5-15)$$

5.2.5 描述性统计分析

表 5.2 列示了主要变量的数据特征，Panel A 列示了定向增发过会率相关变量的描述性统计，2006—2015 年，平均定向增发过会率达到了 80.19%，申请定向增发预案的公司中民营企业占比 48.37%，即民营企业和国有企业占比呈现均衡状态。从图 5.3 来看，民营企业的过会率显著低于国有企业。在所有申请定向增发预案的公司中，存在政治关联的达到 21.7%，而过会率相较于全样本有所提高，且民营企业过会率提高最为显著（见图 5.4）。Panel B 列示了定向增发折价水平、大股东认购情况以及盈余管理行为。从 Panel B 中可见，我国上市公司定向增发价格平均折扣率（$DISCOUNT$）为 8.59%，说明从总体上看定向增发价格偏低，而且最大值与最小值差距很大，这为分析什么因素导致不同公司定向增发折价率差异如此巨大提供了现实前提。此外，在 1409 家定向增发的公司中，有 624 家存在大股东认购，达到 44.28%，说明大股东非常热衷于参与定向增发股份认购，这为分析大股东是否能够通过认购定向增发股份获取私有收益提供了现实基础；大股东认购比例（BIG_RATE）均值达到 57.6%，一旦大股东认购定向增发股份，认购比例非常高；盈余管理（DAC、$DACC$、EM_PROSY）程度的统计结果表明，绝大多数公司在定向增发之前进行了盈余管理，真实盈余管理程度更高。

表 5.2　主要变量数据特征

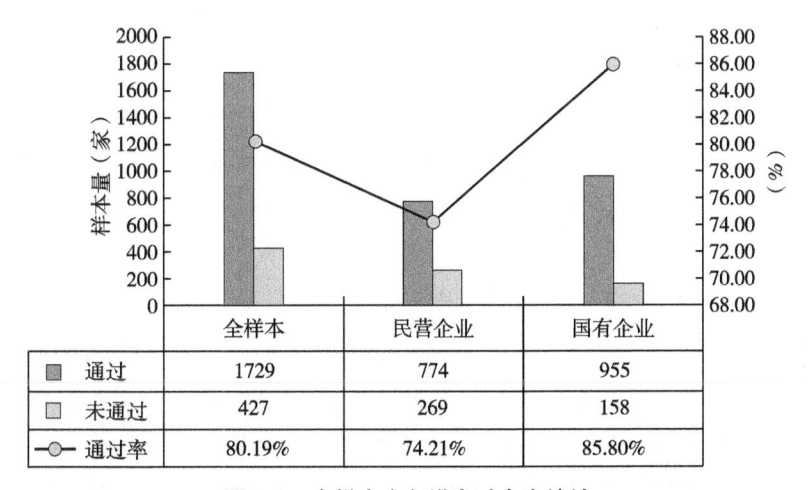

	变量	观测值	均值	中位数	最大值	最小值	标准差
Panel A	PASS	2156	0.802	1	1	0	0.399
	COMP	2156	0.484	0	1	0	0.500
	COMP_Y	1113	0.366	0	1	0	0.482
	PC	2156	0.217	0	1	0	0.412
Panel B	DISCOUNT	1409	8.590	12.424	59.236	-76.953	27.270
	BIG	1409	0.443	0	1	0	0.497
	BIG_RATE	624	0.576	0.500	1	0.018	0.355
	COMP	1409	0.434	0	1	0	0.496
	DAC	1409	0.009	0.011	1.000	-2.025	0.181
	DACC	1409	0.009	0.011	1.011	-1.999	0.181
	EM_PROSY	1409	0.025	0.024	0.907	-1.819	0.211
控制变量	CHANGE	1409	2.563	0.920	25.260	0	3.562
	FRAC	1409	0.494	0.237	22.480	0.006	1.139
	LEV	1409	0.561	0.566	1.481	0.033	0.193
	ROE	1409	0.066	0.082	1.106	-17.800	0.511

	全样本	民营企业	国有企业
通过	1729	774	955
未通过	427	269	158
通过率	80.19%	74.21%	85.80%

图 5.3　全样本定向增发过会率统计

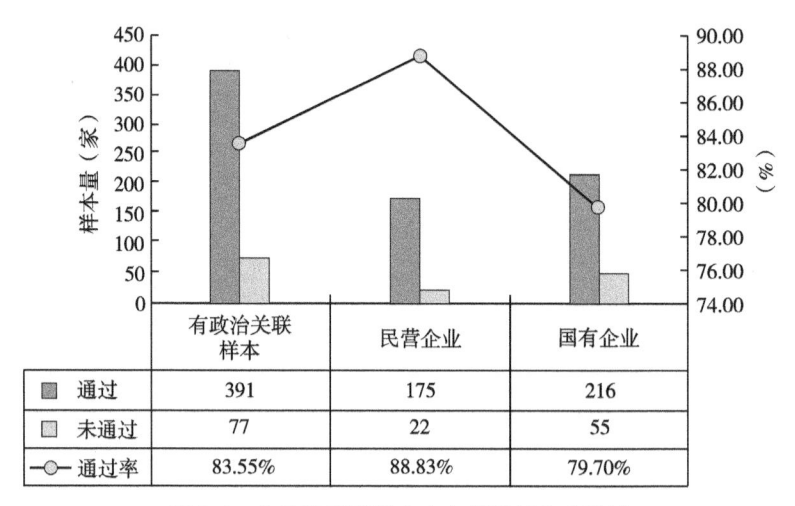

	有政治关联样本	民营企业	国有企业
■ 通过	391	175	216
■ 未通过	77	22	55
─○─ 通过率	83.55%	88.83%	79.70%

图 5.4 有政治关联样本定向增发过会率统计

表 5.3 列示了主要变量的相关系数。为了保证分析结果的可靠性，采用 Spearman 和 Pearson 两种分析方法，得到了较为一致的结果。在未控制其他变量的情况下，根据相关系数可以得到初步结论。Panel A 列示了政治关联与定向增发过会率的变量相关系数。其中，产权性质 COMP 与定向增发过会率 PASS 之间存在显著的负相关关系，即国有企业定向增发过会率高于民营企业，初步证明假设 2a 成立。政治关联 PC 与产权性质 COMP、定向增发过会率 PASS 均呈显著的正相关关系，说明政治关联越强的企业定向增发过会率越高，且民营企业具有更大的动机利用政治关联提高定向增发过会率，初步证明假设 2b 成立。Panel B 列示了大股东隧道行为的变量相关系数。定向增发折价率 DISCOUNT 与大股东参与认购 BIG、产权性质 COMP 均存在显著的正相关关系，初步证明了假设 1a 和假设 1b 成立，即大股东参与定价增发认购存在明显的隧道行为，且相比于国有企业，这种现象在民营企业中更为显著。真实盈余管理水平 EM_PROSY 和应计盈余管理水平（DAC、DACC）均与定向增发折价率 DISCOUNT 呈显著的负相关关系，结果符合假设 3a 的预期，即定向增发前的负向盈余管理行为导致定向增发高折价，产生了隧道效应。大股东参与认购 BIG 与真实盈余管理水平 EM_PROSY 呈显著的负相关关系，而与应计盈余管理水平（DAC、DACC）并无显著相关关系，说明大股东在定向增发前进行了真实盈余管理行为而非应计盈余管理行为。大股东参与认购 BIG、真实盈余管理水平 EM_PROSY 与定向增发折价率 DISCOUNT 三者的层层相关

关系初步说明了真实盈余管理水平 EM_PROSY 的中介作用，但真实盈余管理水平的中介效应无法通过表 5.3 进行验证，需要后文根据温忠麟（2004）的研究方法进一步检验。

表 5.3　主要变量的相关系数

Panel A：政治关联与定向增发过会率相关统计

Pearson \ Spearman	PASS	COMP	PC	DISCOUNT
PASS	1.000	-0.145 ***	0.044 **	-0.086 **
COMP	-0.145 ***	1.000	0.100 ***	0.115 ***
PC	0.044 **	0.100 ***	1.000	-0.008
DISCOUNT	-0.069 **	0.091 ***	0.023	1.000

Panel B：大股东隧道行为的相关统计

Pearson \ Spearman	DISCOUNT	BIG	COMP	EM_PROSY	DAC	DACC
DISCOUNT	1.000	0.072 **	0.096 ***	-0.036	-0.046 *	-0.046 *
BIG	0.064 **	1.000	-0.108 ***	-0.052 **	-0.026	-0.032
COMP	0.105 ***	-0.108 ***	1.000	-0.037	0.006	-0.004
EM_PROSY	-0.056 **	-0.053 **	-0.033	1.000	0.544 ***	0.483 ***
DAC	-0.060 **	-0.033	-0.011	0.750 ***	1.000	0.934 ***
DACC	-0.060 **	-0.036	-0.014	0.713 ***	0.975 ***	1.000

注：Pearson 为双尾检验，Spearman 为双尾检验，"***""**""*"分别代表在 1%、5% 和 10% 水平上显著。

5.3　实证结果与分析

5.3.1　产权异质、大股东认购与隧道效应检验

表 5.4 是模型（5-7）和模型（5-8）的回归结果，主要检验产权异质情况下大股东认购对隧道效应的影响程度。在全样本回归结果中，BIG 系数显著为正，说明相对于大股东未认购的情况，大股东认购可以显著提高定向增发折价水平，隧道效应更明显；BIG_RATE 系数显著为正，说明随着大股东认购比例的增加，隧道效应显著提高，假设 1a 得到支持。在民营企业组（COMP=1），

BIG 系数和 BIG_RATE 系数均显著为正；而在国有企业组（COMP = 0）中，BIG 系数不显著，BIG_RATE 系数显著为正。这说明在民营企业中，大股东认购就会提高定向增发折价，认购股份越多，折价也越高；而在国有企业中，大股东认购定向增发股份并没有直接造成定向增发折价，但是认购比例却显著提高了折价程度，假设1b得到支持。这表明国有企业的大股东认购较少股份对定向增发折价没有影响，只有大股东认购的股份达到一定量时，定向增发折价才会显著提高。而造成民营企业和国有企业大股东认购对定向增发影响不同的原因可能是民营企业中第二类代理问题更为严重，大股东通过定向增发进行自身利益输送的动机更强。

表5.4 产权性质、大股东认购与隧道效应检验

被解释变量	DISCOUNT					
样本类型	全样本		民营企业		国有企业	
回归模型	MODEL (5-7)	MODEL (5-8)	MODEL (5-7)	MODEL (5-8)	MODEL (5-7)	MODEL (5-8)
BIG	5.060*** (2.80)		6.801*** (2.82)		4.087 (1.58)	
BIG_RATE		15.444*** (4.50)		18.125*** (3.31)		13.190*** (2.92)
COMP	7.325*** (3.96)	9.590*** (4.04)				
CHANGE	-0.462* (-1.80)	0.049 (0.18)	-0.510 (-1.29)	-0.532 (-1.24)	-0.372 (-1.06)	0.433 (1.21)
FRAC	3.113** (2.55)	1.909* (1.85)	1.864* (1.80)	1.075 (1.43)	9.535*** (5.02)	10.114*** (2.73)
LEV	-1.064 (-0.22)	-1.747 (-0.26)	7.899 (1.19)	6.947 (0.71)	-9.070 (-1.32)	-9.081 (-1.00)
ROE	0.271 (0.24)	-5.207 (-1.25)	0.165 (0.02)	12.863 (1.35)	-0.063 (-0.05)	-13.668** (-2.51)
Constant	3.845 (0.63)	-3.889 (-0.37)	11.513* (1.69)	0.220 (0.02)	4.211 (0.53)	-2.043 (-0.15)
IND	CONTROLLED	CONTROLLED	CONTROLLED	CONTROLLED	CONTROLLED	CONTROLLED
N	1409	624	611	233	798	391
Adj_R^2	0.025	0.055	0.006	0.043	0.026	0.045

注："***""**""*"分别表示在1%、5%和10%水平上显著。

5.3.2 产权异质、政治关联对隧道效应影响检验

表5.5是模型（5-9）和模型（5-10）的回归结果，主要检验产权异质情况下政治关联对定向增发过会率的影响。在全样本回归结果中，COMP系数显著为负，民营企业的过会率远低于国有企业，说明国有企业凭借天然的政治优势以及肩负的社会责任获得了更多的经济资源，而民营企业在外部资源配置方面远低于国有企业，假设2a得到支持；进一步将COMP细化，将国有企业分成中央国有企业和地方国有企业，由COMP_Y的回归结果可见中央国有企业和地方国有企业的过会率并没有显著差异。在考察政治关联PC对过会率PASS的影响中，民营企业组（COMP=1）PC系数在5%的水平上显著为正，而国有企业组（COMP=0）PC系数不显著，说明在民营企业中，政治关联显著提高了定向增发预案的审批过会率，而在国有企业中，政治关联对审批过会率没有影响。这表明在面对融资审批难的问题时，民营企业不得不寻求政治协助，建立政治关联，获取定向增发融资资格，而国有企业本身具有较强的政治相关性，并不需要再建立政治关联来提高定向增发的过会率，假设2b得到支持。此外，民营企业大股东为了提高定向增发过会率而建立政治关联所产生的额外交易成本，也成为大股东压低定向增发定价、实施隧道行为的动机之一。

表5.5 产权性质、政治关联对定向增发过会率影响

被解释变量	PASS			
样本类型	全样本	民营企业	国有企业	
回归模型	MODEL (5-9)	MODEL (5-10)	MODEL (5-10)	MODEL (5-9)
COMP	-0.389 *** (-6.09)			
PC		0.228 ** (2.25)	0.154 (1.18)	
COMP_Y				-0.109 (-1.11)
DISCOUNT	-0.194 ** (-2.38)	-0.127 (-1.24)	-0.411 *** (-2.68)	-0.404 *** (-2.64)
CHANGE	0.011 (1.30)	-0.001 (-0.14)	0.026 * (1.90)	0.027 * (1.94)

续表

被解释变量	PASS			
样本类型	全样本	民营企业	国有企业	
回归模型	MODEL (5-9)	MODEL (5-10)	MODEL (5-10)	MODEL (5-9)
FRAC	-0.063*** (-2.59)	-0.047* (-1.85)	-0.127** (-2.17)	-0.132** (-2.25)
LEV	-0.087* (-1.94)	-0.062 (-1.58)	-0.478** (-2.47)	-0.499** (-2.56)
ROE	0.145*** (3.24)	0.614*** (4.26)	0.044 (0.84)	0.046 (0.88)
Constant	1.141*** (19.42)	0.666*** (10.21)	1.366*** (10.33)	1.445*** (10.33)
IND	CONTROLLED	CONTROLLED	CONTROLLED	CONTROLLED
N	2156	1043	1113	1113
Adj_R^2	0.043	0.041	0.033	0.033

注："***""**""*"分别表示在1%、5%和10%水平上显著，括号内为t值。

表5.6是模型（5-11）的回归结果，主要检验政治关联对大股东隧道效应影响的调节作用。在回归结果中，交乘项 $BIG \times PC$ 并不显著，在全样本、民营企业样本和国有企业样本中，交乘项系数呈现正负不同的数值，值得我们分析。根据表5.5的回归结果，国有企业并不需要通过政治关联提高定向增发过会率，根据表5.4的回归结果，国有企业也并不存在显著的隧道效应，这说明定向增发的隧道行为在民营企业中表现更为明显，动机更强。因此，在民营企业组（COMP=1），交乘项 $BIG \times PC$ 回归系数为正，虽然并不显著，但初步说明在政治关联的外在条件下，大股东定向增发折价更多，隧道效应更强。国有企业并未表现出这样的特征。由于交乘项并未表现出显著性，假设2c未得到支持。

表5.6 政治关联对大股东隧道效应影响的调节作用

被解释变量	DISCOUNT		
样本类型	全样本	民营企业	国有企业
回归模型	MODEL (5-11)	MODEL (5-11)	MODEL (5-11)
BIG	5.688*** (2.71)	6.493** (2.24)	5.422* (1.88)

续表

被解释变量	*DISCOUNT*		
样本类型	全样本	民营企业	国有企业
回归模型	MODEL (5-11)	MODEL (5-11)	MODEL (5-11)
PC	2.126 (0.70)	1.849 (0.43)	3.807 (0.86)
BIG×PC	-2.792 (-0.69)	0.847 (0.16)	-7.291 (-1.20)
COMP	7.245*** (3.91)		
CHANGE	-0.463* (-1.80)	-0.522 (-1.33)	-0.356 (-1.02)
FRAC	3.140** (2.55)	1.927* (1.83)	9.541*** (4.97)
LEV	-1.140 (-0.24)	8.037 (1.20)	-9.228 (-1.34)
ROE	0.215 (0.19)	-0.576 (-0.08)	-0.107 (-0.09)
Constant	3.565 (0.58)	11.439* (1.67)	3.771 (0.47)
IND	CONTROLLED	CONTROLLED	CONTROLLED
N	1409	611	798
Adj_R^2	0.024	0.003	0.025

注:"***""**""*"分别表示在1%、5%和10%水平上显著,括号内为t值。

5.3.3 大股东认购、盈余管理与隧道效应检验

表5.7是模型(5-12)和(5-13)的回归结果,主要检验大股东定向增发前的隧道行为。在模型(5-12)的回归结果中,大股东认购 *BIG* 与真实盈余管理活动 *EM_PROSY* 在5%的水平上显著负相关,而与应计盈余管理活动 *DAC*、*DACC* 并不显著相关。首先,大股东在定向增发前进行真实盈余管理活动而非应计盈余管理活动,结合以往研究,该回归结果说明随着监管趋于严格,大股东由采用应计盈余管理操纵利润转变为利用真实盈余管理操纵利润。其次,大股东在定向增发前进行了真实盈余管理是为了实现隧道效应,通过操控财务业绩来影响定向增发前股票价格。根据定向增发的定价机制,

定向增发的定价不低于定向增发基准日前股价的90%，定向增发的定价由定向增发前的股票价格所决定，大股东负向操纵企业的财务业绩，在资本市场上释放不利信息，影响了投资者的判断，使投资者低估了股票市值，进而压低了定向增发的股票定价。大股东认购定向增发股份导致企业负向真实盈余管理程度显著增加。

表5.7 大股东认购定向增发股份前隧道行为检验

被解释变量	EM_PROSY		DAC		DACC	
回归模型	MODEL(5-12)	MODEL(5-13)	MODEL(5-12)	MODEL(5-13)	MODEL(5-12)	MODEL(5-13)
BIG	-0.025**(-2.34)		-0.011(-1.30)		-0.012(-1.41)	
BIG_RATE		0.003(0.13)		0.000(0.02)		0.000(0.01)
COMP	-0.018(-1.53)	-0.018(-1.02)	-0.007(-0.74)	-0.013(-0.89)	-0.007(-0.72)	-0.017(-1.15)
CHANGE	-0.001(-0.61)	0.001(0.56)	0.002(1.40)	0.002(1.49)	0.002(1.41)	0.002(1.37)
FRAC	-0.005(-0.85)	-0.002(-0.44)	-0.003(-0.63)	0.001(0.29)	-0.004(-0.75)	-0.000(-0.08)
LEV	0.050(1.38)	0.056(0.95)	-0.134***(-4.57)	-0.114**(-2.38)	-0.142***(-4.79)	-0.124***(-2.59)
ROE	0.012***(3.12)	0.060(1.48)	0.012(1.08)	0.139***(3.40)	0.012(1.07)	0.126***(3.14)
Constant	0.035(0.82)	0.005(0.11)	0.093***(2.76)	0.062*(1.72)	0.107***(3.13)	0.087**(2.52)
IND	CONTROLLED	CONTROLLED	CONTROLLED	CONTROLLED	CONTROLLED	CONTROLLED
N	1409	624	1409	624	1409	624
Adj_R²	0.022	0.005	0.029	0.042	0.036	0.046

注："***"、"**"、"*"分别表示在1%、5%和10%水平上显著，括号内为t值。

在模型（5-13）的回归结果中，大股东认购定向增发股份的比例均没有对真实盈余管理程度和应计盈余管理程度产生影响。这说明尽管大股东认购会提高负向真实盈余管理程度，但认购比例的上升并不必然导致真实盈余管理程度进一步提高。这一现象的原因可能是真实盈余管理成本太高，进行过多负向真实盈余管理在现实中不符合大股东的成本效益行为准则。

表 5.8 是模型（5-14）的回归结果，主要检验大股东隧道效应的传导路径。回归结果显示真实盈余管理活动 EM_PROSY 和应计盈余管理活动 DAC、$DACC$ 的系数均显著为负。这说明无论是真实盈余管理还是应计盈余管理，负向的盈余管理程度越高，定向增发折价均会提高。结合表 5.7 的回归结果，可以非常清晰地描述定向增发隧道效应的影响路径，大股东在定向增发前实施负向真实盈余管理的隧道行为，负向真实盈余管理行为导致了定向增发的高折价，进而产生了隧道效应。假设 3a 得到验证。

表 5.8 隧道效应的影响路径检验

被解释变量	DISCOUNT		
回归模型	MODEL（5-14）		
EM_PROSY	-8.848 ** (-2.40)		
DAC		-13.027 *** (-2.85)	
DACC			-12.901 *** (-2.70)
COMP	6.659 *** (3.57)	6.717 *** (3.61)	6.721 *** (3.61)
CHANGE	-0.435 * (-1.68)	-0.408 (-1.58)	-0.408 (-1.57)
FRAC	3.125 *** (2.60)	3.123 *** (2.63)	3.118 *** (2.62)
LEV	-0.233 (-0.05)	-2.418 (-0.50)	-2.498 (-0.51)
ROE	0.464 (0.40)	0.518 (0.50)	0.507 (0.48)
Constant	6.372 (1.04)	7.302 (1.19)	7.467 (1.21)
IND	CONTROLLED	CONTROLLED	CONTROLLED
N	1409	1409	1409
Adj_R^2	0.022	0.023	0.023

注："***""**""*"分别表示在1%、5%和10%水平上显著，括号内为 t 值。

5.3.4 真实盈余管理行为的中介效应检验

根据温忠麟（2004）的研究成果，由于大股东是否认购定向增发股份和认购比例均未对企业应计盈余管理程度产生影响，因此应计盈余管理不可能是大股东认购对定向增发折价作用的中介变量；由于大股东认购比例未对真实盈余管理程度产生影响，因此真实盈余管理不可能是大股东认购比例对定向增发折价作用的中介变量。只有真实盈余管理符合大股东是否认购对定向增发折价作用的中介变量特征，因此下文对其进行检验。

模型（5-15）的目的是检验真实盈余管理在大股东是否认购与定向增发折价之间的中介效应，表5.9列示了模型（5-15）的回归结果，可以看到与模型（5-7）回归结果相比，全样本和民营企业中 BIG 系数大小及显著性均降低，支持真实盈余管理的中介效应，假设3b得到支持。由于国有企业样本中的回归结果并未支持 BIG 对 DISCOUNT 具有显著影响，那么对于国有企业，真实盈余管理不可能在大股东是否认购对定向增发折价作用中发挥中介效应。因此，真实盈余管理在总体上发挥中介效应是其在民营企业中发挥中介效应所致，假设3c得到支持。

表5.9 真实盈余管理中介效应检验

被解释变量	DISCOUNT		
回归模型	MODEL（5-15）		
样本类型	全样本	民营企业	国有企业
BIG	4.882*** (2.69)	6.482*** (2.66)	4.022 (1.55)
EM_PROSY	-6.948** (-2.06)	-12.190** (-2.44)	-2.368 (-0.50)
COMP	7.191*** (3.88)	—	—
CHANGE	-0.468* (-1.82)	-0.557 (-1.39)	-0.371 (-1.06)
FRAC	3.079** (2.54)	1.830* (1.78)	9.493*** (4.97)
LEV	-0.793 (-0.17)	8.145 (1.23)	-8.879 (-1.30)

续表

被解释变量	DISCOUNT		
回归模型	MODEL（5-15）		
样本类型	全样本	民营企业	国有企业
ROE	0.350 (0.31)	0.192 (0.03)	-0.034 (-0.03)
Constant	4.135 (0.67)	12.909* (1.92)	4.202 (0.52)
IND	CONTROLLED	CONTROLLED	CONTROLLED
N	1409	611	798
Adj_R^2	0.026	0.011	0.025

注："***""**""*"分别表示在1%、5%和10%水平上显著。

5.4 稳健性检验

为了保证研究结果的稳健性，以及避免可能存在的内生性问题，本章继续进行稳健性检验的相关处理。一般来说，模型的内生性问题由测量误差、遗漏变量和反向因果关系导致。大股东进行盈余管理活动，认购定向增发股份，利用政治关联提高定向增发过会率，定向增发后在二级市场上通过高折价获取超额收益，整个行为链条存在严格的时间次序，因此并不存在反向因果关系导致的内生性问题。为了避免其他原因导致的内生性问题，本章节做出如下检验。

①《上市公司证券发行管理办法》规定，定向增发发行价格不低于定价基准日前20个交易日公司股票均价的90%。我国上市公司采用预案公告日作为定价基准日，预案公告日通常为董事会决议公告日，故本章计算的盈余管理所属的会计期间为董事会决议公告日前一个季度。由于个别公司未采用董事会决议公告日作为定价基准日，因此在稳健性检验中将这些公司从样本中剔除，重新进行回归分析。

②本章根据Barclay等（2007）的研究方法，用定向增发公告前一日收盘价与定向增发价格之差，除以公告日当天的收盘价来重新计算定向增发折价，进行回归分析。

③盈余管理计算模型中的分母通常为总资产，计算结果代表每单位总资产的盈余管理程度。本章将盈余管理计算模型中分母总资产替换为总股本，使得计算结果代表每股盈余管理程度，使其与定向增发折价更为相关。为了避免盈余管理计算方法差异的影响，在稳健性测试中仍然用总资产作为分母计算盈余管理程度，重新进行回归分析。

④为了剔除异常值的影响，所有变量采取5%的缩尾（Winsorize）处理。稳健性检验均根据White方法检验异方差，当P值为0显著拒绝同方差原假设，采用Robust-OLS/WLS回归，以避免异方差导致的模型估计误差。

表5.10 基于定向增发折价重新计量和定价基准日严格筛选的稳健性检验回归结果。根据Barclay等（2007）的研究方法重新计算定向增发折价，避免了二级市场投资者情绪、市场行情等对折价造成的较大影响，使定向增发定价更具有客观性。主要变量的回归结果显示大股东认购 BIG、大股东认购比例 BIG_RATE 均与定向增发折价 DISCOUNT 呈显著的正相关关系，表现出明显的隧道效应。相比于国有企业，民营企业这种现象更为突出。结果与原回归一致，未发生改变研究结论的变化。

表5.10 基于定价基准日、定向增发折价调整的隧道效应检验

被解释变量	DISCOUNT					
样本类型	全样本		民营企业		国有企业	
回归模型	MODEL (5-7)	MODEL (5-8)	MODEL (5-7)	MODEL (5-8)	MODEL (5-7)	MODEL (5-8)
BIG	4.340*** (2.83)		6.844*** (3.13)		2.671 (1.24)	
BIG_RATE		12.972*** (4.26)		19.614*** (3.91)		8.811** (2.26)
COMP	5.175*** (3.30)	7.827*** (3.58)	—	—		
CHANGE	-0.079 (-0.37)	0.261 (1.09)	-0.248 (-0.73)	-0.329 (-0.84)	0.084 (0.30)	0.592** (2.00)
FRAC	2.469** (2.25)	1.490 (1.49)	1.393 (1.44)	0.883 (1.14)	7.510*** (4.63)	7.767** (2.36)
LEV	-2.732 (-0.64)	-0.509 (-0.08)	2.651 (0.39)	12.567 (1.32)	-8.621 (-1.50)	-8.439 (-1.03)

续表

被解释变量			DISCOUNT			
样本类型	全样本		民营企业		国有企业	
回归模型	MODEL (5-7)	MODEL (5-8)	MODEL (5-7)	MODEL (5-8)	MODEL (5-7)	MODEL (5-8)
ROE	0.563 (0.75)	-1.885 (-0.47)	-1.744 (-0.25)	17.427 (1.63)	0.418 (0.55)	-9.618** (-2.10)
Constant	2.819 (0.58)	-3.429 (-0.48)	11.678* (1.91)	-4.875 (-0.48)	1.977 (0.32)	0.042 (0.00)
IND	CONTROLLED	CONTROLLED	CONTROLLED	CONTROLLED	CONTROLLED	CONTROLLED
N	1366	606	595	225	771	381
Adj_R^2	0.016	0.049	0.003	0.068	0.020	0.034

注："***""**""*"分别表示在1%、5%和10%水平上显著，括号内为t值。

表5.11是基于定价基准日、盈余管理程度变量调整的稳健性检验回归结果。其中，大股东认购BIG与真实盈余管理行为EM_PROSY在10%水平上显著负相关，而与DAC、DACC并不显著相关，说明了大股东在定向增发之前进行了真实盈余管理行为而非应计盈余管理行为。研究结果与之前的回归结果一致，虽然原回归BIG与EM_PROSY的回归结果在5%的水平上显著，显著性略高，但未发生改变研究结论的变化。表5.12是基于定向增发折价、盈余管理程度变量调整的隧道效应影响路径检验，研究结果表明盈余管理行为EM_PROSY、DAC、DACC均能影响定向增发折价，产生隧道效应。这验证了大股东通过盈余管理行为影响定向增发折价导致的隧道效应的影响路径，研究结果与前文一致。

表5.11 基于定价基准日、盈余管理程度变量调整的大股东隧道行为检验

被解释变量	EM_PROSY		DAC		DACC	
回归模型	MODEL (5-12)	MODEL (5-13)	MODEL (5-12)	MODEL (5-13)	MODEL (5-12)	MODEL (5-13)
BIG	-0.208* (-1.69)		0.013 (0.18)		-0.009 (-0.14)	
BIG_RATE		-0.075 (-0.29)		0.074 (0.50)		-0.015 (-0.11)
COMP	-0.389*** (-3.16)	-0.421** (-2.21)	-0.126* (-1.66)	-0.106 (-0.95)	-0.110 (-1.53)	-0.096 (-0.92)

续表

被解释变量	EM_PROSY		DAC		DACC	
回归模型	MODEL (5-12)	MODEL (5-13)	MODEL (5-12)	MODEL (5-13)	MODEL (5-12)	MODEL (5-13)
CHANGE	-0.006 (-0.39)	-0.003 (-0.16)	0.012 (1.24)	0.007 (0.57)	0.010 (1.10)	0.006 (0.45)
FRAC	-0.054 (-0.93)	-0.111* (-1.78)	-0.040 (-0.99)	-0.038 (-0.83)	-0.054 (-1.43)	-0.063 (-1.53)
LEV	1.582*** (4.93)	1.772*** (3.47)	-0.906*** (-4.55)	-0.533* (-1.71)	-1.030*** (-5.35)	-0.679** (-2.26)
ROE	0.169*** (2.86)	0.890** (2.03)	0.118 (1.07)	1.324*** (4.33)	0.111 (1.05)	1.124*** (3.87)
Constant	-0.300 (-0.84)	-0.687 (-1.33)	0.593** (2.41)	0.171 (0.62)	0.712*** (3.04)	0.446* (1.77)
IND	CONTROLLED	CONTROLLED	CONTROLLED	CONTROLLED	CONTROLLED	CONTROLLED
N	1366	606	1366	606	1366	606
Adj_R^2	0.073	0.071	0.029	0.044	0.040	0.049

注:"***""**""*"分别表示在1%、5%和10%水平上显著,括号内为t值。

表5.12 基于定向增发折价、盈余管理程度变量调整的隧道效应影响路径检验

被解释变量	DISCOUNT		
回归模型	MODEL (5-14)		
EM_PROSY	-0.871*** (-2.63)		
DAC		-1.147* (-1.91)	
DACC			-1.295** (-2.01)
COMP	4.367*** (2.75)	4.539*** (2.87)	4.543*** (2.87)
CHANGE	-0.051 (-0.24)	-0.030 (-0.14)	-0.031 (-0.14)
FRAC	2.469** (2.27)	2.473** (2.29)	2.448** (2.27)
LEV	-1.099 (-0.25)	-3.504 (-0.81)	-3.800 (-0.87)

续表

被解释变量	DISCOUNT		
回归模型	MODEL (5-14)		
ROE	0.794 (1.06)	0.787 (1.16)	0.794 (1.18)
Constant	4.423 (0.92)	5.452 (1.13)	5.683 (1.17)
IND	CONTROLLED	CONTROLLED	CONTROLLED
N	1366	1366	1366
Adj_R^2	0.015	0.013	0.014

注："***""**""*"分别表示在1%、5%和10%水平上显著，括号内为t值。

表5.13是基于定向增发折价、盈余管理程度变量调整的真实盈余管理中介效应检验，研究结果显示BIG的系数和显著性均有所下降，证实了真实盈余管理作为大股东认购和隧道效应的中介变量所发挥的部分中介效应。稳健性检验的回归结果与原回归结果一致，主要结论未发生改变。

表5.13 基于定向增发折价、盈余管理程度变量调整的真实盈余管理中介效应检验

被解释变量	DISCOUNT		
回归模型	MODEL (5-15)		
样本类型	全样本	民营企业	国有企业
BIG	4.168*** (2.71)	6.698*** (3.06)	2.466 (1.15)
EM_PROSY	-0.827** (-2.47)	-0.829 (-1.60)	-0.906** (-2.06)
COMP	4.853*** (3.08)	—	—
CHANGE	-0.084 (-0.40)	-0.277 (-0.81)	0.090 (0.33)
FRAC	2.424** (2.22)	1.324 (1.38)	7.560*** (4.67)
LEV	-1.424 (-0.33)	3.223 (0.47)	-6.545 (-1.14)
ROE	0.703 (0.96)	-2.169 (-0.32)	0.604 (0.85)

续表

被解释变量	DISCOUNT		
回归模型	MODEL（5-15）		
样本类型	全样本	民营企业	国有企业
Constant	2.571 (0.53)	11.726* (1.95)	1.242 (0.20)
IND	CONTROLLED	CONTROLLED	CONTROLLED
N	1366	595	771
Adj_R^2	0.019	0.005	0.024

注："***""**""*"分别表示在1%、5%和10%水平上显著，括号内为t值。

5.5　本章小结

本章以2006年5月8日至2015年12月31日沪深A股主板上市公司定向增发事件为研究样本，基于中小投资者利益保护的视角，检验了大股东定向增发中实现隧道效应的外在条件和传导路径。首先，在定向增发过程中，大股东压低定向增发发行价格，利用高折价率实现隧道效应，并且大股东认购定向增发股份以及认购的比例均会显著提高定向增发折价。大股东隧道效应表现出明显的产权异质性，民营企业中显著存在大股东的隧道效应，而国有企业中却无明显的隧道效应。其次，为了提高实施隧道行为的概率，民营企业利用政治关联提高定向增发过会率，推动定向增发项目实施的动机更为明显。民营企业在政治关联外在条件下，定向增发折价率更高，隧道效应更显著。进一步研究表明，由于对利润操纵行为的监管日趋严格，惩罚力度不断加大，真实盈余管理正在取代应计盈余管理成为大股东操纵定向增发价格的工具，上市公司大股东通过真实盈余管理行为来造成定向增发折价，进行自身利益输送，从而实现隧道效应。最后，根据中介效应检验，真实盈余管理活动是大股东认购定向增发股份对定向增发折价作用的中介变量。

因此，产权性质和政治关联是影响上市公司大股东定向增发隧道效应的外在条件，隧道效应是大股东通过在定向增发前进行真实盈余管理活动达成的。民营企业利用政治关联推动定向增发预案的实施，并进行真实活动的盈余管理压低定向增发发行价格，造成定向增发高折价，最终实现隧道效应。

本章的实证研究结果证实了第 3 章的理论分析结果，即在存在交易费用的情况下，大股东在定向增发中获得了三部分收益，即定向增发低价发行收益、定向增发股份市场价格上涨收益和交易费用收益，其中后两部分收益的获取均侵占了其他股东利益。因此，大股东会有更强的动机利用政治关联推进定向增发项目。

我国上市公司大股东和中小股东之间依然存在严重的代理问题，民营企业大股东拥有控制权优势和自身利益输送的潜在动机。本章研究发现民营企业大股东以定向增发为渠道，利用现有价格形成机制，通过政治关联、真实盈余管理行为来影响定向增发前上市公司股票价格，谋求低价获得定向增发股份，以实现自身利益输送的目的。因此，在积极推进定向增发这一股权再融资方式的同时，监管方应进一步完善定向增发价格形成机制，通过将定价基准日调整为随机日期等方式，限制大股东在可预期的定价日期条件下的价格操纵行为，以保护中小股东利益。此外，本章发现大股东在定向增发中的盈余管理方式正在由应计盈余管理转变为真实盈余管理，利润操纵方式的变化对资本市场监管提出了新的挑战。因此，应进一步加强上市公司尤其是民营上市公司信息披露监管力度，并进一步考虑采取措施更为有效地激发媒体和公司治理等约束机制发挥积极作用，多方式、多渠道合力应对定向增发中的第二类代理问题，从根本上保护中小股东利益，维护资本市场健康发展。

第6章　认购者合谋关系与定向增发隧道效应研究

本章研究主要集中于公司外部关系层面，涉及大股东与机构投资者在定向增发中的利益博弈与合谋动机。自20世纪末，在超常规发展机构投资者的战略指导下，我国证券市场的机构投资者队伍迅速壮大起来。截至2015年年底，我国A股市场机构投资者持股比例达到48.22%。随着机构投资者在资本市场的重要性的不断提升，其对资本市场和公司治理的影响越发受到学者的关注。已有研究对于机构投资者在代理问题中扮演的角色存在不同观点，主要包括利益制衡观、"用脚投票"观和合谋观。利益制衡观认为机构投资者作为有效的监督者能够制衡大股东行为，保护中小投资者利益（薄仙慧和吴联生，2009），由于中小投资者属于信息弱势方，同时存在严重的羊群行为（Alvarez-Ramirez，2015），从市场公平角度他们应该得到更多的保护；"用脚投票"观认为机构投资者在上市公司中扮演旁观者角色，一旦公司经营不善，便一走了之（许年行等，2013）；合谋观认为机构投资者与大股东通过合谋最大化自身利益，而侵害中小投资者利益（潘越等，2011）。近年来，在定向增发领域，机构投资者利用定向增发扰乱金融市场事件频发。资本市场中频频爆出机构投资者的隐蔽资本运作行为，使得人们开始深入思考机构投资者在资本市场上所扮演的角色。

根据第5章的研究结论，上市公司大股东利用政治关联提高定向增发过会率，进行盈余管理，获取私利。那么，机构投资者又会扮演什么样的角色？其与大股东存在怎样的利益关系？根据第3章的博弈模型推演结果，在一般条件下，大股东与机构投资者未达成合谋。进一步加入定向增发资金用途变量以及大股东与机构投资者存在亲密关系的条件，得到的博弈结果为，在双方存在密切关系、大股东认购比例大、进行资本运作等三个条件下，大股东与机构投资者将在定向增发事件中合谋。这说明在理论上大股东和机构投资者合谋只有在特殊条件下成立，而在一般条件下并不成立，该结论有待在实践中进一步检验。综上，本章将结合股票市场数据，运用实证分析等分析方法，在上市公司的外部关系层面上，探究大股东与机构投资者在定向增发融资中的关系性质，以及机构投资者对大股东隧道行为所产生的抑制或推动作用。

6.1 理论分析与研究假说

6.1.1 机构投资者认购对定向增发隧道效应的影响

定向增发是向不超过10名特定投资者定向发行股票的再融资行为。对公司来说，向非原股东发行股票即是引入新股东的过程，同时改变了公司原有的股权结构。上市公司大股东基于何种目的要引入机构投资者？

从公司治理角度来看，由于现代公司两权分离，股东与管理层之间往往存在严重的利益冲突。在股权相对分散的公司中，单个股东对管理层实施监控往往成本高昂，加之其他股东的"搭便车"行为，加剧了股东与管理层之间的代理问题。此时，通过定向增发引入机构投资者，在股权相对分散的公司中，机构投资者可以利用其资金、信息和专业优势有效地对管理层实施监督，同时也可以增加对其他股东不当行为的制衡（Njah 和 Jarboui，2013；梅洁和张明泽，2016）。从这个角度出发，引入机构投资者可以带来公司治理优势，同时也分散了原股东的控制权，使原股东本身付出了较高的代价，在定向增发发行定价方面，原股东会提高定价以弥补损失。此外，从资金需求角度来看，定向增发主要是一个融资的过程，目的是补充公司的资金。大股东只有高价发行再融资股票引入机构投资者，才能实现启动新项目或获得充足现金流的目的。因此，综合以上两点论述，在机构投资者参与认购的定向增发项目中，定向增发定价会更高，会显著降低定向增发隧道效应。基于此，本章提出假设1。

假设1a：相对于机构投资者未参与认购定向增发股份的情况，机构投资者参与认购时，定向增发隧道效应显著降低；仅有机构投资者参与定向增发时，隧道效应降低更为明显。

假设1b：在大股东参与的定向增发中，机构投资者参与能显著降低发行折价率，进而降低了大股东定向增发隧道效应。

6.1.2 投资者认购、定向增发资金用途与合谋效应

基于资本市场环境，Chakrabarti（2015）提出，在全球范围内，股票市场存在异常收益。因此，投资者的投机行为屡见不鲜，这给金融系统带来巨大的冲击和不稳定因素。在中国，股票市场的效率更低（Shi 等，2017），虽然 Wang 和 Gu（2010）用 Model-Free 模型验证上海股票市场在改革之后变得越来越有效，但 Shi 等（2015）依然发现，中国股市效率并不高。在非完全有效市场中，利益输送情况将更加严重。

从权力寻租角度看，大股东有能力也有动机利用定向增发过程进行利益侵占。快速有效检验大股东定向增发动机的方法就是验证定向增发融资资金用途，通过资金的投向，可以进一步检验大股东进行定向增发的潜在目的。定向增发的资金用途可以分为资本运作和项目融资两类。若如前假设分析，则大股东会更倾向于进行资本运作，快速实现资金转移。反过来，若验证大股东进行定向增发的资金用途是资本运作，则可进一步说明大股东的利益侵占的事实。机构投资者在大股东主导的定向增发融资中，通过认购定向增发股份引入上市公司，从控股股东的利己心理出发，机构投资者的引入并非为了侵占股东利益而是为了公司的进一步发展。因此，机构投资者会更多地参与公司项目融资，由此也可以进一步解释机构投资者参与定向增发，定价偏高的原因。

此外，在大股东参与的定向增发中，资金用途不同对定向增发折价率产生显著影响。对大股东来说，一旦参与项目融资的定向增发融资中，相对于资本运作，会承担更大的风险，无法实现资金的快速变现和转移。此时，大股东更倾向于进行低定价，提高发行折价来弥补项目风险可能带来的损失。在机构投资者参与认购的定向增发中，若资金用途为项目融资，相对于资本运作，机构投资者获得定向增发发行股票折价更低，定价更高，因为对于大股东来说，进行项目融资时，需要大量资金支持，此时会高价进行再融资行为，机构投资者获得的再融资股票定价就会更高。而大股东在决议进行资本运作时，一般倾向于选择与自身有一定亲密关系的机构投资者为定向增发对象，此时，机构投资者会得到更低定价的再融资股票。根据第 3 章合谋策略博弈的结果，当定向增发用途为资本运作时，大股东引入与自身关系密切的机构投资者认购定向增发股份，将促成大股东与机构投资者将在定向增发事

件中的合谋，获得更高折价的定向增发股票，获取超额收益。基于此，本章提出假设2。

假设2a：大股东参与的定向增发项目，资金更多用于资本运作；而机构投资者参与的定向增发项目，资金多用于项目融资。

假设2b：大股东参与认购的定向增发项目，用于项目融资的隧道效应更显著；机构投资者参与认购的定向增发项目，用于资本运作的隧道效应更显著。

6.2 样本选择及研究设计

6.2.1 样本与数据

本章选取自2006年5月8日至2015年12月31日沪深A股主板的1528家上市公司定向增发数据，剔除金融行业公司和数据缺失的样本后得到1477个研究样本，选择如上数据样本的原因如下：①2006年5月中国证监会颁布《上市公司证券发行管理办法》后，定向增发成为上市公司股权再融资的主要方式（支晓强等，2014）；②未选择沪深A股中小板和创业板数据是由于这两个板块的数据相对集中于2014年之后，市场对其估值和认知与主板有所不同；③剔除金融行业是由于金融公司的会计要素计量与其他行业的公司不同。为了消除异常值对研究结论的影响，对所有连续变量进行5%水平的缩尾（Winsorize）处理。

本章的数据主要来源于Wind和CSMAR数据库。定向增发数据来自Wind数据库，财务数据和市场指标来自CSMAR数据库。

6.2.2 变量定义

1. 被解释变量

为考察定向增发发行折价 *DISCOUNT*，本章采用Baek（2006）研究方法，定向增发发行折价的定义与第5章一致，不再赘述。

解释变量 *CAPITAL*，定向增发融资资金用途，也是定向增发的融资目的。定向增发的主要资金用途包括：补充流动资金、资产置换重组、集团整体上市、项目融资、收购其他资产、实际控制人资产注入、引入战略投资者、配套融资。按照定向增发资金运用性质，将以上定向增发资金用途分为两大类：

第一类为资本运作,包括补充流动资金、资产置换重组、集团整体上市、收购其他资产、实际控制人资产注入、引入战略投资者;第二类为项目融资,包括项目融资、配套融资。CAPITAL 为哑变量,定向增发资金用途为项目融资时为 1;定向增发资金用途为资本运作时为 0。

2. 解释变量

本章主要的解释变量 BIG 为大股东是否参与定向增发股份的认购,为哑变量,大股东参与定向增发认购为 1,未参与为 0。O_BIG 为哑变量,当仅有大股东认购,无其他投资者认购定向增发股份时为 1,否则为 0。变量 BIG 的定义范围要大于变量 O_BIG,变量 BIG 表示只要投资者里面有大股东,则为 1,而变量 O_BIG 要求定向增发的投资者中仅有大股东时,才为 1。

解释变量 BIG_RATE 为大股东认购比例,指在定向增发中,大股东认购定向增发股份的百分比。该比例越高,代表大股东参与认购的定向增发股份越多。

解释变量 INST 为机构投资者是否参与定向增发认购,为哑变量,有机构投资者参与定向增发认购为 1,否则为 0;O_INST 为哑变量,当仅有机构投资者参与认购,无其他投资者参与认购定向增发股份时为 1,否则为 0。变量 INST 的定义范围要大于变量 O_INST,变量 INST 表示只要投资者里面有机构投资者,则为 1,而变量 O_INST 要求定向增发的投资者中仅有机构投资者,才为 1。

解释变量 INST_RATE 为机构投资者认购比例,指在定向增发中,机构投资者认购定向增发股份的百分比。该比例越高,代表机构投资者参与认购的定向增发股份越多。

3. 主要控制变量

根据以往相关文献,本章设置了若干控制变量。主要的变量定义见表 6.1。

表 6.1 变量定义表

变量	变量描述	定义
DISCOUNT	定向增发折价率	折价率=[(首日收盘价−定向增发价格)/首日收盘价]*100
BIG	大股东是否参与	哑变量,大股东参与定向增发认购为 1,否则为 0
BIG_RATE	大股东认购比例	在定向增发中,大股东认购的比例
INST	机构投资者是否参与	哑变量,有机构投资者参与定向增发认购为 1,否则为 0
O_INST	仅有机构投资者参与	哑变量,仅有机构投资者参与定向增发认购为 1,否则为 0
INST_RATE	机构投资者认购比例	在定向增发中,机构投资者认购的比例

续表

变量	变量描述	定义
CAPITAL	定向增发资金用途	定向增发资金用途为项目融资时为1；定向增发资金用途为资本运作时为0
CHANGE	换手率	换手率=［指定交易日成交量（手）*100/截至该日股票的流通股总股数（股）］*100%
FRAC	发行规模	发行规模=发行总股数/上市公司股票总量
LEV	资产负债率	资产负债率=总负债/总资产
SIZE	公司规模	公司规模=Ln（总资产）
ROE	净资产收益率	净资产收益率=净利润/平均股东权益
IND	行业	哑变量，按证监会行业大类分类

6.2.3 回归模型设定

1. 机构投资者认购对定向增发隧道效应影响的检验模型

为了检验机构投资者参与对定向增发隧道效应的影响，本章设计了多元回归模型（6-1）和模型（6-2）来检验假设1a。其中，模型（6-1）检验有机构投资者参与认购或仅有机构投资者参与认购的情况（$INST$ 或 O_INST）对定向增发折价的影响，模型（6-2）从机构投资者认购比例 $INST\_RATE$ 的角度解释机构投资者认购比例的变化对定向增发折价率的影响。为了进一步检验机构投资者与大股东是否合谋定价，针对模型（6-1），本章将样本进行分组检验，考察大股东参与样本组及大股东未参与样本组中，机构投资者认购定向增发股份对隧道效应产生的影响，以此来检验假设1b。

$$DISCOUNT = \beta_0 + \beta_1 INST \mid O\_INST + \sum \beta_i CONTROL_i + \varepsilon \quad (6-1)$$

$$DISCOUNT = \beta_0 + \beta_1 INST\_RATE + \sum \beta_i CONTROL_i + \varepsilon \quad (6-2)$$

2. 投资者认购、定向增发资金用途与合谋效应的检验模型

为了解释大股东和机构投资者是否合谋的原因，本章设计了多元回归模型（6-3）至（6-6）检验假设2a。其中，模型（6-3）和模型（6-4）检验大股东参与的定向增发资金用途倾向，模型（6-5）和（6-6）检验机构投资者参与的定向增发资金用途倾向。

$$CAPITAL = \beta_0 + \beta_1 BIG + \sum \beta_i CONTROL_i + \varepsilon \quad (6-3)$$

$$CAPITAL = \beta_0 + \beta_1 O\_BIG + \sum \beta_i CONTROL_i + \varepsilon \quad (6-4)$$

$$CAPITAL = \beta_0 + \beta_1 INST + \sum \beta_i CONTROL_i + \varepsilon \qquad (6-5)$$

$$CAPITAL = \beta_0 + \beta_1 O\_INST + \sum \beta_i CONTROL_i + \varepsilon \qquad (6-6)$$

为了进一步检验投资者参与定向增发认购及资金用途对定向增发隧道效应的影响，本章设计多元回归模型（6-7）至（6-9）检验假设2b。模型（6-7）检验了不同资金用途的定向增发隧道效应的差异，模型（6-8）和（6-9）分别检验在大股东、机构投资者参与定向增发认购时，资金用途交互作用对隧道效应的影响，进一步解释认购者的合谋可能性。

$$DISCOUNT = \beta_0 + \beta_1 CAPITAL + \sum \beta_i CONTROL_i + \varepsilon \qquad (6-7)$$

$$DISCOUNT = \beta_0 + \beta_1 BIG + \beta_2 CAPITAL + \beta_3 BIG \times CAPITAL + \sum \beta_i CONTROL_i + \varepsilon \qquad (6-8)$$

$$DISCOUNT = \beta_0 + \beta_1 INST + \beta_2 CAPITAL + \beta_3 INST \times CAPITAL + \sum \beta_i CONTROL_i + \varepsilon \qquad (6-9)$$

6.2.4 描述性统计分析

表6.2列示了主要变量的数据特征，可以看到：2006—2015年我国上市公司定向增发发行折扣率（DISCOUNT）最大值为57.44%，最小值为-89.27%，说明定向增发折扣率跨度之大，隧道效应值得进一步研究。表6.2中显示了机构投资者（INST）参与度非常高，达到73.3%，是定向增发中除大股东以外的主力认购者。从定向增发资金用途（CAPITAL）来看，CAPITAL均值为0.521，资本运作和项目融资呈现均衡状态。这为分析不同投资者参与定向增发认购，资金用途是呈现均衡状态还是存在差异提供了研究视角。

表6.2 主要变量数据特征

变量名	样本量	均值	中位数	最大值	最小值	标准差
DISCOUNT	1477	4.251	10.718	57.442	-89.267	29.475
BIG	1477	0.451	0	1	0	0.498
O_BIG	1477	0.206	0	1	0	0.405
BIG_RATE	666	60.26	56.59	100	1.750	35.67
INST	1477	0.733	1	1	0	0.442
O_INST	1477	0.431	0	1	0	0.495
CAPITAL	1477	0.521	1	1	0	0.500

续表

变量名	样本量	均值	中位数	最大值	最小值	标准差
CHANGE	1477	2.657	1.066	29.17	0	3.728
FRAC	1477	0.516	0.237	22.48	0.0064	1.100
LEV	1477	0.584	0.570	12.24	−0.195	0.446
SIZE	1477	22.19	22.14	27.29	13.08	1.413
ROE	1477	0.0822	0.0852	5.468	−18.72	0.587

表6.3 对大股东和机构投资者在定向增发中的参与认购情况进行了分类统计。在1477个样本中，大股东参与认购的样本达到666个，其中同机构投资者共同参与认购的样本达到361个，未与机构投资者共同参与认购样本305个。可见，大股东参与的情况下机构投资者参与认购的样本数与机构投资者不参与认购的样本数几乎相等。另外，机构投资者参与认购样本达到1083个，与大股东共同参与认购样本361个，未与大股东共同参与认购样本722个，说明相对于大股东，机构投资者参与认购了更多定向增发融资项目。大股东和机构投资者均未参与认购定向增发股份的样本只有89个，占比6.03%。可见，在整个定向增发过程中，融资对象最重要的是大股东和机构投资者，而根据投资者不同分类情况，值得进一步分析其对定向增发折价率产生的不同影响，从而检验不同认购者对定向增发隧道效应的影响。

表6.3 定向增发参与认购者样本数统计

定向增发		大股东		合计
		大股东参与（A）	大股东不参与（B）	
机构投资者	机构投资者参与（C）	361（A−C）	722（B−C）	1083
	机构投资者不参与（D）	305（A−D）	89（B−D）	394
	合计	666	811	1477

表6.4和表6.5利用单因素分析法分析了如上投资者分类对定向增发折价率的影响。其中，表6.4分析了大股东参与认购与否对定向增发折价产生的影响，即A组和B组之间的差异对隧道效应的影响。从方差分析结果来看，F值为10.89，A、B两组 DISCOUNT 差异显著，在大股东参与认购与不参与认购两种情况下，定向增发隧道效应有显著不同。表6.5分析了机构投资者参与认购与否对定向增发折价产生的影响，即C组和D组之间的差异对隧道

效应的影响。从方差分析结果来看，F 值为 50.03，CD 两组 DISCOUNT 差异显著，在机构投资者参与认购与不参与认购两种情况下，定向增发隧道效应有非常显著的不同。表 6.6 进一步对四组投资者分类进行了 DISCOUNT 差异分析。从方差分析结果来看，F 值为 17.19，四组投资者分类 DISCOUNT 存在差异并非趋同。A-C 组和 B-C 组 DISCOUNT 均值偏低，而 A-D 组和 B-D 组 DISCOUNT 均值明显偏高，说明机构投资者的参与能明显降低定向增发隧道效应，而在机构投资者未参与情况下，定向增发隧道效应会明显提升。

表 6.4　大股东参与对定向增发折价影响差异单因素方差分析表

BIG 认购与否	样本量	均值	方差分析	Sum of Squares	df	Mean Squares	F 值
是	666	7.291	组间	17695.884	1	17695.884	10.89***
否	811	0.335	组内	2395814.37	1475	1624.281	
合计	1477	3.472	总数	2413510.25	1476	1635.170	

DISCOUNT 均值差异

表 6.5　机构投资者参与对定向增发折价影响差异单因素方差分析表

DISCOUNT 均值差异

INST 认购与否	样本量	均值	方差分析	Sum of Squares	df	Mean Squares	F 值
是	1083	-0.944	组间	79177.302	1	79177.302	50.03***
否	394	15.611	组内	2334332.95	1475	1582.599	
合计	1477	3.472	总数	2413510.25	1476	1635.170	

表 6.6　不同定向增发参与者对定向增发折价影响差异单因素方差分析表

DISCOUNT 均值差异

参与者组别	样本量	均值	方差分析	Sum of Squares	df	Mean Squares	F 值
A-C	361	0.866	组间	81640.785	3	27213.595	17.19***
A-D	305	14.896					
B-C	636	-1.850	组内	2331869.47	1473	1583.075	
B-D	73	18.058					
合计	1477	3.472	总数	2413510.25	1476	1635.170	

图 6.1 显示了大股东和机构投资者参与认购与定向增发隧道效应的统计情况。图 6.1 中横轴表示定向增发折价 DISCOUNT 程度从 -60% 以下到 60% 以上，纵轴表示机构投资者参与家数与大股东参与家数之比。从折线图可见，随着折价率的提高，机构投资者参与家数与大股东参与家数之比逐渐降低，

说明在折价率提高时，机构投资者参与的家数会相对减少，而大股东参与的家数相对增加。这进一步证明了，大股东认购时隧道效应更高，而机构投资者的参与能显著降低定向增发隧道效应。

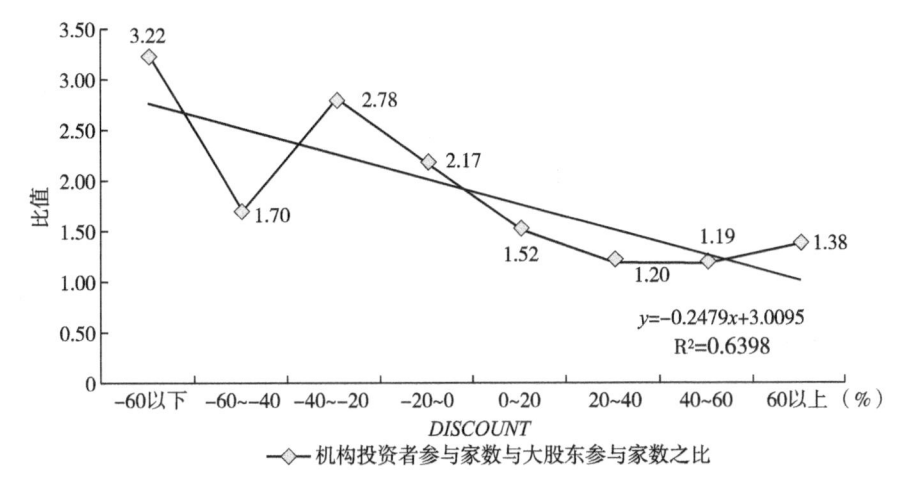

图 6.1　大股东、机构投资者参与与定向增发折价

6.3　实证结果与分析

6.3.1　机构投资者认购与定向增发隧道效应检验

表 6.7 是模型（6-1）和（6-2）的回归结果，检验机构投资者认购对定向增发隧道效应的影响。在全样本回归结果中，*INST* 回归系数在 1% 的水平上显著为负，说明相对于机构投资者未认购的定向增发，机构投资者参与认购能够制衡大股东不当行为，显著降低定向增发隧道效应。*O_INST* 回归系数在 1% 的水平上显著为负，但系数与 *INST* 相比并没有更大降低定向增发折价程度，说明大股东和机构投资者共同参与的情况，比仅有机构投资者参与的情况，定向增发隧道效应更强。研究结果暗示了一部分大股东和机构投资者共同参与情况下合谋实现高隧道效应的可能性。实证结果部分支持了假设 1a。在模型（6-2）回归结果中，*INST_RATE* 回归系数在 10% 的水平上显著为负，说明随着机构投资者认购比例的提高，定向增发折价降低，定向增发隧道效应减弱，进一步说明假设 1a 成立的可能性。在大股东参与样本组（*BIG* = 1），*INST* 系数在 1% 的水平上显著为负，在大股东未参与样本组（*BIG* = 0），

INST 系数同样显著为负，说明在大股东参与的情况下，机构投资者的加入显著降低了定向增发折价程度，进一步说明了在一般情况下，大股东与机构投资者并没有合谋操控定价，研究结论符合第3章在一般条件下的大股东和机构投资者合谋策略博弈结论。在大股东未参与的样本组中，机构投资者参与同样可以降低定向增发隧道效应，结果支持了假设1b。

表6.7 机构投资者认购对定向增发隧道效应的影响

被解释变量	DISCOUNT				
样本类型	全样本			分组 BIG=1	分组 BIG=0
回归模型	MODEL (6-1)	MODEL (6-1)	MODEL (6-2)	MODEL (6-1)	MODEL (6-1)
INST	-16.526*** (-8.76)			-14.798*** (-5.67)	-18.397*** (-3.58)
O_INST		-11.543*** (-5.24)			
INST_RATE			-0.085* (-1.82)		
CHANGE	-0.165 (-0.63)	-0.260 (-0.96)	-0.484 (-1.39)	0.048 (0.14)	-0.292 (-0.68)
FRAC	3.787*** (2.66)	3.553** (2.47)	4.349** (2.32)	2.038* (1.73)	5.588*** (3.67)
LEV	-0.399 (-0.20)	-0.614 (-0.29)	-3.282 (-0.67)	1.297 (0.62)	-14.241* (-1.86)
SIZE	2.062** (2.54)	1.482* (1.83)	3.389*** (3.19)	1.033 (1.10)	3.336*** (2.59)
ROE	-3.862** (-2.16)	-4.110** (-2.39)	-7.773** (-2.04)	-6.880* (-1.90)	-3.794* (-1.69)
Constant	-28.063 (-1.48)	-21.613 (-1.11)	-63.542** (-2.48)	-12.076 (-0.56)	-41.677 (-1.45)
IND	CONTROLLED	CONTROLLED	CONTROLLED	CONTROLLED	CONTROLLED
N	1477	1477	1083	666	811
Adj_R^2	0.038	0.025	0.012	0.039	0.026

注："***""**""*"分别表示在1%、5%和10%水平上显著，括号内为t值。

6.3.2 投资者认购与合谋效应检验

表6.8是模型（6-3）（6-4）（6-5）和（6-6）的回归结果，为了解释大股东与机构投资者是否合谋的原因，引入定向增发资金用途进行回归。回归结果显示，BIG回归系数在1%的水平上显著为负，说明大股东更多地参与进行资本运作的定向增发项目，而非进行项目融资的定向增发项目；O_BIG回归系数绝对值和显著性均高于BIG，进一步说明大股东参与越多，定向增发资金用途越倾向于资本运作。INST和O_INST回归系数均显著为正，即在机构投资者参与的情况下，定向增发资金用途多以项目融资为主，说明在一般情况下，机构投资者并没有真正地参与大股东的"圈钱游戏"，而成为推动企业项目实施的助手，假设2a得到支持。但O_INST的系数和显著性均低于INST，说明在大股东和机构投资者共同参与的定向增发项目中，有一部分参与资本运作的定向增发融资，即存在一部分与大股东关系密切的机构投资者能够参与资本运作，其隧道效应有待进一步验证（见表6.9）。

表6.8 投资者认购与定向增发资金用途识别

被解释变量	CAPITAL			
回归模型	MODEL (6-3)	MODEL (6-4)	MODEL (6-5)	MODEL (6-6)
BIG	-0.481*** (-6.72)			
O_BIG		-1.258*** (-12.75)		
INST			1.483*** (15.87)	
O_INST				0.767*** (10.36)
CHANGE	0.020** (2.09)	0.017* (1.66)	0.010 (0.95)	0.019* (1.92)
FRAC	-1.047*** (-11.23)	-1.087*** (-11.35)	-1.080*** (-11.19)	-0.955*** (-10.38)
LEV	-0.230 (-1.19)	-0.187 (-0.95)	-0.185 (-0.92)	-0.208 (-1.08)
SIZE	0.005 (0.16)	-0.030 (-0.97)	-0.052* (-1.65)	0.007 (0.24)

续表

被解释变量	CAPITAL			
回归模型	MODEL (6-3)	MODEL (6-4)	MODEL (6-5)	MODEL (6-6)
ROE	0.024 (0.22)	0.045 (0.38)	0.008 (0.07)	0.029 (0.26)
Constant	0.024 (0.04)	0.765 (1.11)	-0.085 (-0.12)	-0.599 (-0.89)
N	1477	1477	1477	1477
IND	CONTROLLED	CONTROLLED	CONTROLLED	CONTROLLED
Pseudo R^2	0.157	0.224	0.276	0.188
LR Chi2 (15)	320.884	457.200	565.393	385.044

注："***""**""*"分别表示在1%、5%和10%水平上显著，括号内为t值；由于因变量为哑变量，运用Porbit方法进行回归。

表6.9是模型（6-7）（6-8）（6-9）的回归结果，检验投资者认购、资金用途与定向增发隧道效应之间的关系，进一步解释大股东与机构投资者的合谋倾向。模型（6-7）回归结果显示，CAPITAL的系数在1%的水平上显著为负，说明以资本运作为目的的定向增发隧道效应更明显。结合表6.8的研究结果，大股东倾向于参与以资本运作为目的的定向增发融资，快速实现资金转移，而进行资本运作的定向增发融资存在显著的隧道效应。研究结论描述了大股东利用资本运作，通过隧道效应进行自身利益输送的新途径。模型（6-8）回归结果中，交乘项 BIG × CAPITAL 的系数在1%的水平上显著为正，说明在大股东参与的定向增发项目中，若资金用途为项目融资，则定向增发隧道效应更显著。这进一步说明了大股东进行项目融资时的风险较进行资本运作更大，为了平衡损失，实施隧道行为，弥补风险利差，完全表明了大股东以自身利益为导向，最大化自身收益、最小化自身风险的自利行为。交乘项 INST × CAPITAL 的系数在1%的水平上显著为负，说明在机构投资者参与的定向增发项目中，若资金用途为资本运作，定价会更低，折价率更高。这验证了表6.7和表6.8结论中的猜想，即确实存在一部分与大股东关系密切的机构投资者能够参与资本运作。表6.9又进一步证明了与大股东有密切关系的机构投资者有机会参与资本运作的定向增发项目，与大股东合谋，以获取超额收益。实证回归结果符合第3章大股东与机构投资者密切关系情形

下合谋博弈结论，假设 2b 得到支持。

表 6.9 投资者认购、定向增发资金用途与合谋效应

被解释变量	DISCOUNT		
回归模型	MODEL (6-7)	MODEL (6-8)	MODEL (6-9)
CAPITAL	-17.973*** (-8.32)	-23.172*** (-7.88)	-0.493 (-0.09)
BIG		-2.777 (-0.92)	
BIG × CAPITAL		12.647*** (3.00)	
INST			-5.792* (-1.93)
INST × CAPITAL			-16.466*** (-2.71)
CHANGE	-0.142 (-0.51)	-0.135 (-0.49)	-0.078 (-0.28)
FRAC	1.941* (1.95)	1.810* (1.82)	2.186** (2.19)
LEV	-0.890 (-0.38)	-1.032 (-0.44)	-0.924 (-0.40)
SIZE	1.876** (2.43)	1.767** (2.29)	2.073*** (2.70)
ROE	-4.000** (-2.27)	-3.819** (-2.17)	-3.804** (-2.17)
Constant	-28.504 (-1.61)	-24.501 (-1.39)	-29.821* (-1.69)
IND	CONTROLLED	CONTROLLED	CONTROLLED
N	1477	1477	1477
Adj_R^2	0.051	0.057	0.063

注："***""**""*"分别表示在 1%、5% 和 10% 水平上显著，括号内为 t 值。

6.3.3 进一步研究

本章前一系列的研究从总体上检验机构投资者的参与对定向增发隧道效应的影响、影响路径以及大股东与机构投资者在定向增发中合谋的可能性。在进一步研究中，本章将探讨在不同特征的公司中，机构投资者参与对定向

增发隧道效应的作用机制是否有所不同。因此，这一部分将分别按照产权性质、股权集中度以及融资约束将上市公司进一步细分，以解释在哪一类上市公司中机构投资者参与定向增发隧道效应作用机制更为明显。

融资约束的度量方法较多，最主流的方法为 Kaplan 和 Zingales（1997）提出的 KZ 指数。KZ 指数是根据企业现金流、现金持有、股利分配、负债及成长性五个维度因素构造的，在融资约束研究领域得到广泛运用，许多文献也证明了其对中国上市公司的适用性（魏志华等，2014；李君平和徐龙炳，2015）。

KZ 指数构建过程如下。

首先，若经营性净现金流/上期总资产（$CF_t/Asset_{t-1}$）、现金持有/上期总资产（$CASH_t/Asset_{t-1}$）和现金股利/上期总资产（$DIV_t/Asset_{t-1}$）低于年度中位数，则三个虚拟变量均取 1，否则为 0。如果资产负债率（LEV_t）和托宾 Q_t 高于年度中位数，则两个虚拟变量均取 1，否则为 0。其次，五个虚拟变量求和作为因变量，对原变量进行有序逻辑回归，得到相应系数。最后，计算出每家公司的融资约束。

KZ 指数越大，表明融资约束越高。模型如下：

$$KZ_t = \beta_0 + \beta_1 CF_t/Asset_{t-1} + \beta_2 CASH_t/Asset_{t-1} + \beta_3 DIV_t/Asset_{t-1} + \beta_4 LEV_t + \beta_5 TQ_t + \varepsilon \quad (6-10)$$

表 6.10 变量定义表

变量	变量描述	定义
COMP	企业性质	哑变量。民营企业为 1，国有企业为 0
FIRST	股权集中度	第一大股东持股比例。第一大股东持股比例越高，股权集中度越高
KZ	融资约束	从企业现金流、现金持有、股利分配、负债及成长性五个维度构造企业融资约束指标，KZ 值越大，企业融资约束越高

基于产权异质、股权集中度和融资约束的分类检验结果列示于表 6.11 至表 6.16 中，重点检验了在公司特征不同的情况下，机构投资者的认购对隧道效应的影响以及大股东与机构投资者合谋情况的差异。表 6.11 和表 6.12 根据企业产权特征将样本分为民营企业（$COMP=1$）和国有企业（$COMP=0$）。从表 6.11 的回归结果来看，机构投资者（INST）的参与认购无论在民营企业还是在国有企业均能显著抑制定向增发隧道效应。在民营企业中，随着机构投资者认购比例（INST_RATE）的提升，抑制作用更加明显，而这一点在国有企业中并不明显，说明机构投资者的抑制作用主要发挥在民营企业中。这

也进一步说明了机构投资者与大股东合谋在民营企业中可能性降低。

表 6.12 检验了在不同产权性质情况下，大股东与机构投资者的合谋效应。从回归结果来看，无论在民营企业还是在国有企业中，$CAPITAL$ 的系数均在 1% 的水平上显著为负，说明以资本运作为目的的定向增发对隧道效应的影响不会受到产权异质的影响。交乘项 $BIG \times CAPITAL$ 的系数在 5% 的水平上显著为正，回归结果同样未受到产权异质的影响，表现为大股东在项目融资的情况下，隧道效应更强，以平衡项目融资带来的风险。而交乘项 $INST \times CAPITAL$ 的系数显著性受到了产权异质的影响，在民营企业中不显著，在国有企业中，在 5% 的水平上显著为负，说明大股东与机构投资者的合谋更有可能发生在国有企业中，这与表 6.11 的检验结果相呼应。

表 6.11 产权异质条件下机构投资者认购对隧道效应的影响

被解释变量	$DISCOUNT$			
分组	民营企业（$COMP=1$）		国有企业（$COMP=0$）	
回归模型	MODEL (6-1)	MODEL (6-2)	MODEL (6-1)	MODEL (6-2)
INST	-16.605*** (-6.08)		-17.004*** (-6.53)	
INST_RATE		-0.165*** (-3.16)		-0.012 (-0.16)
CHANGE	0.001 (0.00)	-0.208 (-0.45)	-0.168 (-0.44)	-0.561 (-1.13)
FRAC	3.169* (1.96)	3.768* (1.91)	4.613* (1.68)	5.161 (1.47)
LEV	1.291 (0.89)	-0.211 (-0.07)	-12.161 (-1.41)	-20.974* (-1.69)
SIZE	4.113*** (2.88)	5.331*** (3.11)	2.140* (1.85)	4.129*** (2.62)
ROE	-2.817*** (-5.22)	-8.439 (-1.41)	-10.843 (-1.61)	-7.953* (-1.67)
Constant	-61.594** (-1.99)	-89.691** (-2.37)	-31.175 (-1.18)	-90.753** (-2.28)
IND	CONTROLLED	CONTROLLED	CONTROLLED	CONTROLLED
N	591	424	886	659
Adj_R^2	0.056	0.036	0.036	0.014

注："***""**""*"分别表示在1%、5%和10%水平上显著，括号内为t值。

表 6.12　产权异质条件下机构投资者与大股东合谋效应

被解释变量	DISCOUNT					
分组	民营企业（COMP=1）			国有企业（COMP=0）		
回归模型	MODEL (6-7)	MODEL (6-8)	MODEL (6-9)	MODEL (6-7)	MODEL (6-8)	MODEL (6-9)
CAPITAL	-19.575*** (-6.59)	-23.024*** (-6.05)	-8.206 (-1.22)	-17.835*** (-5.98)	-23.946*** (-5.63)	2.296 (0.27)
BIG		1.037 (0.25)			-3.688 (-0.86)	
BIG×CAPITAL		11.716** (1.98)			13.191** (2.26)	
INST			-6.750 (-1.65)			-6.197 (-1.49)
INST×CAPITAL			-9.803 (-1.29)			-18.803** (-2.03)
CHANGE	-0.060 (-0.16)	-0.021 (-0.06)	0.006 (0.02)	-0.081 (-0.20)	-0.098 (-0.25)	-0.032 (-0.08)
FRAC	0.862 (0.71)	0.866 (0.71)	1.248 (1.02)	3.078** (2.00)	2.954* (1.92)	3.212** (2.10)
LEV	0.821 (0.38)	0.719 (0.33)	0.818 (0.38)	-13.136 (-1.59)	-14.026* (-1.70)	-13.483 (-1.64)
SIZE	3.952*** (3.50)	3.963*** (3.53)	4.212*** (3.74)	1.962* (1.73)	1.834 (1.61)	2.153* (1.91)
ROE	-2.989* (-1.78)	-3.046* (-1.82)	-2.910* (-1.74)	-11.022** (-2.46)	-10.449** (-2.33)	-10.149** (-2.27)
Constant	-62.448** (-2.48)	-63.400** (-2.53)	-64.123** (-2.56)	-31.527 (-1.24)	-26.057 (-1.02)	-32.638 (-1.29)
IND	CONTROLLED	CONTROLLED	CONTROLLED	CONTROLLED	CONTROLLED	CONTROLLED
N	591	591	591	886	886	886
Adj_R^2	0.082	0.093	0.094	0.046	0.051	0.057

注:"***""**""*"分别表示在1%、5%和10%水平上显著,括号内为t值。

高度集中的股权结构是导致第二类代理问题的重要原因（Shleifer 和 Vishy,1997）。我国上市公司存在"一股独大"的现象,大股东利用控制权侵占中小投资者利益问题更为突出。因此,不同股权集中度可能会影响机构投资者对隧道效应的作用。表 6.13 和表 6.14 利用大股东持股比例的中位数,将上市公司分为股权集中度较高组（FIRST>0.361）和股权集中度较低组

($FIRST<0.361$)。从表6.13的回归结果来看，机构投资者参与认购（$INST$）系数在两组中均显著为负，但在股权集中度高组中，其显著性要远高于股权集中度低组。这说明在股权集中度高的公司中，大股东出于自身利益的考虑掠夺更多资源，在自身认购定向增发股份时定价更低，而在机构投资者认购时定价更高，因此机构投资者对定向增发隧道效应抑制作用更明显。从机构投资者的认购比例对隧道效应的影响上看，不同股权集中度的公司有着显著的差异。$INST\_RATE$ 在股权集中度较低组显著为负，而在股权集中度较高组并不显著，这进一步说明在股权集中度较高的公司中，大股东掌控着绝对的控制权，无论机构投资者认购比例多少，均获得较低的折价率，其对隧道效应的影响不随着认购比例的变化而变化。

表6.13 不同股权集中度情况下机构投资者参与对隧道效应的影响

被解释变量	DISCOUNT			
分组	股权集中度（$FIRST>0.361$）		股权集中度（$FIRST<0.361$）	
回归模型	MODEL (6-1)	MODEL (6-2)	MODEL (6-1)	MODEL (6-2)
INST	-19.621*** (-7.63)		-13.996*** (-4.80)	
INST_RATE		0.006 (0.07)		-0.183*** (-4.98)
CHANGE	-0.423 (-1.05)	-0.689 (-1.30)	-0.212 (-0.59)	-0.236 (-0.67)
FRAC	2.082 (1.39)	2.468 (1.19)	4.854** (2.22)	5.076** (2.31)
LEV	-13.075 (-1.50)	-22.019* (-1.66)	-0.055 (-0.03)	-0.087 (-0.05)
SIZE	3.495*** (2.81)	4.971*** (2.84)	2.089 (1.52)	2.167 (1.56)
ROE	-6.967* (-1.69)	-11.946** (-1.97)	-3.648* (-1.83)	-3.597* (-1.81)
Constant	-58.502** (-2.07)	-106.872** (-2.39)	-18.253 (-0.62)	-20.649 (-0.70)
IND	CONTROLLED	CONTROLLED	CONTROLLED	CONTROLLED
N	694	505	693	693
Adj_R^2	0.039	0.002	0.033	0.046

注："***""**""*"分别表示在1%、5%和10%水平上显著，括号内为t值。

表 6.14 不同融资约束情形下机构投资者与大股东合谋效应

被解释变量	DISCOUNT					
分组	股权集中度（FIRST > 0.361）			股权集中度（FIRST < 0.361）		
回归模型	MODEL (6-7)	MODEL (6-8)	MODEL (6-9)	MODEL (6-7)	MODEL (6-8)	MODEL (6-9)
CAPITAL	-16.732*** (-4.96)	-21.392*** (-4.50)	1.220 (0.12)	-19.513*** (-6.46)	-25.378*** (-6.29)	-2.231 (-0.30)
BIG		-1.789 (-0.37)			-2.554 (-0.62)	
BIG × CAPITAL		12.310* (1.81)			13.718** (2.35)	
INST			-11.377** (-2.43)			-1.711 (-0.41)
INST × CAPITAL			-13.667 (-1.26)			-18.320** (-2.21)
CHANGE	-0.406 (-0.93)	-0.418 (-0.96)	-0.344 (-0.80)	-0.107 (-0.28)	-0.097 (-0.25)	-0.038 (-0.10)
FRAC	1.147 (0.76)	1.065 (0.71)	1.255 (0.84)	2.277 (1.64)	2.072 (1.48)	2.437* (1.73)
LEV	-14.913 (-1.64)	-15.562* (-1.71)	-13.756 (-1.52)	-0.701 (-0.30)	-0.693 (-0.29)	-0.668 (-0.28)
SIZE	3.474*** (2.62)	3.172** (2.36)	3.431*** (2.61)	1.725 (1.49)	1.693 (1.47)	1.925* (1.65)
ROE	-6.929 (-1.12)	-6.083 (-0.98)	-5.444 (-0.88)	-3.808** (-2.16)	-3.752** (-2.13)	-3.791** (-2.16)
Constant	-64.193** (-2.19)	-56.213* (-1.91)	-58.347** (-2.00)	-12.233 (-0.47)	-10.267 (-0.40)	-16.084 (-0.63)
IND	CONTROLLED	CONTROLLED	CONTROLLED	CONTROLLED	CONTROLLED	CONTROLLED
N	694	694	694	693	693	693
Adj_R²	0.034	0.038	0.049	0.066	0.074	0.074

注："***""**""*"分别表示在1%、5%和10%水平上显著，括号内为t值。

表6.14检验了在不同股权集中度的公司中大股东与机构投资者的合谋效应。回归结果显示，CAPITAL系数的显著性和交乘项BIG × CAPITAL系数的显著性并未受到股权集中度的影响，说明大股东的自我保护主义并未随着股权集中度的改变而改变。交乘项INST × CAPITAL系数在股权集中度较高组不显著，而在股权集中度较低组在5%的水平上显著为负，说明大股东与机构投资

者合谋更可能发生在股权集中度相对较低的公司中。股权集中度较高的公司中，大股东股权占比较大，降低定向增发发行价格来与机构投资者合谋对大股东自身利益的影响过大，尤其是对原有股份的计价，因此，大股东与机构投资者合谋的可能性降低。

融资约束是上市公司寻求再融资的主要动因，融资约束越高，说明企业的资金缺口越大。在资金需求紧迫性不同的情况下，上市公司定向增发中，大股东或机构投资者参与动因是否也会不同？表6.15和表6.16利用融资约束KZ指数的中位数，将上市公司分为融资约束较高组（$KZ>1.900$）和融资约束较低组（$KZ<1.900$），进而考察在不同融资约束情形下，机构投资者对定向增发隧道效应影响的变化以及大股东与机构投资者合谋效应的变化。从表6.15的回归结果来看，机构投资者参与认购（INST）系数在两组中均显著为负，融资约束并未对INST与定向增发折价的关系产生影响。INST_RATE在融资约束较高组显著为负，而在融资约束较低组并不显著，这说明在融资约束较高的公司中，机构投资者认购比例越高，越能够抑制定向增发隧道效应。

表6.15　不同融资约束情形下机构投资者参与对隧道效应的影响

被解释变量	DISCOUNT			
分组	融资约束（$KZ>1.900$）		融资约束（$KZ<1.900$）	
回归模型	MODEL(6-1)	MODEL(6-2)	MODEL(6-1)	MODEL(6-2)
INST	-11.407*** (-3.46)		-15.788*** (-6.06)	
INST_RATE		-0.125** (-1.99)		-0.052 (-0.75)
CHANGE	0.883** (2.18)	0.927* (1.84)	-0.369 (-0.88)	-0.334 (-0.64)
FRAC	10.804*** (5.41)	12.794*** (4.92)	2.271* (1.94)	2.413* (1.80)
LEV	-17.923* (-1.94)	-40.351*** (-2.94)	-11.392 (-1.14)	-21.343* (-1.77)
SIZE	1.714 (1.33)	4.147** (2.54)	3.104** (2.08)	4.423** (2.36)
ROE	-2.164*** (-2.69)	-13.436** (-2.32)	14.558 (1.03)	3.726 (0.19)

续表

被解释变量	DISCOUNT			
分组	融资约束（KZ>1.900）		融资约束（KZ<1.900）	
回归模型	MODEL (6-1)	MODEL (6-2)	MODEL (6-1)	MODEL (6-2)
Constant	-14.464 (-0.56)	-61.053* (-1.90)	-40.160 (-1.27)	-70.805* (-1.72)
IND	CONTROLLED	CONTROLLED	CONTROLLED	CONTROLLED
N	529	399	529	408
Adj_R^2	0.059	0.072	0.060	0.020

注："***""**""*"分别表示在1%、5%和10%水平上显著，括号内为t值。

表6.16 不同融资约束情形下机构投资者与大股东合谋效应

被解释变量	DISCOUNT					
分组	融资约束（KZ>1.900）			融资约束（KZ<1.900）		
回归模型	MODEL (6-7)	MODEL (6-8)	MODEL (6-9)	MODEL (6-7)	MODEL (6-8)	MODEL (6-9)
CAPITAL	-18.252*** (-5.64)	-24.521*** (-5.74)	-3.883 (-0.50)	-13.182*** (-4.77)	-15.206*** (-3.91)	5.531 (0.78)
BIG		-5.054 (-1.15)			-0.512 (-0.12)	
BIG×CAPITAL		14.451** (2.33)			4.919 (0.89)	
INST			-0.395 (-0.09)			-6.638 (-1.63)
INST×CAPITAL			-15.789* (-1.85)			-17.568** (-2.26)
CHANGE	0.822* (1.76)	0.746 (1.60)	0.887* (1.90)	-0.436 (-1.05)	-0.435 (-1.05)	-0.361 (-0.88)
FRAC	7.107*** (3.30)	6.683*** (3.10)	7.238*** (3.35)	1.013 (0.79)	0.972 (0.76)	1.339 (1.06)
LEV	-16.547** (-1.98)	-17.229** (-2.06)	-17.521** (-2.09)	-10.903 (-1.15)	-11.517 (-1.21)	-11.083 (-1.18)
SIZE	1.598 (1.45)	1.533 (1.39)	1.814 (1.64)	2.753** (1.99)	2.713* (1.96)	2.882** (2.11)
ROE	-2.447 (-1.42)	-2.339 (-1.36)	-2.409 (-1.40)	10.874 (0.83)	10.839 (0.82)	14.467 (1.11)

续表

被解释变量	DISCOUNT					
分组	融资约束（$KZ>1.900$）			融资约束（$KZ<1.900$）		
回归模型	MODEL (6-7)	MODEL (6-8)	MODEL (6-9)	MODEL (6-7)	MODEL (6-8)	MODEL (6-9)
Constant	-15.671 (-0.65)	-11.563 (-0.48)	-19.395 (-0.80)	-36.556 (-1.23)	-35.271 (-1.18)	-37.159 (-1.26)
IND	CONTROLLED	CONTROLLED	CONTROLLED	CONTROLLED	CONTROLLED	CONTROLLED
N	529	529	529	529	529	529
Adj_R^2	0.098	0.105	0.103	0.057	0.056	0.082

注："***""**""*"分别表示在1%、5%和10%水平上显著，括号内为t值。

表6.16检验了在不同融资约束情形下大股东与机构投资者的合谋效应。回归结果显示，CAPITAL系数和交乘项INST×CAPITAL系数均显著，说明无论公司是否缺乏资金，大股东与机构投资者均能产生合谋效应。交乘项BIG×CAPITAL系数在融资约束较低组不显著，而在融资约束较高组在5%的水平上显著为正。这说明在融资约束较高的公司中，公司的资金缺口相对较大，融资风险更高，大股东为了保护自身利益，更期望在项目融资风险相对更高的定向增发融资中获得更高额的补偿，从而降低自身风险；而在融资约束较低的公司中，公司的资本充足率较高，大股东自身风险较弱，因此，大股东会降低对定向增发融资的风险补偿要求。

6.4 稳健性检验

为了减少研究过程中研究方法和变量选取导致的研究结果偏差，本章将继续进行稳健性检验的相关处理。由于本章中大股东和机构投资者认购定向增发股份、参与定向增发决策、筹划定向增发资金流向与定向增发后发行折价存在时间先后次序，因此不存在反向因果关系导致的内生性问题。为了保证研究结果的稳健性，以及避免测量误差、遗漏变量等其他原因导致的内生性问题，本章节做出如下检验。

①《上市公司证券发行管理办法》规定，定向增发发行价格不低于定价基准日前20个交易日公司股票均价的90%。我国上市公司采用预案公告日作为定价基准日，预案公告日通常为董事会决议公告日，由于个别公司未采用

董事会决议公告日作为定价基准日,因此在稳健性检验中将这些公司从样本中剔除,剔除后的样本量为 1431 个,重新进行回归分析。

②本章根据 Barclay 等(2007)的研究方法,用定向增发公告前一日收盘价与定向增发价格之差,除以公告日当天的收盘价来重新计算定向增发折价,进行回归分析。

③为了剔除异常值的影响,所有变量采取 5% 的缩尾(Winsorize)处理。稳健性检验均根据 White 方法检验异方差,当 P 值为 0 显著拒绝同方差原假设,采用 Robust-OLS/WLS 回归,以避免异方差导致的模型估计误差。

基于定向增发折价重新计量和定价基准日严格筛选后的稳健性检验回归结果列示于表 6.17 和表 6.18,分别检验了定向增发资金流向和合谋效应。表 6.17 主要变量的回归结果显示 BIG、O_BIG 与 CAPITAL 在 1% 的水平上呈显著的负相关关系,而 INST、O_INST 与 CAPITAL 在 1% 的水平上呈显著的正相关关系,说明大股东和机构投资者的参与不同方向地影响了定向增发的资金流向,与原回归结果一致。表 6.18 中的交乘项 BIG × CAPITAL 回归结果显著为正,交乘项 INST × CAPITAL 回归结果显著为负,说明在与大股东关系密切的投资者中,机构投资者会参与定向增发资本运作,与大股东合谋掠夺定向增发超额收益。结果与原回归一致,未发生改变研究结论的变化。

表 6.17　基于定价基准日调整的定向增发资金用途稳健性检验

被解释变量	CAPITAL			
回归模型	MODEL (6-3)	MODEL (6-4)	MODEL (6-5)	MODEL (6-6)
BIG	-0.469*** (-6.50)			
O_BIG		-1.240*** (-12.41)		
INST			1.468*** (15.54)	
O_INST				0.761*** (10.18)
CHANGE	0.020** (2.07)	0.017 (1.64)	0.010 (0.97)	0.019* (1.91)
FRAC	-0.992*** (-10.51)	-1.039*** (-10.70)	-1.032*** (-10.55)	-0.897*** (-9.63)

续表

被解释变量	CAPITAL			
回归模型	MODEL (6-3)	MODEL (6-4)	MODEL (6-5)	MODEL (6-6)
LEV	-0.202 (-1.03)	-0.161 (-0.81)	-0.185 (-0.90)	-0.192 (-0.97)
SIZE	0.007 (0.23)	-0.030 (-0.96)	-0.051 (-1.58)	0.010 (0.33)
ROE	0.030 (0.28)	0.049 (0.41)	0.011 (0.09)	0.035 (0.32)
Constant	-0.060 (-0.09)	0.739 (1.06)	-0.113 (-0.16)	-0.683 (-0.99)
IND	CONTROLLED	CONTROLLED	CONTROLLED	CONTROLLED
N	1431	1431	1431	1431
Pseudo R^2	0.144	0.210	0.263	0.176
LR Chi2 (15)	285.933	414.998	520.516	349.362

注："***""**""*"分别表示在1%、5%和10%水平上显著，括号内为t值；由于因变量为哑变量，运用Porbit方法进行回归。

表6.18 基于定价基准日、定向增发折价调整的投资者合谋效应稳健性检验

被解释变量	DISCOUNT		
回归模型	MODEL (6-7)	MODEL (6-8)	MODEL (6-9)
CAPITAL	-16.523*** (-7.62)	-21.520*** (-7.28)	-0.349 (-0.06)
BIG		-2.077 (-0.68)	
BIG × CAPITAL		12.440*** (2.93)	
INST			-5.961** (-1.96)
INST × CAPITAL			-15.027** (-2.46)
CHANGE	0.095 (0.34)	0.094 (0.34)	0.154 (0.55)
FRAC	1.905* (1.91)	1.789* (1.80)	2.146** (2.15)

续表

被解释变量	DISCOUNT		
回归模型	MODEL (6-7)	MODEL (6-8)	MODEL (6-9)
LEV	0.124 (0.05)	-0.036 (-0.02)	0.126 (0.05)
SIZE	2.682*** (3.33)	2.543*** (3.16)	2.901*** (3.62)
ROE	-6.633** (-2.07)	-6.281* (-1.96)	-6.340** (-1.98)
Constant	-51.076*** (-2.77)	-46.780** (-2.54)	-52.848*** (-2.88)
IND	CONTROLLED	CONTROLLED	CONTROLLED
N	1431	1431	1431
Adj_R^2	0.044	0.051	0.056

注："***""**""*"分别表示在1%、5%和10%水平上显著,括号内为t值。

6.5 本章小结

本章以2006年5月8日至2015年12月31日沪深A股主板的上市公司定向增发数据为研究样本,围绕定向增发定价问题进行研究,结合博弈分析的结果,检验了大股东与机构投资者是否存在合谋侵占利益行为。实证检验结果非常生动地展现了大股东与机构投资者在定向增发过程中的利益博弈。首先,研究结果表明大股东参与以资本运作为目的的定向增发融资,快速地实现资金转移,利用隧道效应实现自我利益输送;而机构投资者则更多地参与以项目融资为目的的定向增发融资,承担了更多的项目风险,制衡了大股东的隧道行为,降低了定向增发的隧道效应。其次,参与者与定向增发资金用途的交乘项回归得到更为现实的结果,在大股东参与的定向增发中,资金用途为项目融资的比资金用途为资本运作的定向增发发行折价率更高,按照之前的结论进行项目融资的定向增发应该比资本运作的折价更高,然而在大股东参与的情况下,结论却相反。这充分说明,由于项目融资的风险更高,大股东参与项目融资的定向增发,势必降低发行价格,通过更显著的隧道效应来弥补风险损失。再次,在机构投资者参与的定向增发中,当资金用途为资本运作时，定向增发折价率更高，机构投资者获得超额收益。这进一步证明了与大股东有密切关系的机构投资者有机会参与资本运作的定向增发项目，与大股东形成合谋，以获取超额收益。最后，在进一步研究中，基于不同的企业特征包括产权异质、股权集中度差异和融资约束差异的研究结果表明，机构投资者参与认购对隧道效应的抑制作用并未随着企业特征差异而改变，但大股东与机构投资者的合谋效应却在国有企业、股权集中度较低的公司中表现更为明显。这也说明大股东在控股能力较强、企业更加私有化的情况下对自身利益保护更强，降低定向增发定价，与机构投资者合谋，对其原持有的股份带来的损失更大，大股东并不倾向于与机构投资者合谋。在融资约束较高的公司中，公司的资金缺口相对较大，融资风险更高，大股东在进行项目融资时，获得更高额的风险补偿；而在融资约束较低的公司，公司的资金充足率较高，大股东会降低对定向增发融资的风险补偿要求。研究结果符合第3章一般情形下和亲密关系情形下合谋博弈的分析结果。

实证研究结果表明大股东通过定向增发进行资本运作，利用定向增发高折价进行利益输送严重侵害了中小投资者利益。在一般条件下，机构投资者作为"中小投资者代言人"，通过定向增发参与企业的项目开展，抑制上市公司在定向增发过程中的低定价，维护中小投资者利益，制衡大股东的利益输送行为，推动企业长期有效发展。而在大股东与机构投资者关系密切的条件下，机构投资者与大股东共同参与定向增发的资本运作，合谋获取定向增发超额收益。因此，监管方应充分考虑大股东在定向增发中权力过度问题，建立一定的约束机制，同时在定向增发中积极引导机构投资者参与，使其注重理性投资和价值投资。在鼓励超常规发展机构投资者的战略指导下，充分发挥机构投资者在资本市场上的积极作用，同时建立相应机制，识别与大股东共同参与资本运作的机构投资者的行为与目的，防范个别机构投资者的内幕交易、操纵股票价格和非法融资行为，切实保护中小投资者利益，维护资本市场的健康发展。

第 7 章 股权结构关系与定向增发隧道效应研究

在政治关系层面，民营上市公司利用政治关联推动定向增发进程，提高定向增发审核过会率，为大股东隧道行为提供了前提。大股东在定向增发前进行真实盈余管理活动，打压定向增发定价，利用高折价率实现隧道效应。在公司外部关系层面，大股东与机构投资者存在利益博弈，在一般条件下大股东与机构投资者并不合谋攫取利益，而在大股东与机构投资者关系密切条件下，两者存在合谋的隧道效应。那么，在公司内部关系层面，股东间的关系与隧道效应的机制又会如何？总结现有文献研究，发现股权结构对大股东利益输送行为、掏空行为及隧道行为有着显著的制衡作用，但少有文献从股东间关系角度研究大股东隧道行为。结合第 3 章理论模型的推演结果，其一，当大股东以低于股票价格认购大于原持有股份比例的定向增发股份，则侵占了其他股东的权益。其二，其他股东由于持有上市公司股份比重的降低，在公平性上承担了损失，而大股东持有比重增加，获得定向增发低价发行收益和市场收益的双重收益。从模型推演来说，对于其他未参与定向增发的股东来说，有足够的理由抵制大股东定向增发的利益转移行为。第 5 章、第 6 章数据验证充分证明了大股东借助定向增发低价发行再融资股票，利用高折价进行自我利益输送，存在明显的隧道行为。因此，本章在这个结论的基础上，基于内部股权结构关系视角（包括亲密度和制衡度），运用实证研究法探究股权结构关系如何影响大股东在定向增发中的隧道效应、参与程度以及在定向增发中的资本运作。

7.1 理论分析与研究假说

7.1.1 股权关系亲密度、大股东隧道行为与资金运作

作为非正式制度和中国传统文化的重要组成部分，关系文化深刻影响着

中国社会经济和生活的方方面面。公司治理的研究始于 Berle 和 Means（1932）发表的《现代公司与私有产权》。公司治理的经典研究问题集中于股权集中度所导致的第二类代理问题，即企业股权结构对公司治理的影响。但以往的研究忽略了以中国情景的关系视角对股权结构中股东之间关系的考察。以此为视角，股东之间存在联合和制衡两种关系。从股权关系亲密度方面来看，股东间可以通过关系形成联合，达到掌控公司或提升股东大会的投票权的目的。股东间的联合对公司的影响可以用利益侵害理论和利益趋同理论来解释。根据利益侵害理论，当大股东出于自身利益最大化的考虑对上市公司进行隧道行为时，借助与其他股东之前的关系，提升了公司的决策权，进而联合侵占公司利益，给公司和其他股东造成了利益损失。根据利益趋同理论，当大股东可能进行自我利益输送的决策时，其他股东可以进行有效联合，对大股东的决策进行制约，在制约大股东的掏空行为、保护公司利益和其他股东权益上起到重要作用。根据第 5 章和第 6 章的实证分析结论，大股东参与定向增发融资时，利用定向增发折价进行自我利益输送。那么，在这个结论的基础上，股权关系亲密度将会对定向增发中大股东行为产生重要的影响。当大股东与其他股东联合时，大股东倾向于积极参与定向增发项目，提高定向增发折价率，进行资本运作行为，进行自我利益输送。但当股权关系亲密度达到一定程度时，大股东参与定向增发的热情将会降低，通过定向增发进行的隧道行为对公司利益造成的损害将会更大程度影响联合股东的利益，因此股权关系亲密度将从几个层次影响大股东在定向增发中的隧道行为，包括影响大股东在定向增发中的参与程度、定向增发定价以及定向增发资金运作行为。本章从以上几个角度提出假设 1。

假设 1a：股权关系亲密度与大股东的参与程度呈倒 U 关系，即大股东参与定向增发行为随着股权关系亲密度的提高而增加，股权关系亲密度达到一定程度，大股东隧道行为将会下降。这种现象在民营企业中将会更加显著。

假设 1b：相比于国有企业，在民营企业中，股权关系亲密度的提升有助于大股东自我利益输送，提高发行折价。

假设 1c：在大股东参与的定向增发中，股权关系亲密度的提升有助于协助大股东在定向增发中进行资本运作，而非进行实体项目运营。

7.1.2 股权关系制衡度、大股东认购程度与隧道效应

研究发现，制衡的股权结构对第一大股东的掏空行为有显著的约束作用。Bloch 和 Hege（2001）认为当公司中存在多个大股东共同竞争控制权的情况时，大股东可能会做出减少利益攫取行为的承诺，以获得中小股东的支持，从而减少其滥用控制权进行利益输送的行为。Gomes 和 Novaes（2005）认为，因为信息不对称情况的存在，上市公司进行投资项目决策时，各个股东会出于自己利益最大化的考虑，在投资项目利益分配方面"讨价还价"，股东之间的意见分歧会导致无法共同做出投资决策，这一定程度上降低了大股东通过项目投资转移财富的可能性。实证研究也表明，股权制衡能够加强对控股股东的有效监管，改善公司治理，促进企业绩效的提高（Laeven 和 Levine，2004）。李增泉等（2004）发现控股股东对上市公司的资金占用随着其他股东持股比例的增加而显著减少。陈晓等（2005）研究了我国 1998—2002 年上市公司关联交易情况，发现控股股东的数量、大股东之间的相互制衡可以显著降低企业的关联交易的金额和概率。

股权制衡度高的情况下，第一大股东以外的其他股东对上市公司的决策有一定的话语权，他们并不希望大股东通过参与定向增发获得更高的控制权比例，打破原有的制衡格局，同时他们也可以有效识别大股东参与定向增发的真实目的，所以会共同抵制大股东对定向增发股份的认购行为。基于此，本章提出假设 2a。

假设 2a：股权关系制衡度越高，越能有效地制衡大股东参与定向增发认购。

进一步，当大股东参与定向增发的目的是自我利益输送，股权制衡可以有效抑制大股东参与。而当定向增发定价更为市场化，定向增发资金用于良好的投资项目时，其他股东并不会抵制大股东的参与，大股东对于此类定向增发股份的认购是对上市公司的支持行为，是利益协同效应的结果。因此，股权制衡度高的情况下，其他股东只会抑制大股东低价购入定向增发股份、进行资本运作的行为，而公平、公开的市场化行为则是其他股东所期望的结果。基于此，本章提出假设 2b 和假设 2c。

假设 2b：在大股东参与的定向增发中，股权关系制衡度的提高能够显著降低定向增发折价，制衡大股东隧道行为。

假设 2c：在大股东参与的定向增发中，股权关系制衡度的提高能够显著

制衡大股东进行资本运作,提高定向增发资金对项目的投资。

7.2 样本选择及研究设计

7.2.1 样本与数据

本章选取自 2006 年 5 月 8 日至 2015 年 12 月 31 日沪深 A 股主板的 1730 家上市公司定向增发数据,剔除金融行业和数据缺失样本后得到 1671 个研究样本,选择的原因与第 5 章、第 6 章一致,在此不再赘述。为了消除异常值对研究结论的影响,对所有连续变量进行 5% 水平的缩尾(Winsorize)处理。本章的数据主要来源于 Wind 和 CSMAR 数据库。定向增发数据来自 Wind 数据库,财务数据和市场指标来自 CSMAR 数据库。手工收集年报数据,匹配了一致行动人持股比例数据。

7.2.2 变量定义

1. 被解释变量

为考察定向增发发行折价 *DISCOUNT*,采用 Baek(2006)研究方法,变量定义与第 5 章一致,不再赘述。

CAPITAL,定向增发融资资金用途,哑变量。定向增发资金用途为项目融资时,取值为 1;定向增发资金用途为资本运作时,取值为 0。具体分类情况已在第 6 章详细论述,不再赘述。

2. 解释变量

本章主要的解释变量是股权关系亲密度。为了衡量股东之间的关系亲密度,通过年报获取股权结构中一致行动人持股比例,将属于一致行动人的持股比例进行合并,形成联合持股比例。对调整后的联合持股比例,根据原有股权顺序得到联合第一持股比例至联合第十持股比例。根据股东联合持股比例,利用赫芬达尔指数(Herfindahl Index)来衡量股权关系亲密度,*RELATION*1、*RELATION*3、*RELATION*5 和 *RELATION*10 分别表示联合第一持股比例、联合前三持股比例、联合前五持股比例和联合前十持股比例的平方和,数值越高,表示股权关系亲密度越高。

股权关系制衡度 *BALANCE*,表示对联合第一大股东的制衡程度。本章计算了4个指标 BALANCE1、BALANCE3、BALANCE5 和 BALANCE10。BALANCE1 表示联合第二持股比例/联合第一持股比例，BALANCE3 表示联合第二至第三持股比例之和/联合第一持股比例，BALANCE5 表示联合第二至第五持股比例之和/联合第一持股比例，BALANCE10 表示联合第二至第十持股比例之和/联合第一持股比例（刘星等，2007；唐建新等，2013）。

3. 主要控制变量

根据以往相关文献，本章设置了若干控制变量。主要的变量定义见表7.1。

表 7.1 变量定义表

变量	变量描述	定义
被解释变量		
BIG	大股东是否参与	哑变量，大股东参与定向增发认购为1，否则为0
DISCOUNT	定向增发折价率	折价率 =（首日收盘价 − 定向增发价格）/首日收盘价
CAPITAL	定向增发资金用途	哑变量，定向增发以项目融资为目的的，定义为1；定向增发以资本运作为目的的，定义为0
解释变量		
JOINT_FIRST	联合第一持股比例	一致行动人持股比例合计，联合持股比例第一位的为联合第一持股比例
JOINT_SECOND	联合第二持股比例	一致行动人持股比例合计，联合持股比例第二位的为联合第二持股比例
JOINT_THIRD	联合第三持股比例	一致行动人持股比例合计，联合持股比例第三位的为联合第三持股比例
RELATION	股权关系亲密度	RELATION1 表示联合第一持股比例的平方和，RELATION3 表示联合前三持股比例的平方和，RELATION5 表示联合前五持股比例的平方和，RELATION10 表示联合前十持股比例的平方和
BALANCE	股权制衡度	BALANCE1 表示联合第二持股比例/联合第一持股比例；BALANCE3 表示联合第二至第三持股比例之和/联合第一持股比例；BALANCE5 表示联合第二至第五持股比例之和/联合第一持股比例；BALANCE10 表示联合第二至第十持股比例之和/联合第一持股比例
COMP	企业产权性质	哑变量，民营企业为1，国有企业为0
控制变量		
CHANGE	换手率	换手率 =［指定交易日成交量（手）*100/截至该日股票的流通股总股数（股）］*100%
LEV	资产负债率	资产负债率 = 总负债/总资产

续表

变量	变量描述	定义
ROE	净资产收益率	净资产收益率 = 净利润/平均股东权益
EPS	每股收益	每股收益 = 净利润/总股本
IND	行业	哑变量，按照证监会行业大类分类

7.2.3 回归模型设定

1. 股权关系亲密度对大股东参与定向增发行为影响的检验模型

为了检验股权关系亲密度对大股东参与定向增发认购的影响，本章设计了多元回归模型（7-1）和（7-2）检验假设1a。其中，模型（7-1）中 RELATION 代表 RELATION1、RELATION3、RELATION5、RELATION10，检验股权关系亲密度与大股东定向增发参与行为是否呈线性关系。模型（7-2）检验股权关系亲密度与大股东定向增发参与行为是否呈 U 型关系。进一步，将模型进行分组检验，根据 COMP 分民营企业（COMP = 1）和国有企业（COMP = 0）并回归分组模型的实证结果，从而验证股权关系亲密度对大股东定向增发参与行为的影响。

$$BIG = \beta_0 + \beta_1 RELATION + \sum \beta_i CONTROL_i + \varepsilon \quad (7-1)$$

$$BIG = \beta_0 + \beta_1 RELATION1 + \beta_2 JOINT\_FIRST + \sum \beta_i CONTROL_i + \varepsilon \quad (7-2)$$

2. 股权关系亲密度对定向增发折价发行和大股东资本运作影响的检验模型

为了检验股权关系亲密度对定向增发发行折价和大股东资本运作的影响，本章设计了多元回归模型（7-3）和（7-4）分别检验假设1b和1c。其中，模型中 RELATION 代表 RELATION1、RELATION3、RELATION5、RELATION10。模型（7-3）检验股权关系亲密度如何影响定向增发发行折价，即利益转移行为，模型（7-4）检验股权关系亲密度与大股东在定向增发中进行资本运作的关系。进一步，将模型（7-3）进行分组检验，根据 COMP 分成民营企业（COMP = 1）和国有企业（COMP = 0）并回归分组模型的实证结果，考察在不同产权性质情况下，股权关系亲密度对定向增发折价的影响。

$$DISCOUNT = \beta_0 + \beta_1 RELATION + \sum \beta_i CONTROL_i + \varepsilon \quad (7-3)$$

$$CAPITAL = \beta_0 + \beta_1 RELATION + \sum \beta_i CONTROL_i + \varepsilon \quad (7-4)$$

3. 股权关系制衡度对大股东认购程度与隧道行为影响的检验模型

为了检验股权关系制衡度对大股东在定向增发中的隧道行为的制衡作用，

本章首先设计多元回归模型（7-5）检验制衡关系对大股东定向增发认购行为的制衡情况，对应假设2a；进一步设计多元回归模型（7-6）和（7-7）检验制衡关系对大股东定向增发折价行为和资本运作行为的制衡情况，分别对应假设2b和2c。其中，对模型（7-5）进行分组检验，根据COMP分成民营企业（COMP=1）和国有企业（COMP=0）并回归分组模型的实证结果，考察在不同产权性质情况下，股权关系的制衡度对大股东定向增发认购行为的影响。

$$BIG = \beta_0 + \beta_1 BALANCE + \sum \beta_i CONTROL_i + \varepsilon \quad (7-5)$$

$$DISCOUNT = \beta_0 + \beta_1 BALANCE + \sum \beta_i CONTROL_i + \varepsilon \quad (7-6)$$

$$CAPITAL = \beta_0 + \beta_1 BALANCE + \sum \beta_i CONTROL_i + \varepsilon \quad (7-7)$$

7.2.4 描述性统计分析

从表7.2中我们可以看到：在1671家定向增发的公司中，资本运作和项目融资占比较为均衡，但对于推动实体经济的发展来说，定向增发资金用途为项目融资更为有利，因此我国定向增发资本运作的程度有些偏高。从股权关系亲密度角度来看，股权较为集中，联合控制权比较高，$JOINT\_FIRST$均值为36.5%，比$JOINT\_SECOND$和$JOINT\_THIRD$等高出数倍。从制衡关系来看，$BALANCE$1第二联合持股权重制衡第一联合持股权重平均为0.248，制衡程度相对较弱，制衡比重的提高能否抑制大股东定向增发的隧道行为有待进一步实证检验的分析。

表7.2 主要变量数据特征

变量名	样本量	均值	中位数	最大值	最小值	标准差
被解释变量							
DISCOUNT	1671	7.483	11.95	58.24	-82.450	28.343
BIG	1671	0.429	0	1	0	0.495
CAPITAL	1671	0.455	0	1	0	0.498
解释变量							
JOINT_FIRST	1671	0.365	0.349	0.885	0.040	0.157
JOINT_SECOND	1671	0.070	0.046	0.423	0	0.070
JOINT_THIRD	1671	0.029	0.019	0.233	0	0.030
RELATION1	1671	0.158	0.122	0.784	0.002	0.128

续表

变量名	样本量	均值	中位数	最大值	最小值	标准差
RELATION3	1671	0.169	0.135	0.784	0.003	0.127
RELATION5	1671	0.170	0.136	0.784	0.004	0.127
RELATION10	1671	0.171	0.138	0.784	0.005	0.127
BALANCE1	1671	0.248	0.134	1	0	0.261
BALANCE3	1671	0.357	0.207	1.952	0	0.371
BALANCE5	1671	0.472	0.289	3.695	0	0.490
BALANCE10	1671	0.609	0.388	6.565	0	0.647
COMP	1671	0.440	0	1	0	0.497
控制变量							
CHANGE	1671	2.570	0.806	29.170	0	3.784
FRAC	1671	0.512	0.238	22.480	0.006	1.091
LEV	1671	0.587	0.567	13.630	−0.195	0.532
ROE	1671	0.072	0.083	1.916	−17.800	0.478

图 7.1 进一步显示了股权关系亲密度与大股东参与认购定向增发股份的关系。通过数据散点的拟合结果来看，股权关系亲密度与大股东参与认购定向增发股份行为呈明显的倒 U 关系，随着股权关系亲密度的增加，大股东认购热情增大，股权关系亲密度增加到一定程度，大股东认购定向增发股份的热情下降。这说明大股东借助股权关系亲密度的提升，提高自身在定向增发事件中的话语权，增加认购定向增发股份的机会，从而进行隧道行为，实现

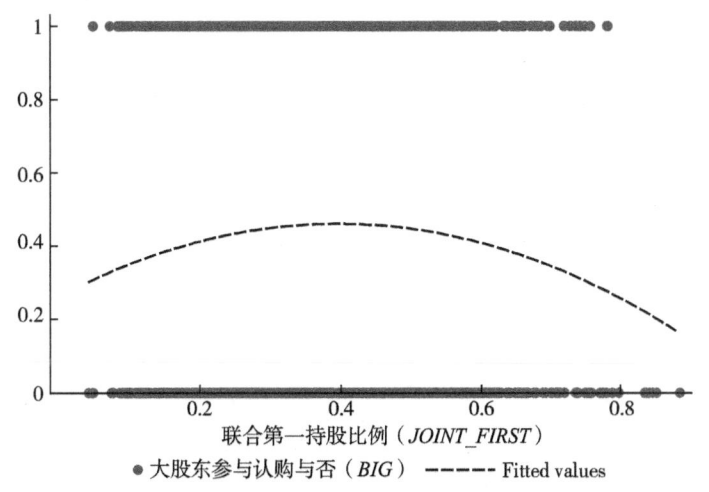

图 7.1 联合持股第一持股比例与大股东参与定向增发关系拟合曲线

自我利益输送。而当股权关系亲密度进一步增大，逾越临界值后，大股东的掏空行为反而会危害自身利益，因此，大股东参与认购定向增发股份的热情逐步降低。

7.3 实证结果与分析

7.3.1 股权关系亲密度对大股东定向增发参与程度影响检验

表7.3是模型（7-1）和（7-2）的回归结果，检验了股权关系亲密度对大股东定向增发参与程度的影响。从模型（7-1）的回归结果来看，股权关系亲密度与大股东定向增发参与程度呈显著负相关关系，随着股权关系亲密度的提升，大股东定向增发认购程度降低，这个结论与第3章模型推演和本章的假设分析的结果似乎有些出入。进一步加入一次项 JOINT_FIRST，根据模型（7-2）进行多元回归。由全样本的回归结果可见，一次项 JOINT_FIRST 系数显著为正，二次项 RELATION1 系数显著为负，说明股权关系亲密度与大股东定向增发参与程度并非呈显著负相关关系，而是呈显著的倒U关系，尤其是在民营企业中更为显著。这说明随着股权关系亲密度的提升，大股东定向增发认购程度提高，当超过临界值后，股权关系亲密度进一步提升，大股东定向增发认购程度降低。回归结果表明，大股东为了实现自身利益最大化，联合其他股东增强决策权，在股权关系亲密度不断提高的情况下认购更多的定向增发股票，而当股权关系亲密度达到一定程度，进行隧道行为则是对自身利益的侵害，于是大股东降低了参与定向增发的热情。因此，加入二次项后的回归结果符合第3章的理论推演，结果支持了假设1a。

表 7.3 股权关系亲密度对大股东定向增发参与认购的影响

被解释变量	BIG				
回归模型	MODEL (7-1)			MODEL (7-2)	
样本类型	全样本		全样本	民营企业	国有企业
RELATION1	-0.547** (-2.12)		-2.631** (-2.35)	-5.003*** (-2.80)	-1.368 (-0.85)
JOINT_FIRST			1.752* (1.92)	2.769** (2.05)	1.110 (0.82)

续表

被解释变量	BIG						
回归模型	MODEL (7-1)				MODEL (7-2)		
样本类型	全样本				全样本	民营企业	国有企业
RELATION3		-0.571** (-2.19)					
RELATION5			-0.579** (-2.22)				
RELATION10				-0.582** (-2.23)			
COMP	-0.329*** (-4.93)	-0.329*** (-4.94)	-0.330*** (-4.94)	-0.330*** (-4.94)	-0.311*** (-4.61)	—	—
CHANGE	0.010 (1.18)	0.010 (1.16)	0.010 (1.16)	0.010 (1.16)	0.010 (1.17)	-0.001 (-0.05)	0.017 (1.57)
FRAC	0.010 (0.35)	0.009 (0.32)	0.009 (0.31)	0.009 (0.31)	0.012 (0.40)	0.015 (0.45)	-0.023 (-0.36)
LEV	0.047 (0.80)	0.048 (0.81)	0.048 (0.81)	0.048 (0.81)	0.047 (0.80)	0.039 (0.63)	0.043 (0.19)
ROE	0.104 (0.87)	0.106 (0.87)	0.106 (0.87)	0.106 (0.87)	0.100 (0.85)	0.155 (0.54)	0.075 (0.73)
Constant	0.143 (0.82)	0.156 (0.89)	0.158 (0.90)	0.159 (0.90)	-0.189 (-0.77)	-0.430 (-1.23)	-0.254 (-0.69)
IND	CONTROLLED	CONTROLLED	CONTROLLED	CONTROLLED	CONTROLLED	CONTROLLED	CONTROLLED
N	1668	1668	1668	1668	1668	727	935
Pseudo R^2	0.024	0.024	0.024	0.024	0.025	0.029	0.024
LR Chi2 (15)	54.410	54.712	54.833	54.869	58.123	27.874	30.935

注："***""**""*"分别表示在1%、5%和10%水平上显著，括号内为t值。

7.3.2 股权关系亲密度对定向增发隧道效应影响检验

表7.4和表7.5均是模型（7-3）的回归结果，检验了股权关系亲密度对定向增发隧道效应的影响程度。其中表7.4是模型全样本的回归结果，回归结果显示股权关系亲密度 RELATION1、RELATION3、RELATION5、RELATION10 的系数均为正值，说明整体上股权关系亲密度与定向增发折价率呈正相关关系，但并不显著。表7.5将模型（7-3）根据企业产权性质 COMP 进一步分组检

验。从回归结果来看，相对于国有企业，民营企业股权关系亲密度与定向增发折价率呈显著的正相关关系，说明在民营企业中，股权关系亲密度越高，定向增发折价程度越高，大股东进行隧道行为的动机越强，获得的收益越多，数据结果支持了假设2b。

表7.4 股权关系亲密度对定向增发隧道效应的影响

被解释变量	DISCOUNT			
回归模型	MODEL (7-3)			
样本类型	全样本			
RELATION1	9.798 (1.48)			
RELATION3		7.935 (1.18)		
RELATION5			8.275 (1.23)	
RELATION10				8.452 (1.25)
COMP	6.691*** (3.32)	6.598*** (3.29)	6.609*** (3.29)	6.615*** (3.30)
CHANGE	-0.336 (-1.27)	-0.333 (-1.25)	-0.333 (-1.25)	-0.333 (-1.25)
FRAC	2.972*** (2.64)	2.960*** (2.63)	2.965*** (2.64)	2.968*** (2.64)
LEV	-1.884 (-1.07)	-1.899 (-1.08)	-1.899 (-1.08)	-1.898 (-1.08)
ROE	0.200 (0.16)	0.189 (0.15)	0.188 (0.15)	0.187 (0.15)
Constant	8.119** (2.19)	8.394** (2.26)	8.312** (2.23)	8.268** (2.22)
IND	CONTROLLED	CONTROLLED	CONTROLLED	CONTROLLED
N	1671	1671	1671	1671
Adj_R^2	0.016	0.016	0.016	0.016

注："***""**""*"分别表示在1%、5%和10%水平上显著，括号内为t值。

表7.5　产权异质情况下股权关系亲密度对定向增发隧道效应的影响

被解释变量	DISCOUNT							
回归模型	MODEL (7-3)							
样本类型	民营企业				国有企业			
RELATION1	31.320*** (3.07)				0.549 (0.07)			
RELATION3		32.659*** (3.14)				-3.080 (-0.36)		
RELATION5			33.174*** (3.17)				-2.866 (-0.33)	
RELATION10				33.495*** (3.19)				-2.776 (-0.32)
CHANGE	-0.240 (-0.58)	-0.238 (-0.57)	-0.239 (-0.58)	-0.240 (-0.58)	-0.366 (-1.18)	-0.370 (-1.20)	-0.370 (-1.19)	-0.370 (-1.19)
FRAC	1.948** (1.99)	1.991** (2.01)	1.998** (2.02)	2.002** (2.02)	6.816*** (2.95)	6.708*** (2.90)	6.714*** (2.91)	6.717*** (2.91)
LEV	-1.421 (-0.78)	-1.395 (-0.77)	-1.393 (-0.77)	-1.392 (-0.77)	-5.572 (-0.92)	-5.526 (-0.92)	-5.528 (-0.92)	-5.529 (-0.92)
ROE	-1.106 (-0.16)	-1.178 (-0.17)	-1.206 (-0.17)	-1.232 (-0.18)	0.256 (0.23)	0.246 (0.23)	0.247 (0.23)	0.247 (0.23)
Constant	15.379*** (3.57)	14.656*** (3.43)	14.539*** (3.40)	14.461*** (3.38)	8.349 (1.37)	9.274 (1.52)	9.219 (1.51)	9.197 (1.51)
IND	CONTROLLED	CONTROLLED	CONTROLLED	CONTROLLED	CONTROLLED	CONTROLLED	CONTROLLED	CONTROLLED
N	736	736	736	736	935	935	935	935
Adj_R^2	0.011	0.011	0.012	0.012	0.012	0.012	0.012	0.012

注："***""**""*"分别表示在1%、5%和10%水平上显著，括号内为t值。

表7.6是模型（7-4）的回归结果，主要检验股权关系亲密度对大股东定向增发的资本运作行为的影响。回归结果显示，股权关系亲密度指标的系数均在1%的水平上显著为负，表明随着股权关系亲密度的提升，大股东进行资本运作的行为更加严重。根据第6章的回归结果，大股东进行资本运作获得的收益将会更多。而且相较于项目投资，资本运作周期更短，目的性更明确，操纵更容易。由实证结果可见，大股东借助股东间关系，增加资本运作的可能性，为自身利益输送提供更便捷的通道。结果支持了假设2c。

表7.6　股权关系亲密度对大股东定向增发资本运作的影响

被解释变量	CAPITAL			
回归模型	MODEL (7-4)			
RELATION1	-1.266*** (-2.86)			

续表

被解释变量	CAPITAL			
回归模型	MODEL (7-4)			
RELATION3	-1.313*** (-2.95)			
RELATION5		-1.301*** (-2.92)		
RELATION10				-1.300*** (-2.92)
COMP	0.034 (0.31)	0.030 (0.28)	0.031 (0.29)	0.032 (0.29)
CHANGE	0.019 (1.49)	0.018 (1.45)	0.018 (1.45)	0.018 (1.45)
FRAC	-0.777*** (-6.13)	-0.782*** (-6.16)	-0.782*** (-6.16)	-0.782*** (-6.16)
LEV	-0.006 (-0.06)	-0.002 (-0.02)	-0.002 (-0.02)	-0.002 (-0.02)
ROE	-0.378 (-1.42)	-0.361 (-1.36)	-0.361 (-1.35)	-0.360 (-1.35)
Constant	0.027 (0.09)	0.046 (0.16)	0.044 (0.16)	0.045 (0.16)
IND	CONTROLLED	CONTROLLED	CONTROLLED	CONTROLLED
N	713	713	713	713
Pseudo R^2	0.092	0.092	0.092	0.092
LR Chi2 (15)	89.940	90.526	90.336	90.292

注："***""**""*"分别表示在1%,5%和10%水平上显著,括号内为t值。

7.3.3 股权关系制衡度对大股东定向增发参与程度影响检验

表7.7是模型(7-5)的回归结果,检验联合股权关系在大股东定向增发认购方面的制衡程度。全样本的回归结果显示,股权关系制衡度与大股东定向增发参与程度呈负相关关系,随着其他股东联合股权比重的提升,大股东定向增发认购程度降低,但并不显著。进一步分组(COMP)回归,在此仅列示了民营企业(COMP=1)的回归结果,与全样本的回归结果基本类似。这说明其他股东联合持股比重的提升倾向于抑制大股东定向增发的认购行为,而非助力大股东定向增发的认购,但效果并不显著。回归结果并未完

全支持假设 1b。

表 7.7　股权关系制衡度对大股东定向增发参与程度的影响

被解释变量	BIG							
回归模型	MODEL (7-5)							
样本类型	全样本				民营企业			
BALANCE1	-0.092 (-0.75)				-0.159 (-0.89)			
BALANCE3		-0.095 (-1.10)				-0.126 (-1.01)		
BALANCE5			-0.070 (-1.06)				-0.092 (-0.98)	
BALANCE10				-0.039 (-0.78)				-0.055 (-0.79)
COMP	-0.295*** (-4.46)	-0.291*** (-4.38)	-0.291*** (-4.37)	-0.294*** (-4.40)	—	—	—	—
CHANGE	0.009 (1.13)	0.009 (1.12)	0.009 (1.12)	0.009 (1.13)	-0.003 (-0.25)	-0.003 (-0.26)	-0.003 (-0.26)	-0.003 (-0.23)
FRAC	0.016 (0.53)	0.016 (0.53)	0.015 (0.53)	0.015 (0.53)	0.022 (0.64)	0.021 (0.63)	0.021 (0.62)	0.021 (0.63)
LEV	0.051 (0.87)	0.051 (0.88)	0.052 (0.88)	0.051 (0.87)	0.048 (0.77)	0.048 (0.77)	0.048 (0.78)	0.048 (0.78)
ROE	0.097 (0.90)	0.098 (0.90)	0.098 (0.90)	0.097 (0.90)	0.101 (0.35)	0.099 (0.34)	0.098 (0.34)	0.101 (0.35)
Constant	0.047 (0.28)	0.057 (0.34)	0.054 (0.32)	0.046 (0.28)	-0.067 (-0.25)	-0.057 (-0.21)	-0.059 (-0.22)	-0.073 (-0.28)
IND	CONTROLLED	CONTROLLED	CONTROLLED	CONTROLLED	CONTROLLED	CONTROLLED	CONTROLLED	CONTROLLED
N	1668	1668	1668	1668	727	727	727	727
Pseudo R^2	0.022	0.022	0.022	0.022	0.013	0.013	0.013	0.012
LR Chi2 (15)	50.439	51.071	50.992	50.479	12.047	12.272	12.229	11.890

注："***""**""*"分别表示在 1%、5% 和 10% 水平上显著，括号内为 t 值。

7.3.4　股权关系制衡度对定向增发隧道效应影响检验

表 7.8 是模型 (7-6) 的回归结果，检验联合股权关系对大股东定向增发高折价的制衡程度。回归结果显示，股权关系制衡度与大股东定向增发折价程度呈负相关关系。其中，BALANCE1 系数在 1% 的水平上显著为负，BALANCE3 系数在 5% 的水平上显著为负，BALANCE5 系数在 10% 的水平上显著为负，BALANCE10 系数不显著。显著性的降低说明联合第二持股比重对大股东定向增发折价水平制衡作用最为明显。如果股权结构过于分散，其对大股东的制衡程度将会降低。回归结果支持假设 2b。

表 7.8 股权关系制衡度对大股东定向增发隧道效应的影响

被解释变量	DISCOUNT			
回归模型	MODEL (7-6)			
BALANCE1	-16.297*** (-2.88)			
BALANCE3		-9.758** (-2.41)		
BALANCE5			-5.124* (-1.87)	
BALANCE10				-2.675 (-1.55)
COMP	8.760*** (3.57)	8.654*** (3.54)	8.390*** (3.42)	8.173*** (3.33)
CHANGE	-0.216 (-0.63)	-0.206 (-0.60)	-0.192 (-0.55)	-0.185 (-0.53)
FRAC	0.920 (1.00)	0.985 (1.05)	1.043 (1.10)	1.088 (1.15)
LEV	0.936 (0.90)	0.811 (0.78)	0.693 (0.66)	0.586 (0.55)
ROE	-5.611 (-1.49)	-6.042 (-1.60)	-6.707* (-1.77)	-7.079* (-1.87)
Constant	14.279*** (3.72)	13.902*** (3.59)	13.066*** (3.40)	12.530*** (3.29)
IND	CONTROLLED	CONTROLLED	CONTROLLED	CONTROLLED
N	717	717	717	717
Adj_R^2	0.027	0.022	0.016	0.013

注："***""**""*"分别表示在1%、5%和10%水平上显著,括号内为t值。

表7.9是模型(7-7)的回归结果,检验联合股权关系对大股东定向增发资本运作情况的制衡程度。回归结果显示,股权关系制衡度与大股东定向增发折价程度呈显著正相关关系。其中,BALANCE1系数在10%的水平上显著为正,BALANCE3系数在5%的水平上显著为正,BALANCE5和BALANCE10系数在1%的水平上显著为正。这说明在制衡大股东资本运作行为方面,其他股东的联合制衡发挥了重要作用。随着其他股东的联合持股比例的提升,大股东定向增发资本运作行为显著降低。回归结果支持假设2c。

表 7.9　股权关系制衡度对大股东定向增发资本运作的影响

被解释变量	CAPITAL			
回归模型	MODEL (7-7)			
BALANCE1	0.333* (1.64)			
BALANCE3		0.330** (2.24)		
BALANCE5			0.323*** (2.77)	
BALANCE10				0.267*** (2.87)
COMP	0.093 (0.87)	0.082 (0.76)	0.068 (0.63)	0.059 (0.54)
CHANGE	0.022* (1.75)	0.022* (1.77)	0.022* (1.77)	0.023* (1.78)
FRAC	-0.754*** (-5.99)	-0.749*** (-5.97)	-0.744*** (-5.94)	-0.742*** (-5.91)
LEV	-0.016 (-0.14)	-0.021 (-0.18)	-0.026 (-0.23)	-0.025 (-0.22)
ROE	-0.456* (-1.71)	-0.472* (-1.76)	-0.483* (-1.80)	-0.485* (-1.81)
Constant	-0.274 (-1.00)	-0.304 (-1.10)	-0.331 (-1.20)	-0.343 (-1.24)
IND	CONTROLLED	CONTROLLED	CONTROLLED	CONTROLLED
N	713	713	713	713
Pseudo R^2	0.086	0.088	0.091	0.092
LR Chi2 (15)	84.426	86.771	89.669	90.754

注："***""**""*"分别表示在1%、5%和10%水平上显著，括号内为t值。

7.4　稳健性检验

为了保证研究结果的稳健性，避免可能存在的内生性问题，本章继续进行稳健性相关处理。由于股权结构关系（包括股权关系亲密度和股权关系制衡度）与定向增发隧道效应、大股东认购定向增发股份以及定向增发资金用途均不存在反向因果关系，因此，为了避免测量误差、遗漏变量等其他原因导致的内生性问题，本章做出如下检验。

①借鉴黄俊等（2012）的研究方法对股权关系制衡度 BALANCE 进行重新定义（见表 7.10），股权关系制衡度 = 外部股东持股比例之和/内部实际控股股东的持股比例之和。在上市公司的前十位股东中，若股东与实际控制股东存在关联关系，则认定其为拥有公司实际控制权的内部股东，否则认定其为不拥有公司实际控制权的外部股东。

②为了避免公司董监高对定向增发预案的影响，增加若干控制变量（见表 7.10），包括独立董事比例 IBR、董事会规模 LNB、监事会规模 LNS、高管规模 GNS。

③为了剔除异常值的影响，所有变量采取 5% 的缩尾（Winsorize）处理。稳健性检验均根据 White 方法检验异方差，当 P 值为 0 显著拒绝同方差原假设，采用 Robust-OLS/WLS 回归，以避免异方差导致的模型估计误差。

表 7.10 变量定义表

变量	变量描述	定义
BALANCE	股权关系制衡度	股权关系制衡度 = 外部股东持股比例之和/内部实际控股股东的持股比例之和
IBR	独立董事比例	独立董事人数/董事会人员总数
LNB	董事会规模	董事会人员总数的自然对数
LNS	监事会规模	监事会人数的自然对数，当公司没有监事会时，直接取 0
GNS	高管规模	高管人员总数的自然对数

表 7.11 是基于股权关系制衡度重新定义并增加董监高相关控制变量后得到的稳健性检验结果。模型（7-6）和模型（7-7）分别检验了股权制衡度对大股东隧道效应和定向增发资金用途的影响。在模型（7-6）中，BALANCE 的系数在全样本和大股东认购（BIG=1）的样本中显著为负，说明股权关系制衡度能够显著制衡大股东在定向增发中的隧道效应，结果与原回归一致。在模型（7-7）中，BALANCE 的系数在大股东认购（BIG=1）的样本中显著为负，说明股权关系制衡度能够显著增加项目融资的概率，制衡大股东利用定向增发进行资本运作的行为，结果与原回归一致，未发生改变研究结论的变化。

第7章 股权结构关系与定向增发隧道效应研究

表7.11 基于股权关系制衡度调整的资金用途和隧道效应检验

被解释变量	DISCOUNT			CAPITAL		
回归模型	MODEL (7-6)			MODEL (7-7)		
样本类型	全样本	BIG=1	BIG=0	全样本	BIG=1	BIG=0
BALANCE	-0.090***	-0.097***	-0.699	-0.010	-0.075**	0.026
	(-8.99)	(-13.87)	(-1.19)	(-0.54)	(-2.41)	(1.11)
COMP	6.716***	11.835***	3.882	-0.224	-0.602*	-0.099
	(3.37)	(4.16)	(1.42)	(-1.01)	(-1.78)	(-0.31)
IBR	0.882	-4.929	3.955	-0.222	-0.778**	0.107
	(0.19)	(-0.77)	(0.58)	(-0.98)	(-2.18)	(0.34)
LNB	3.268	-2.744	5.608	0.091	0.181	-0.033
	(0.63)	(-0.38)	(0.80)	(1.11)	(1.48)	(-0.29)
LNS	-0.926	-0.123	-2.210	0.194	0.360	0.004
	(-0.43)	(-0.04)	(-0.73)	(0.98)	(1.14)	(0.02)
GNS	-3.386	3.868	-6.162	-0.027***	-0.017	-0.042***
	(-0.71)	(0.54)	(-0.98)	(-3.11)	(-1.32)	(-3.14)
CHANGE	-0.380	-0.232	-0.481	0.862***	0.771***	0.854***
	(-1.52)	(-0.62)	(-1.38)	(11.50)	(6.07)	(8.98)
FRAC	3.009***	2.097	4.333**	0.134	0.002	0.437*
	(2.77)	(1.56)	(2.41)	(0.86)	(0.02)	(1.86)
LEV	-1.620	0.465	-5.223***	-0.139	0.303	-0.519**
	(-0.90)	(0.49)	(-4.03)	(-1.08)	(1.20)	(-2.02)
ROE	-0.056	-6.831*	0.403	-0.010	0.952	-0.313
	(-0.04)	(-1.78)	(0.35)	(-0.010)	(-0.075**)	0.026
Constant	12.682	0.428	22.199	-0.224	-0.602*	-0.099
	(0.93)	(0.02)	(1.20)	(-0.54)	(-2.41)	(1.11)
IND	CONTROLLED	CONTROLLED	CONTROLLED	CONTROLLED	CONTROLLED	CONTROLLED
N	1647	715	932	1647	711	926
$Adj\_R^2/Pseudo\ R^2$	0.019	0.026	0.025	0.118	0.107	0.164

注:"***""**""*"分别表示在1%、5%和10%水平上显著,括号内为t值。

④我国《上市公司证券发行管理办法》规定,定向增发发行价格不低于定价基准日前20个交易日公司股票均价的90%。我国上市公司采用预案公告日作为定价基准日,预案公告日通常为董事会决议公告日,由于个别公司未采用董事会决议公告日作为定价基准日,因此在稳健性检验中将这些公司从样本中剔除,重新进行回归分析。

⑤根据Barclay等(2007)的研究方法,用定向增发公告前一日收盘价与定向增发价格之差,再除以公告日当天的收盘价来重新计算定向增发折价,进行回归分析。

表7.12和表7.13是基于定向增发折价重新计量和定价基准日严格筛选,股权关系亲密度对大股东参与程度、资金用途和隧道效应影响的稳健

性检验。表7.12中模型（7-2）的全样本回归结果显示，股权关系亲密度二次项 RELATION1 系数显著为负，一次项 JOINT_FIRST 系数显著为正，说明股权关系亲密度与大股东参与定向增发程度呈倒 U 关系，与原回归结果一致。表7.13的回归结果显示，模型（7-3）中股权关系亲密度 RELATION 系数显著为正，说明股权关系亲密度越强，定向增发隧道效应越显著，即大股东联合其他关系股东共同控制定向增发实施，并为自身谋取私利；模型（7-4）中股权关系亲密度 RELATION 系数显著为负，说明股权关系亲密度越强，大股东进行资本运作越多。主要变量的回归结果与原回归结果一致。

表7.12 基于定向增发折价调整的股权关系亲密度对大股东参与程度影响稳健性检验

被解释变量	BIG						
回归模型	MODEL (7-1)				MODEL (7-2)		
样本类型	全样本				全样本	民营企业	国有企业
RELATION1	-0.635** (-2.39)				-2.732** (-2.37)	-5.091*** (-2.80)	-1.167 (-0.70)
JOINT_FIRST					1.747* (1.87)	2.879** (2.11)	0.785 (0.56)
RELATION3		-0.668** (-2.49)					
RELATION5			-0.677** (-2.52)				
RELATION10				-0.680** (-2.52)			
COMP	-0.310*** (-4.58)	-0.311*** (-4.59)	-0.311*** (-4.59)	-0.311*** (-4.59)	-0.293*** (-4.28)	—	—
CHANGE	0.010 (1.14)	0.010 (1.12)	0.010 (1.12)	0.010 (1.12)	0.010 (1.16)	-0.003 (-0.18)	0.019* (1.67)
FRAC	0.028 (0.96)	0.027 (0.93)	0.026 (0.92)	0.026 (0.92)	0.028 (0.99)	0.030 (0.90)	-0.007 (-0.11)
LEV	0.142 (1.46)	0.144 (1.47)	0.144 (1.47)	0.144 (1.47)	0.144 (1.47)	0.177 (1.33)	0.024 (0.10)
ROE	0.102 (0.85)	0.104 (0.86)	0.105 (0.86)	0.105 (0.86)	0.099 (0.84)	0.126 (0.43)	0.075 (0.71)
Constant	0.013 (0.07)	0.029 (0.15)	0.031 (0.17)	0.032 (0.17)	-0.319 (-1.25)	-0.619* (-1.66)	-0.221 (-0.60)
IND	CONTROLLED	CONTROLLED	CONTROLLED	CONTROLLED	CONTROLLED	CONTROLLED	CONTROLLED
N	1622	1622	1622	1622	1622	713	905
Pseudo R^2	0.025	0.025	0.025	0.025	0.027	0.033	0.025
LR Chi2 (15)	55.567	56.074	56.202	56.237	59.113	30.729	31.542

注："***""**""*"分别表示在1%、5%和10%水平上显著，括号内为t值。

表 7.13　基于定向增发折价调整的股权关系亲密度对资金用途和隧道效应影响稳健性检验

被解释变量	DISCOUNT				CAPITAL			
回归模型	MODEL (7-3)				MODEL (7-4)			
RELATION1	27.195** (2.41)				-1.469*** (-3.19)			
RELATION3		29.002** (2.54)				-1.473*** (-3.20)		
RELATION5			29.481** (2.57)				-1.462*** (-3.17)	
RELATION10				29.843*** (2.60)				-1.460*** (-3.16)
COMP	—	—	—	—	0.024 (0.22)	0.023 (0.21)	0.024 (0.22)	0.025 (0.22)
CHANGE	-0.106 (-0.28)	-0.108 (-0.29)	-0.109 (-0.29)	-0.110 (-0.29)	0.021 (1.62)	0.021 (1.58)	0.021 (1.59)	0.021 (1.58)
FRAC	1.956* (1.88)	1.993* (1.90)	1.999* (1.90)	2.003* (1.90)	-0.733*** (-5.78)	-0.738*** (-5.80)	-0.738*** (-5.80)	-0.738*** (-5.80)
LEV	1.171 (0.92)	1.186 (0.94)	1.185 (0.94)	1.185 (0.94)	-0.008 (-0.07)	-0.004 (-0.03)	-0.003 (-0.03)	-0.003 (-0.03)
ROE	1.914 (0.26)	1.664 (0.22)	1.631 (0.22)	1.597 (0.21)	-0.372 (-1.36)	-0.357 (-1.31)	-0.357 (-1.30)	-0.357 (-1.30)
Constant	8.391 (1.64)	7.730 (1.52)	7.628 (1.50)	7.553 (1.48)	-0.079 (-0.26)	-0.067 (-0.22)	-0.069 (-0.23)	-0.069 (-0.23)
IND	CONTROLLED	CONTROLLED	CONTROLLED	CONTROLLED	CONTROLLED	CONTROLLED	CONTROLLED	CONTROLLED
N	720	720	720	720	690	690	690	690
Adj_R^2/$Pseudo\ R^2$	0.003	0.004	0.004	0.004	0.097	0.097	0.097	0.097

注："***""**""*"分别表示在1%、5%和10%水平上显著，括号内为t值。

表 7.14 是基于定向增发折价重新计量和定价基准日严格筛选的，股权关系制衡度对大股东资金用途和隧道效应影响的稳健性检验。模型（7-6）的回归结果显示，股权关系制衡度 BALANCE 系数显著为负，说明股权关系制衡度的提升，显著制衡了大股东定向增发中的隧道效应；模型（7-7）的回归结果显示，股权关系制衡度 BALANCE 系数显著为正，说明股权关系制衡度的增加，增加了项目融资的程度，制衡了大股东的资本运作行为。主要变量的回归结果与原回归一致，未发生改变研究结论的变化。

表 7.14　基于定向增发折价调整的股权关系制衡度对资金用途和隧道效应影响稳健性检验

被解释变量	DISCOUNT	CAPITAL
回归模型	MODEL (7-6)	MODEL (7-7)
BALANCE1	-18.090** (-2.54)	0.541** (2.55)

续表

被解释变量	DISCOUNT				CAPITAL			
回归模型	MODEL (7-6)				MODEL (7-7)			
BALANCE3	-10.886** (-2.26)				0.471*** (3.03)			
BALANCE5		-5.316* (-1.74)				0.399*** (3.29)		
BALANCE10			-2.475 (-1.34)				0.325*** (3.34)	
COMP	6.014*** (2.60)	5.934*** (2.59)	5.655** (2.48)	5.394** (2.38)	0.083 (0.77)	0.073 (0.67)	0.061 (0.56)	0.054 (0.49)
CHANGE	0.134 (0.52)	0.144 (0.56)	0.158 (0.60)	0.164 (0.62)	0.024* (1.89)	0.025* (1.89)	0.024* (1.89)	0.025* (1.90)
FRAC	0.816 (0.82)	0.837 (0.85)	0.895 (0.91)	0.953 (0.97)	-0.703*** (-5.60)	-0.698*** (-5.57)	-0.694*** (-5.53)	-0.691*** (-5.50)
LEV	2.093*** (2.61)	1.978** (2.55)	1.830** (2.38)	1.698** (2.23)	-0.026 (-0.23)	-0.030 (-0.26)	-0.035 (-0.30)	-0.036 (-0.31)
ROE	-2.222 (-0.52)	-2.683 (-0.62)	-3.471 (-0.80)	-3.889 (-0.90)	-0.493* (-1.80)	-0.506* (-1.84)	-0.506* (-1.84)	-0.507* (-1.84)
Constant	8.631** (2.20)	8.237** (2.09)	7.392* (1.90)	6.861* (1.78)	-0.448 (-1.54)	-0.464 (-1.59)	-0.468 (-1.61)	-0.470 (-1.61)
IND	CONTROLLED	CONTROLLED	CONTROLLED	CONTROLLED	CONTROLLED	CONTROLLED	CONTROLLED	CONTROLLED
N	694	694	694	694	690	690	690	690
$Adj\_R^2/Pseudo\ R^2$	0.017	0.010	0.002	-0.002	0.093	0.096	0.098	0.099

注:"***""**""*"分别表示在1%、5%和10%水平上显著,括号内为t值。

7.5 本章小结

本章利用资本市场上定向增发数据检验了股权结构关系对大股东定向增发隧道行为的影响,主要得到以下结论。

①股权关系亲密度与大股东参与定向增发行为呈倒U关系,而且相比国有企业,民营企业中这种关系更为显著。随着股权关系亲密度的提升,大股东认购定向增发股份的热情进一步提升,达到一定临界值后,大股东认购热情降低。这符合经济人的理性分析,当股权关系亲密度由低提升时,大股东借助股东间的关系优势提升话语权,参与定向增发认购,获取超额收益。当股权关系亲密度高达一定程度时,大股东的隧道行为反而危害了自身利益,大股东参与的认购行为就会减少。

②股权关系亲密度的提升加剧大股东的隧道行为。股权关系亲密度的提

升能够协助大股东在定向增发中进行资本运作，而非进行实体项目运营，并提高定向增发折价程度，使大股东获得更多收益。

③从股权关系制衡角度，股权关系制衡度与大股东定向增发参与程度呈负相关关系，随着其他股东联合股权比重的提升，大股东定向增发认购程度降低，但在统计的意义上并不显著。

④股权关系制衡度的提高对制衡大股东在定向增发中的隧道行为有显著的效果，在抑制大股东定向增发折价方面，联合第二大持股股东制衡效果最为显著。同时，其他股东股权联合还有效降低了大股东定向增发资本运作行为。

因此，从股权关系视角，优化我国上市公司的股权结构，建立股东联合制约机制，改善公司治理，加强企业内部的制衡与监管，能有效缓解大股东的隧道行为。股权分置改革对非流通股股东的股份补偿并没能改变我国上市公司"一股独大"的现状，有必要推进所有权结构的多元化、股权关系的多层次化的改善，使股权关系制衡作为补充法律监管的非正式机制在内部公司治理和外部资本市场的公平性维护上发挥重要作用。

第 8 章　定向增发定价新规对隧道效应影响研究

2017年2月证监会颁布简称"17细则",定向增发市场规制发生了定向精准的改革。具体而言,定向增发新规将定向增发定价基准日由"三选一"固定为唯一的发行期首日。大多数研究表明,定向增发旧规给予大股东在定价基准日方面的多重选择,使其有机会通过盈余管理、股利分红等方式侵占中小投资者利益。本书第5章至第7章从社会关系视角验证了大股东利用原有定向增发规则进行利益输送的现象。而在新规体系下,以不能预知的发行期首日为定价基准日,能否真正遏制大股东操纵股价、引导投资者情绪,并降低中小股东利益遭受侵害的风险,是相关学者延续定向增发大股东利益输送现象研究的重要课题。

根据以上内容,本章运用倾向得分匹配法和双重差分法从定向增发股票发行折价率与大股东参与定向增发活动积极性的角度研究定价新规对大股东利益输送行为的影响。首先,本章围绕定增新规与旧规的不同影响进行理论分析与研究假设的提出。其次,选取2015年至2019年的1608个实施定向增发的上市公司为对象,对数据进行初步筛选和整理;进一步,根据假设内容建立以定向增发折价为被解释变量的多元线性模型回归分析。另外,从前述相关性回归分析入手,运用PSM为处理组在控制组中寻找相似特征对象,以降低样本维度,筛选匹配出较理想的实验观测值;引入DID模型,通过比较反映虚拟变量交叉项回归系数,分析新规背景下大股东利益输送行为对该规章变革的敏感性,验证制度改革对企业创新能力发展的间接影响。最后,运用计量模型回归检验两者之间的相关性,并对实验样本不可避免的内生性误差做组内和组间双重差分倾向得分处理,以期获取合理的研究结果,提出适宜的政策建议。

8.1 理论分析与研究假说

8.1.1 定向增发旧规与大股东隧道行为

根据《上市公司证券发行管理办法》的规定，上市公司须经过董事会预案决议、股东大会决议、部门审批的流程进行定向增发。2007年《上市公司非公开发行股票实施细则》（以下简称"07细则"或定向增发旧规）规定定向增发定价基准日为"董事会决议公告日、股东大会决议公告日和发行期的首日"三选一。2017年2月，证监会发布的"17细则"（定向增发新规）则将定向增发定价基准日限定为发行期的首日。从定价规则上看，2017年的定价方式规定更为严格，减少了大股东、机构等对定价权的操纵空间。发行期首日经过相关部门审批之后，是很难预测的时间点，但董事会决议公告日和股东大会决议公告日，都是上市公司自行选择的日期。根据代理理论，定向增发中大股东较中小股东掌握更多内幕信息，控制权更高，能掌握更多定价基准日股价内幕和市场利好消息，进而在交易位势上游操控局面。根据市场择时理论，大股东也可据上市公司定向增发公告时间线以及定价基准日确立日择时选择实施利己行为。

根据代理理论，管理权与经营权分离对于提高公司内部经营效率起显著促进作用，同时委托人通过正向激励政策向公司代理人施加压力也更有利于完善公司治理环境。但在定向增发中大股东可据其在公司股东大会或董事会所占席位对代理人施压，寻求以低溢价或高折扣率购入定向增发股份。根据市场择时理论，在投机主义和理性人理论的假设下，大股东可通过操控定向增发股股价影响中小股东认购情绪，择时进行利益输送来侵占中小投资者利益。根据信息不对称理论，信息流在不同时间维度的透明度差异可为信息获得者提供追踪市场隐性信息的线索，而定向增发中大股东因拥有对企业的控制权和管理权而获得更多的内幕消息。

不同性质的企业组织由于性质差异，大股东利益输送现象的表征显著不一。国有企业以市场调控和指引为主要目标，对市场营利性活动的参与度较民营企业低，且大部分情况下进行定向增发股发行融资活动旨在扶持地方经济，履行国家经济主导职责，因此出现大股东利益输送的现象较民营企业不显著。民营企业基本上以营利为首要目的，在市场中投机活动参与程度较国有企业高，在民营企业投机性环境的影响下，定向增发中大股东可通过定向增发前盈余管理、股利分红以及减持股份等利益输送手段操纵股价，这种获利方式的操作性较常规投资活动强，短期收益率高。基于此，提出假设1。

假设1a：定向增发"17细则"实施前，大股东参与定向增发融资交易存在利益输送行为。

假设1b：定向增发"17细则"实施前，相较于国有企业，民营企业大股东定向增发利益输送行为更显著。

8.1.2 定向增发新规、产权异质与大股东隧道行为

定向增发过程中，大股东出于"利己主义"，利用所汇集资本、内幕渠道等资源为自己获取超额利益。在市场监管日益严格的背景下，大股东另辟蹊径，打政策"擦边球"，造成利益输送的现象。对比不同时期的定向增发法规，其整体趋势呈现出对强参与者的抑制性、对弱参与者的支持性，对灰色区域暗箱操作的打击性，对定价过程公平公开的支持性。但不同规定中存在的时间跨域、人为主观调控性等因素仍可作为大股东利用的杠杆。

根据市场择时理论，大股东在企业内部占据利益链顶端位置，对定向增发定价基准日议定存在"识时局而后为"的机会主义倾向，这种投机性表现为据法规间隙左右发行者和中小认购者行为，以创造低价定向增发股或高额折扣的客观事实。"07细则"中关于定价基准日的规定可为大股东实施利益输送提供选择契机，其中董事会决议公告日定价相对股东大会决议会告日和定向增发发行首日定价要灵活和便捷。根据信息不对称理论，大股东在公司内所享有的权益与信息的掌握度存在关联性，不可否认其利用内部信息操控股价以获得极大利益的可能性。同时，"07细则"规定定价基准日可以为关于本次非公开发行股票的董事会决议公告日、股东大会决议公告日，因此，大股东可以通过股东大会控制定价基准日，为定价提供操纵的机会。

而最新颁布的"17细则"在股价不得低于定向增发公告日前20日股票均价的90%的前提下明确缩小了定价基准日的选择范围，大股东对发行规模、发行价等参量的操纵权被极大地控制。另外，上市公司中的国有企业和民营企业因在组织结构、经营管理方面的差异，对于新规的敏感度也有所不同。其中，国有企业在经济活动中扮演稳就业、促增长等重要角色，承担一定的

政府职能。其控股股东为国有机构，并不会在定向增发中侵占中小投资者的利益，进行利益输送行为。因此，国有企业对于新规的反应程度较民营企业弱。而民营企业因其灵活的对外经营战略以及对市场的强烈需求等特征，对新规限制反应较强烈，新规对利益输送效应影响较强。有学者质疑定价新规对大股东利益输送行为起到了约束作用，定价基准日确立唯一化并不能控制定向增发前企业目的性盈余管理和定向增发后对股东的股利分红补偿。基于此，本章在不考虑盈余管理和股利分红的情况下，对新规"17细则"中定价基准日的规定对于大股东利益输送的影响提出假设2。

假设2a：定向增发"17细则"对大股东定向增发利益输送行为起抑制作用。

假设2b：相较于国有企业，定向增发"17细则"对民营企业大股东利益输送行为抑制作用更显著。

8.1.3 定向增发新规与企业创新

定向增发作为企业股权融资的重要手段之一，对公司创新战略发展起至关重要的作用。定向增发融筹资金不仅能快速为企业带来大量现金流入，而且有助于企业创新计划的实施。特别而言，高新技术企业在创新开发领域对资金的需求量远超非创新型企业，且对资金周转率的要求也较高，投入项目资产一时难以变现，便会产生资金链断裂风险。因此，基于定向增发与企业创新间存在的关系，制度变革对企业创新能力影响与大股东利益输送行为之间的关系研究具有探索意义。

旧规下，定向增发定价基准日可选项有三，大股东操纵定向增发程序的途径较多；通过利益输送方式侵占中小股东权益使企业融资资本未投入项目之中，而是用于资本运作，创新项目投入和维持困难，创新积极性受压制。另外，旧规宽松环境纵容利益输送行为，使大量市场流通资本流入垄断实体。而通常情况下，大型成熟企业成长周期趋近稳定，对于创新发展的诉求不高。因此，若此类企业过度融资，使真正力求技术创新的中小企业难以生存，则是"资源配置"严重不合理，无法发挥资本市场的根本作用，逐渐导致市场经济活力衰退。新规将定向增发定价基准日化三为一的改革极大弱化了大股东对市场的控制力，打压了利益输送行为，维护了市场融资法制在定向增发融资中起到的威慑力。同时，规范市场可为新兴科技企业在融资渠道上带来更多机会，便于其充分发挥自身创新潜力。因此，对于定向增发新规对大股东利益输送行为的影响与企业创新之间的关联性进行检验具有发展意义。基于此，提出假设3。

假设3：定向增发新规通过抑制大股东的资本运作来促进企业创新投入。

8.2 样本选择及研究设计

8.2.1 样本与数据

本章依据"17细则"的法规陈述和时间节点，选取2015年1月1日—2019年12月31日我国沪深两市实施定向增发的A股上市公司为研究样本，剔除如下样本数据：①ST、ST*的公司；②金融、保险类上市公司；③资产负债率大于1的上市公司；④财务数据缺失的样本。定向增发数据来源于Wind数据库，上市公司其他财务数据来源于CSMAR数据库。本书采用STATA软件进行数据处理，基本数据初步描述统计后，通过倾向得分匹配法（PSM）和双重差分法（DID）回归分析不同产权性质情况下定向增发定价规则对大股东利益输送和企业创新的影响。

8.2.2 研究方法简述

《上市公司证券发行管理办法》明确定向增发基准日为股东大会决议公告日、董事会决议公告日或发行期首日，虽然大部分样本基准日选择偏向前两者，但也存在选择最后一个选项的样本数据，因此本书根据假设前提，以是否将发行期的第一日作为定价基准日为标准来划分实验样本：实验组——定向增发样本中不以发行期第一日为定价基准日的公司；控制组——定向增发样本中不以发行期第一日为定价基准日的公司。本研究根据Rosenbaum和Rubin（1983）提出的倾向得分匹配（PSM）方法来减少实验样本选择性偏误，以达到评估定价新规的效果和影响的目的。该方法原理为，基于控制对照组降低与实验组样本特征差异，实现实验组与控制组样本数据信息拟合目的，减少信息差异造成的样本选择性偏误。PSM能使实验组极大程度匹配到高相似控制组，在样本数据处理中能降低样本内生性偏差。虽然倾向匹配能够通过再抽样方法来提高检测效率，但在倾向得分共同取值范围较小时，再抽样将会损失较多观测数据，使剩余数据不具有实验性，而且不可测变量的存在也会造成隐性误差。

为解决上述方法中存在的误差，同时考虑了随机试验中被解释变量在实施时间前后存在效果差异，或者说即使不实施，实验数据本身存在时间趋势发展，则可引入双重差分法来解决遗漏变量偏差和内生变量偏差，消除时间效应和分组效应的影响。在假设两组数据时间趋势一致的条件下，于两组面板数据（y_{treat} 和 $y_{control}$）基础上剔除实验组和控制组的实验前差异影响可得到双重差分估计变量，记为 $\hat{\beta}_{DID}$，表示两组实验数据前后平均变化量差。

$$\hat{\beta}_{DID} = (\Delta \bar{y}_{treat,2} - \Delta \bar{y}_{treat,1}) - (\Delta \bar{y}_{control,2} - \Delta \bar{y}_{control,1})$$

被解释变量 y_{ti} 与实验组虚拟变量（解释分组数据差异；Group = 1 时样本为实验组，Group = 0 时样本为控制组），实验期虚拟变量（解释实验前后数据差异；Time = 1 时为实验后，Time = 0 时为实验前）的线性方程中，交互项 $Group_i \cdot Time_i$（度量政策效应）系数 β_1 为双重差分估计量。

$$y_{it} = \beta_0 + \beta_1 Group_i \cdot Time_i + \beta_2 Group_i + \beta_3 Time_i + \varepsilon_{it}$$

以验证假设 2 为例，PSM – DID 及其检验的步骤如下。

第一步，获取倾向得分值（P-score）。选出尽可能影响被解释变量和虚拟变量的协变量，据此估计倾向得分 P-score[①]（匹配方法：最近邻匹配法、卡尺匹配法、马氏匹配法）。

第二步，进行倾向得分匹配。若实验样本充足且高质，匹配数值重叠范围较大，则认为倾向估计较准确，数据均匀且平衡。剔除控制组匹配得分高于或低于实验组样本的数据，并将其归为集合。但由于处理组和控制组数据计量单位不同，为减少匹配误差，应对每个变量进行标准化差距，如下：

$$\frac{|\bar{x}_{treat} - \bar{x}_{control}|}{\sqrt{\dfrac{S_{x,treat}^2 + S_{x,control}^2}{2}}}$$

其中，$S_{x,treat}^2$ 和 $S_{x,control}^2$ 为处理组和控制组的方差，且方差值一般不超过 10%。由于本实验采用 STATA. 16 作为数据处理工具，因此不详细列出计算过程。

[①] P 值基于可忽略性假设成立前提下 X 事件的条件概率：P（X）= Ps［D = 1｜X］= E［D｜X］。例如在 X 特征下，某公司选择发行期首日作为定价的基准日的条件概率 D 为虚拟变量，D = 1，表示某公司以发行期首日为定价基准日，反之则 D = 0。

第三步，对倾向得分匹配后的数据进行平均处理，一般采用倾向得分核匹配或局部匹配回归估计 ATT。例如对于第 i 家公司，则定价新规的平均处理效果 ATT 为：

ATT = E [Y$_{1i}$ – Y$_{0i}$ | D$_i$ = 1]

= E {E [Y$_{1i}$ – Y$_{0i}$ | D$_i$ = 1P (X$_i$)]}

= E {E [Y$_{1i}$ | D$_i$ = 1, P (X$_i$)] – E [Y$_{0i}$ | D$_i$ = 0, P (X$_i$)] | D$_i$ = 1}

其中，Y$_{1i}$ – Y$_{0i}$ 为同一公司定价基准日类型面板数据差异对大股东利益输送的影响。

第四步，数据回归分析。一般运用 Logit 和 Probit 模型进行回归，例如，

P (X$_i$) = Ps (D$_i$ = 1 | X$_i$) = esp (x$_i$β$_k$) / ∑$_k^1$esp (x$_i$β$_k$)

其中，∑esp ( ) 代表 Logit 模型累积分布函数，X$_i$ 是协变量，与被解释变量有显著性关系，β 是相应参数向量。

第五步，双重差分估计。选定与处理组相关性较高的协变量，以使可忽略性假设成立，并对实验组和控制组数据进行差分处理，构建回归模型。定价新规实施后，实验组和控制组数据应分别去除定价新规之前潜在发生结果，以检验新规颁布对大股东利益输送的影响。

第六步，假设检验。对双重差分匹配后的数据进行匹配检验，若相关协变量组间差异均不显著，而被解释变量即结果变量差分处理后仍然显著，则说明政策实施前后效果差异明显。

8.2.3 变量定义

1. 被解释变量

为考察定向增发发行折价 *DISCOUNT*，采用 Baek（2006）研究方法，变量定义与第 5 章一致，不再赘述。

R&D，企业各年创新能力的指标，用年末研发投入总额与期末总资产的比值衡量企业对创新项目的投入比例，在本研究中验证定向增发新规对企业研发投入方面的创新能力的影响。

Patents，企业创新技术产出能力，采用年度已注册专利技术来衡量这一指标，在本研究中解释定向增发新规与企业技术产出方面的创新能力之间的关系。

2. 解释变量

BIG 表示大股东是否参加定向增发认购活动。若 *BIG* = 1，大股东参与定

向增发；BIG = 0，则大股东不参与定向增发。

BIG_RATE 表示大股东定向增发股持股比例。大股东持股比例可衡量其在定向增发中的参与度和在管理层中所享权益多寡。

DT（Date Type）表示定向增发定价基准日的类型，为虚拟变量。本研究主要关注以定向增发发行期首日为定价基准日的公司样本。设 DT = 1 时，是以发行日首日为定价基准日的样本，作为实验组；DT = 0 时则为其他样本，作为控制组。

Time 表示定向增发新规实行临界点，为虚拟变量。Time = 1，表示已执行定价新规；Time = 0，表示未执行定价新规。

PMS（Private Placement of Major Shareholder）描述参与定向增发的大股东利益输送行为效果。实施利益输送为 1，作为实验组；未实施利益输送为 0 作为控制组。

3. 主要控制变量

Lev，资产负债率，定义为公司总负债与总资产之比，作为衡量公司资产债务比例的财务杠杆指标。

Roe，净资产收益率，定义为公司净利润与股东权益之比，作为衡量公司股东投资收益的指标。

TobinQ，托宾 Q 值，定义为公司市场价值与资产重置成本之比，用来衡量企业成长实力和自身掌握的投资机会。

Fraction，定向增发股发行规模，定义为公司定增发行股数与定增后实际发行股数之比。

Size，上市公司规模，定义为公司期末总资产的自然对数。

SOE，产权性质，定义为虚拟变量，民营企业为 1，国有企业为 0。

表 8.1 变量定义表

变量	变量描述	定义
被解释变量		
DISCOUNT	定向增发折价率	折价率 =［（首日收盘价 − 定向增发价格）/首日收盘价］× 100
R&D	企业创新能力指标	研发投入 = 年末研发投入总额/期末总资产
Patents	企业研发产出能力指标	以企业在实验期已获得专利数作为衡量标准
解释变量		
BIG	大股东是否认购	虚拟变量，大股东认购增发股票为 1，未认购增发股票为 0

续表

变量	变量描述	定义
BIG_RATE	大股东持股比例	大股东认购定向增发股份比例
DT	定价基准日类型	虚拟变量,以发行期首日作为定价基准日为1,作为实验组,反之作为控制组
$Time$	定价新规是否实施	虚拟变量,实验组与控制组样本数据时间趋势。新规实施后为1,作为实验组;新规实施前为0,作为控制组
PMS	是否实施利益输送	虚拟变量,用以检验定价新规的政策效应。实施利益输送为1,作为实验组;反之为0,作为控制组
控制变量		
Lev	资产负债率	资产负债率 = 负债总额/资产总额
Roe	净资产收益率	净资产收益率 = 净利润/股东权益
$TobinQ$	托宾Q值	托宾Q值 = 公司市场价值/资产重置成本
$Fraction$	定向增发股发行规模	发行规模 = 本次定向增发股数/增发后股数
$Size$	上市公司规模	期末总资产的自然对数
SOE	产权性质	虚拟变量,民营企业为1,国有企业为0

8.2.4 回归模型设定

市场股价和实际发行价格之间的差额是折价的基础,发行企业根据股票溢价来补偿股东。大股东认购定向增发股情况、认购程度以及定价基准日类型能够反映大股东在定向增发中进行利益输送的情况,产权性质不同的企业对定向增发新规的敏感度不同。基于发行企业内部创新能力与大股东利益输送行为的关系,本章根据假设1、假设2和假设3建立以下线性回归模型,变量解释如上表,ε 为遗漏变量,另外引入控制变量组 $Control$ 完善模型。

$$DISCOUNT = \beta_0 + \beta_1 BIG + \Sigma \beta_i CONTROL_i + \varepsilon \quad (8-1)$$

$$DISCOUNT = \beta_0 + \beta_1 BIG\_RATE + \Sigma \beta_i CONTROL_i + \varepsilon \quad (8-2)$$

$$DISCOUNT = \beta_0 + \beta_1 DT + \Sigma \beta_i CONTROL + \varepsilon \quad (8-3)$$

$$R\&D = \beta_0 + \beta_1 DT + \Sigma \beta_i CONTROL + \varepsilon \quad (8-4)$$

$$Patents = \beta_0 + \beta_1 DT + \Sigma \beta_i CONTROL_i + \varepsilon \quad (8-5)$$

根据假设2可知,定价新规实施前后市场存在政策差异,定向增发定价基准日的选择在"17细则"出台前后所受限制力度大不相同,表现为随政策趋势的变化,管制更加严格。本研究建立 DID 模型来降低实验内生性误差和检验新规政策效应,以实现对比大股东利益输送现象与新规之间的内在联系。

相关变量解释如上表，其中 $BIG \times Time$ 是重点观测的交叉项，用以衡量实验组政策效应，β_1 为双重差分估计量，用以检测实验前后变化差，$CONTROL$ 为控制项，ε 为遗漏变量。

$$DISCOUNT_{i,t} = \beta_0 + \beta_1 BIG_{i,t} \times Time_t + \beta_2 BIG_{i,t} + \beta_3 Time_t + \gamma \Sigma CONTROL_{i,t} + \varepsilon_{i,t}$$
(8-6)

根据假设 3 可知，大股东利益输送行为受新规抑制，将能有效促进定向增发融资资本良性运作，支持企业对创新项目投资。因此，引入被解释变量 $R\&D$ 和 $Patents$ 来分别表示企业创新研发投入能力和研发产出能力；解释变量 PMS 代表组间效应，用于评估参与定向增发的大股东是否进行利益输送；采用样本数据中定向增发折价均值和大股东持股比例作为衡量标准，即在处理样本中，$DISCOUNT$ 高于均值或 BIG_RATE 较高的情况下存在利益输送行为，则 $PMS=1$，反之 $PMS=0$，大股东不进行利益输送。考虑到企业产权性质差异会影响被解释变量回归结果，因此在模型（8-6）的基础之上引入产权性质虚拟变量以改进 DID 模型，方便实验操作。$CONTROL$ 为控制项，ε 为遗漏变量。

$$R\&D_{i,t} = \beta_0 + \beta_1 PMS_{i,t} \times Time_t \times SOE + \beta_2 PMS_{i,t} + \beta_3 Time_{i,t} + \sigma \Sigma CONTROL_{i,t} + \varepsilon_{i,t}$$
(8-7)

$$Patents_{i,t} = \beta_0 + \beta_1 PMS_{i,t} \times Time_{i,t} \times SOE + \beta_2 PMS_{i,t} + \beta_3 Time_{i,t} + \sigma \Sigma CONTROL_{i,t} + \varepsilon_{i,t}$$
(8-8)

由于模型（8-7）和（8-8）控制变量与遗漏变量之间或存在相关性，尽管经过倾向得分匹配后的样本数据自我选择性误差可减少，但可能得不到一致性假设检验结果，因此对假设 2、假设 3 的样本数据再进行双重差分处理，以达到降低实验组和控制组实验前自身性偏误的目的。最后对筛选样本进行多元回归分析，本章选定资产负债率（Lev）、净资产收益率（Roe）、上市公司规模（$Size$）、定向增发股发行规模（$Fraction$）和托宾 Q 值（$TobinQ$）作为控制变量进行样本回归匹配，以达到降低控制组被选样本个体维度，提高匹配效率的目的。

8.3 实证结果与分析 I

8.3.1 定增旧规与隧道效应描述性统计分析

虽然本书第 5 章至第 7 章已经验证了定向增发旧规与隧道效应的关系，

由于样本范围略有差异,为了结果的稳健性,本章依然对定向增发旧规与大股东利益输送现象进行数据验证与分析。

表8.2、表8.3和表8.4分别为定向增发新规实施前上市公司总样本、民营上市公司和国有上市公司分组样本实验变量描述性统计结果。

表8.2　上市公司总样本描述性统计

变量	样本量	均值	标准差	最小值	最大值
DISCOUNT	1207	22.609	22.781	-102.85	89.3
BIG	1207	0.355	0.479	0	1
BIG_RATE	1207	16.933	29.905	0	100
TobinQ	1207	2.464	1.646	0.722	23.336
Lev	1207	0.341	0.187	0	0.925
Roe	1207	0.048	0.076	-0.914	0.38
Size	1207	22.356	1.038	20.274	27.294
Fraction	1207	0.125	0.103	0.001	0.841

表8.3　民营上市公司分组样本描述性统计

变量	样本量	均值	标准差	最小值	最大值
DISCOUNT	802	23.526	23.168	-102.85	89.3
BIG	802	0.328	0.47	0	1
BIG_RATE	802	16.197	29.928	0	100
TobinQ	802	2.662	1.761	0.722	23.336
Lev	802	0.316	0.172	0	0.877
Roe	802	0.053	0.062	-0.433	0.38
Size	802	22.145	0.89	20.475	26.446
Fraction	802	0.112	0.094	0.001	0.682

表8.4　国有上市公司分组样本描述性统计

变量	样本量	均值	标准差	最小值	最大值
DISCOUNT	405	20.794	21.911	-60.96	84.53
BIG	405	0.407	0.492	0	1
BIG_RATE	405	18.39	29.843	0	100
TobinQ	405	2.072	1.306	0.847	12.06
Lev	405	0.39	0.205	0	0.925
Roe	405	0.039	0.097	-0.914	0.279
Size	405	22.774	1.176	20.274	27.294
Fraction	405	0.15	0.115	0.005	0.841

通过比较三表数据可知，定向增发发行折价率（DISCOUNT）总样本均值（mean）22.609%与表8.3中民营上市公司折价均值23.526%较为接近，而表8.4国有上市公司折价均值低于前两者，为20.794%。因此，可初步推断定向增发发行折价率与公司产权性质存在相关性，且这种性质差异与假设1b初步吻合。另外，描述性统计结果显示大股东参与度（BIG）在总体样本、国有企业、民营企业参与度均较高，为后文多元回归检验大股东参与度（BIG）与定向增发发行折价率（DISCOUNT）之间的关系做铺垫。

8.3.2 定增旧规与隧道效应相关性分析

表8.5、表8.6和表8.7分别列示定向增发新规颁布前各类样本主要变量的相关性分析结果。

表8.5　上市公司总样本相关性统计

变量	DISCOUNT	BIG	BIG_RATE	TobinQ	Lev	Roe	Size	Fraction
DISCOUNT	1.000							
BIG	0.134***	1.000						
BIG_RATE	0.164***	0.761***	1.000					
TobinQ	0.224***	−0.010	0.047*	1.000				
Lev	−0.102***	0.108***	0.085***	−0.307***	1.000			
Roe	−0.022	−0.016	−0.052**	0.066***	−0.106***	1.000		
Size	−0.102***	0.029	−0.002	−0.340***	0.429***	0.067***	1.000	
Fraction	0.174***	0.100***	0.018	−0.222***	0.055**	−0.125***	0.161***	1.000

注："***""**""*"分别表示在1%、5%、10%水平上显著相关。

表8.6　民营上市公司分组样本相关性统计

变量	DISCOUNT	BIG	BIG_RATE	TobinQ	Lev	Roe	Size	Fraction
DISCOUNT	1.000							
BIG	0.234***	1.000						
BIG_RATE	0.297***	0.775***	1.000					
TobinQ	0.198***	0.030	0.086**	1.000				
Lev	−0.069*	0.071**	0.067*	−0.272***	1.000			
Roe	−0.093***	−0.030	−0.054	0.077**	−0.037	1.000		
Size	−0.124***	−0.029	−0.058*	−0.277***	0.405***	0.107***	1.000	
Fraction	0.161***	0.058*	−0.018	−0.242***	0.010	−0.204***	0.154***	1.000

注："***""**""*"分别表示在1%、5%、10%水平上显著相关。

表8.7 国有上市公司分组样本相关性统计

变量	DIGCOUNT	BIG	BIG_RATE	TobinQ	Lev	Roe	Size	Fraction
DISCOUNT	1.000							
BIG	−0.004	1.000						
BIG_RATE	−0.028	0.744***	1.000					
TobinQ	0.211***	−0.063	−0.016	1.000				
Lev	−0.127**	0.097*	0.098**	−0.325***	1.000			
Roe	0.016	0.009	−0.055	0.072	−0.129***	1.000		
Size	−0.046	0.008	−0.004	−0.366***	0.413***	0.028	1.000	
Fraction	0.160***	0.115**	0.047	−0.214***	0.017	−0.119***	0.089*	1.000

注："***""**""*"分别表示在1%、5%、10%水平上显著相关。

由表8.5可知，大股东是否认购定向增发股（BIG）、大股东参与比例（BIG_RATE）、托宾Q值（TobinQ）和定向增发股发行规模（Fraction）与定向增发股票折价率（DISCOUNT）在1%的水平上呈显著正相关关系。而上市公司规模（Size）、资产负债率（Lev）和净资产收益率（Roe）与定向增发股票折价率（DISCOUNT）呈负相关性，其中净资产负债率在各水平上不显著。

由表8.6可知，主要分析变量与表8.5上市公司相关性分析基本一致，大股东是否认购定向增发股（BIG）、大股东参与比例（BIG_RATE）、托宾Q值（TobinQ）和定向增发股发行规模（Fraction）与定向增发股票折价率（DISCOUNT）在1%的水平上呈显著正相关关系。

由表8.7可知，大股东是否认购定向增发股（BIG）、大股东参与比例（BIG_RATE）与定向增发股票折价率（DISCOUNT）的相关关系并不显著；托宾Q值（TobinQ）、发行规模（Fraction）与定向增发股票折价率（DISCOUNT）在1%的水平上呈显著正相关关系。这表明民营企业与国有企业在定向增发利益输送问题上表现出明显差异，这为后续详细实验进行大股东利益输送与定向增发新规关系验证起到铺垫作用。

8.3.3 定增旧规与隧道效应多元回归分析

表8.8列示不同产权性质公司背景下大股东认购定向增发股与折扣率的回归系数。

通过对模型（8-1）和模型（8-2）分别进行多元回归，可知上市公司

第8章 定向增发定价新规对隧道效应影响研究

总样本回归中大股东认购定向增发股的程度（BIG）和认购比例（BIG_RATE）与折价（DISCOUNT）显著正相关，这表明大股东参与定向增发较未参与的情况更能提高定向增发股折价，并且大股东积极参与时表现出的较高认购比例能显著促进折价率的提升，这与假设1a一致。

根据民营上市公司和国有上市公司分组样本回归结果可知，大股东认购定向增发股的程度（BIG）和认购比例（BIG_RATE）与折价（DISCOUNT）在民营组呈显著正相关，在国有组呈非显著性，这与假设1a的猜想基本一致，且分组样本回归结果也证明了假设1b民营和国有上市公司中大股东在定向增发认购时存在利益输送的差异。

表8.8 不同产权性质情况下大股东认购与定向增发发行折价的回归结果

被解释变量	DISCOUNT					
分组	上市公司		民营上市公司		国有上市公司	
回归模型	Model (8-1)	Model (8-2)	Model (8-1)	Model (8-2)	Model (8-1)	Model (8-2)
BIG	6.294*** (1.303)		10.221*** (1.624)		0.712 (2.116)	
BIG_RATE		0.128*** (0.021)		0.206*** (0.025)		-0.004 (0.035)
TobinQ	3.937 (4.382)	3.831 (4.355)	8.106* (4.806)	8.270* (4.728)	-8.226 (10.745)	-7.894 (10.765)
Lev	-0.325 (3.865)	-1.174 (3.847)	4.592 (5.063)	2.680 (4.997)	-1.716 (5.823)	-1.506 (5.821)
Roe	29.176 (36.272)	32.644 (36.037)	-93.284 (67.970)	-82.951 (66.894)	91.457* (47.757)	91.774* (47.755)
Size	-1.007 (0.691)	-0.925 (0.687)	-2.373** (0.970)	-2.186** (0.956)	1.686* (1.009)	1.663* (1.009)
Fraction	44.475*** (6.436)	46.435*** (6.367)	50.193*** (8.734)	53.625*** (8.568)	42.338*** (9.411)	42.675*** (9.372)
_cons	30.053** (15.160)	28.514* (15.072)	58.523*** (21.018)	54.994*** (20.694)	-32.861 (23.009)	-32.103 (22.988)
Obs.	1203	1203	799	799	404	404
R-squared	0.130	0.140	0.168	0.194	0.155	0.155

注："***""**""*"分别表示在1%、5%、10%水平上显著相关。

8.4 实证结果与分析 II

8.4.1 定增新规与隧道效应描述性统计分析

表 8.9、表 8.10 和表 8.11 分别列示了加入定价基准日类型（DT）虚拟变量的上市公司总样本、民营上市公司和国有上市公司的描述性统计结果。

表 8.9 上市公司总样本描述性统计

变量	样本量	均值	标准差	最小值	最大值
DISCOUNT	1608	19.405	21.99	-102.85	89.3
DT	1608	0.192	0.394	0	1
TobinQ	1608	2.302	1.525	0.722	23.336
Lev	1608	0.348	0.191	0	0.925
Roe	1608	0.048	0.092	-1.951	0.433
Size	1608	22.48	1.114	20.227	27.307
Fraction	1608	0.121	0.104	0.001	1.091

表 8.10 民营上市公司分组样本描述性统计

变量	样本量	均值	标准差	最小值	最大值
DISCOUNT	1062	19.873	22.536	-102.85	89.3
DT	1062	0.234	0.424	0	1
TobinQ	1062	2.471	1.622	0.722	23.336
Lev	1062	0.319	0.174	0	0.877
Roe	1062	0.052	0.088	-1.951	0.38
Size	1062	22.233	0.93	20.227	26.446
Fraction	1062	0.11	0.096	0.001	1.091

表 8.11 国有上市公司分组样本描述性统计

变量	样本量	均值	标准差	最小值	最大值
DISCOUNT	546	18.496	20.877	-60.96	84.53
DT	546	0.108	0.311	0	1
TobinQ	546	1.973	1.253	0.847	12.06
Lev	546	0.403	0.209	0	0.925
Roe	546	0.041	0.098	-0.914	0.433
Size	546	22.959	1.276	20.274	27.307
Fraction	546	0.142	0.113	0.001	0.841

表 8.9 显示定价基准日类型虚拟变量回归均值为 0.192，说明选择发行日首日为定价基准日的上市公司样本较其他样本少。

由表 8.10 和表 8.11 可知，民营上市公司和国有上市公司定向增发折价率和定价基准日类型均值存在差异。前者折价率为 19.873，后者为 18.496，且与总样本均值相近；前者定价基准日类型均值 0.234 较后者 0.108 高，说明民营企业在定价基准日方面受到新规政策的影响更大。

8.4.2 相关性分析

表 8.12、表 8.13 和表 8.14 分别列示三类样本与定向增发折价率的相关性分析结果。由表 8.12 可知，上市公司总样本相关性分析中，定价基准日与定向增发折价率呈显著负相关关系。由表 8.13 可知，民营上市公司定价基准日与定向增发折价率呈显著负相关性，与上市公司总样本相关性分析结果相同。

表 8.12　上市公司总样本相关性统计

变量	DISCOUNT	DT	TobinQ	Lev	Roe	Size	Fraction
DISCOUNT	1.000						
DT	−0.251***	1.000					
TobinQ	0.224***	0.013	1.000				
Lev	−0.102***	−0.086***	−0.307***	1.000			
Roe	−0.022	−0.022	0.066***	−0.106***	1.000		
Size	−0.102***	−0.073***	−0.340***	0.429***	0.067***	1.000	
Fraction	0.174***	−0.174***	−0.222***	0.055**	−0.125***	0.161***	1.000

注："***""**""*"分别表示在 1%、5%、10% 水平上显著相关。

表 8.13　民营上市公司分组样本相关性统计

变量	DISCOUNT	DT	TobinQ	Lev	Roe	Size	Fraction
DISCOUNT	1.000						
DT	−0.298***	1.000					
TobinQ	0.230***	−0.020	1.000				
Lev	−0.076**	−0.072**	−0.264***	1.000			
Roe	−0.043	−0.037	0.059*	−0.080***	1.000		
Size	−0.122***	−0.060*	−0.297***	0.398***	0.115***	1.000	
Fraction	0.183***	−0.156***	−0.214***	0.018	−0.105***	0.180***	1.000

注："***""**""*"分别表示在 1%、5%、10% 水平上显著相关。

表 8.14 国有上市公司分组样本相关性统计

变量	DISCOUNT	DT	TobinQ	Lev	Roe	Size	Fraction
DISCOUNT	1.000						
DT	-0.153***	1.000					
TobinQ	0.205***	0.020	1.000				
Lev	-0.141***	-0.025	-0.347***	1.000			
Roe	0.013	-0.019	0.057	-0.123***	1.000		
Size	-0.064	0.032	-0.372***	0.388***	0.057	1.000	
Fraction	0.179***	-0.167***	-0.193***	0.035	-0.139***	0.057	1.000

注:"***""**""*"分别表示在1%、5%、10%水平上显著相关。

由表8.14可知,国有上市公司定价基准日与定向增发折价率显著负相关,主要因为国有上市公司大股东为政府机构,本质上不存在外部大股东参与定向增发融资活动并择时实施利益输送行为的可能。因此,无论企业类型如何,定价基准日为发行期首日都显著抑制了定增折价。其他主要变量相关性分析的结果与前述基本一致,不再复述。

8.4.3 定增新规与隧道效应多元回归分析

表8.15列示上市公司总样本、民营和国有上市公司基于模型(8-3)的回归分析结果。

表 8.15 三类样本回归分析结果

被解释变量		DISCOUNT	
分组	上市公司	民营上市公司	国有上市公司
回归模型	Model(8-3)	Model(8-3)	Model(8-3)
DT	-13.266*** (1.310)	-14.707*** (1.502)	-8.954*** (2.724)
TobinQ	3.816 (3.666)	4.580 (4.216)	2.649 (7.599)
Lev	-1.578 (3.036)	4.161 (4.049)	-4.030 (4.591)
Roe	2.323 (18.295)	-10.360 (20.381)	73.068* (42.533)

续表

被解释变量	DISCOUNT		
分组	上市公司	民营上市公司	国有上市公司
回归模型	Model (8-3)	Model (8-3)	Model (8-3)
$Size$	-0.925* (0.523)	-2.653*** (0.770)	1.329* (0.750)
$Fraction$	42.143*** (5.160)	50.481*** (6.873)	37.879*** (7.752)
$\_cons$	30.377*** (11.569)	67.174*** (16.739)	-23.326 (17.363)
$Obs.$	1600	1056	544
$R-squared$	0.179	0.215	0.160

注："***""**""*"分别表示在1%、5%、10%水平上显著相关。

由此可知，上市公司总样本中定价基准日类型（DT）与定向增发折价率（$DISCOUNT$）显著负相关，说明选择发行期首日为定价基准日能进一步抑制定向增发折价率的提高，从而削弱大股东利益输送效应，支持假设2。

民营公司定价基准日回归值与上市公司总样本结果基本一致，都为显著负相关，这表明民营上市公司选择发行期首日发行定向增发股显著降低定向增发折价率。国有上市公司回归系数为显著负相关，但相比于民营企业的回归值却较小，这说明国有上市公司受定价基准日选择和定向增发新规的影响较小。此外，根据前文的回归结果可知，在国有企业中大股东参与与定向增发发行折价之间的相关性并不显著，说明在国有企业不存在利益输送行为。因此，定价基准日（DT）的变动所带动的国有企业定向增发发行折价的下降，是整体发行环境带动的下降趋势。后文将通过DID进一步检验。

8.5 实证结果与分析Ⅲ

8.5.1 定增新规与企业创新描述性统计分析

表8.16、表8.17和表8.18分别列示上市公司总样本、民营和国有上市公司分组样本创新能力系数（$R\&D$）、定价基准日（DT）和其他主要变量的描述性统计结果。

由表 8.16 可知，上市公司创新能力均值为 1.881，定价基准日类型均值为 0.192，企业研发产出均值为 4.29。表 8.17 中民营上市公司变量统计结果显示创新投入产出和基准日均值均高于总样本，表 8.18 中国有上市公司变量统计结果则显示较低数值，这说明不同产权性质上市公司的创新研发投入力度不一，与假设 3 中阐述观点一致，同时也为下文进一步开展双重差分倾向分析做铺垫。

表 8.16　上市公司总样本描述性分析

变量	样本量	均值	标准差	最小值	最大值	样本量	均值	标准差	最小值	最大值
R&D/Patents	1608	1.881	1.696	0	19.034	844	4.29	1.772	0	10.955
DT	1608	0.192	0.394	0	1	844	0.168	0.374	0	1
TobinQ	1608	2.302	1.525	0.722	23.336	844	2.423	1.513	0.898	14.615
Lev	1608	0.348	0.191	0	0.925	844	0.336	0.183	0	0.925
Roe	1608	0.048	0.092	-1.951	0.433	844	0.051	0.066	-0.694	0.433
Size	1608	22.48	1.114	20.227	27.307	844	22.336	1.051	20.274	27.294
Fraction	1608	0.121	0.104	0.001	1.091	844	0.115	0.09	0.001	0.841

表 8.17　民营上市公司分组样本描述性分析

变量	样本量	均值	标准差	最小值	最大值	样本量	均值	标准差	最小值	最大值
R&D/Patents	1062	1.918	1.57	0.001	19.034	594	4.238	1.752	0	10.955
DT	1062	0.234	0.424	0	1	594	0.212	0.409	0	1
TobinQ	1062	2.471	1.622	0.722	23.336	594	2.583	1.505	0.898	14.615
Lev	1062	0.319	0.174	0	0.877	594	0.309	0.165	0	0.85
Roe	1062	0.052	0.088	-1.951	0.38	594	0.055	0.058	-0.385	0.316
Size	1062	22.233	0.93	20.227	26.446	594	22.087	0.809	20.531	25.582
Fraction	1062	0.11	0.096	0.001	1.091	594	0.102	0.073	0.001	0.437

表 8.18　国有上市公司分组样本描述性分析

变量	样本量	均值	标准差	最小值	最大值	样本量	均值	标准差	最小值	最大值
R&D/Patents	546	1.807	1.916	0	13.574	250	4.413	1.817	0	10.324
DT	546	0.108	0.311	0	1	250	0.064	0.245	0	1
TobinQ	546	1.973	1.253	0.847	12.06	250	2.043	1.465	0.95	12.06
Lev	546	0.403	0.209	0	0.925	250	0.403	0.205	0.001	0.925
Roe	546	0.041	0.098	-0.914	0.433	250	0.041	0.083	-0.694	0.433
Size	546	22.959	1.276	20.274	27.307	250	22.929	1.296	20.274	27.294
Fraction	546	0.142	0.113	0.001	0.841	250	0.146	0.117	0.003	0.841

8.5.2 定增新规与企业创新相关性分析

表 8.19 和表 8.20 分别列示样本对企业创新能力（R&D）、企业研发产出能力指标（Patents）与企业定价基准日（DT）以及其他主要变量的相关性分析结果。

表 8.19　模型（8-4）上市公司总样本相关性分析

变量	R&D	DT	TobinQ	Lev	Roe	Size	Fraction
R&D	1.000						
DT	0.041*	1.000					
TobinQ	0.143***	0.013	1.000				
Lev	-0.075***	-0.086***	-0.307***	1.000			
Roe	0.110***	-0.022	0.066***	-0.106***	1.000		
Size	-0.173***	-0.073***	-0.340***	0.429***	0.067***	1.000	
Fraction	-0.216***	-0.174***	-0.222***	0.055**	-0.125***	0.161***	1.000

注："***""**""*"分别表示在1%、5%、10%水平上显著相关。

表 8.20　模型（8-5）上市公司总样本相关性分析

变量	Patents	DT	TobinQ	Lev	Roe	Size	Fraction
Patents	1.000						
DT	0.039	1.000					
TobinQ	-0.058*	0.088**	1.000				
Lev	0.075**	-0.177***	-0.291***	1.000			
Roe	0.090***	0.025	0.055	-0.060*	1.000		
Size	0.218***	-0.149***	-0.356***	0.435***	0.045	1.000	
Fraction	-0.109***	-0.169***	-0.254***	0.040	-0.166***	0.157***	1.000

注："***""**""*"分别表示在1%、5%、10%水平上显著相关。

由表 8.19 可知，上市公司创新能力系数与定价基准日呈显著正相关关系，这说明定向增发以发行期首日为定价基准日时，可通过加大对创新项目的资金投入促进内部科技创新；再者，定向增发新规对企业综合创新发展起正向推动作用。由表 8.20 可知，上市公司研发产出能力指标与定价基准日相关性呈正方向，这表明企业创新投入一定程度上受定价基准日选择的影响，定向增发新规使大股东进行资本运作时敏感性提高，促进企业向创新项目注入资金，进而有助于形成更多创新专利，初步验证假设 3。

8.5.3 定增新规与企业创新多元回归分析

表 8.21 列示上市公司总样本基于模型（8-4）和模型（8-5）的回归结果。

表 8.21 上市公司总样本基于模型（8-4）和模型（8-5）的回归分析

被解释变量	R&D	Patents
回归模型	Model（8-4）	Model（8-5）
DT	0.217*** (0.079)	0.246* (0.145)
TobinQ	0.010 (0.025)	-0.022 (0.041)
Lev	0.008 (0.204)	-0.009 (0.350)
Roe	0.912*** (0.311)	1.251 (0.829)
Size	-0.263*** (0.039)	0.407*** (0.067)
Fraction	-1.626*** (0.323)	-1.926*** (0.652)
_cons	-0.095 (0.103)	0.037 (0.152)
Obs.	1608	844
$PseudoR^2$	z	z

注："***""**""*"分别表示在1%、5%、10%水平上显著相关。

由表可知，模型（8-4）中上市公司样本中定价基准日与创新力指数呈显著正相关关系，这表明大股东利益输送行为受新规制约而使发行企业有更强大的创新能力；模型（8-5）中上市公司样本中，定价基准日与研发产出能力指数显著正相关，这表明以发行期首日作为定价基准日可以促进企业的创新投入与创新产出，这极可能是因为大股东利益输送行为受到新规的抑制，从而使更多的定向增发资金流向研发投入活动。

8.6 PSM-DID 实证结果与分析Ⅰ

为降低实验样本选择性偏差，本节将采用倾向得分匹配法和双重差分法对假设2所建模型样本依次进行控制组挑选匹配和组间误差消除工作，以验证定向增发新规中定价基准日的改变对大股东利益输送行为的影响。

8.6.1 定增新规与隧道效应描述性统计分析

表8.22列示了上市公司整体样本主要变量描述性统计的结果。通过对比各控制变量之间方差大小可知，托宾Q值、资产负债率、上市公司规模和定向增发股发行规模的样本数据波动都较大。

表8.22 各组样本描述性统计

变量	上市公司			民营上市公司			国有上市公司		
	样本量	均值	标准差	样本量	均值	标准差	样本量	均值	标准差
DISCOUNT	1608	19.405	21.99	1062	19.873	22.536	546	18.496	20.877
DT	1608	0.192	0.394	1062	0.234	0.424	546	0.108	0.311
TobinQ	1608	2.302	1.525	1062	2.471	1.622	546	1.973	1.253
Lev	1608	0.348	0.191	1062	0.319	0.174	546	0.403	0.209
Roe	1608	0.048	0.092	1062	0.052	0.088	546	0.041	0.098
Size	1608	22.48	1.114	1062	22.233	0.93	546	22.959	1.276
Fraction	1608	0.121	0.104	1062	0.11	0.096	546	0.142	0.113
SOE	1608	0.66	0.474	1062	1	0	546	0	0

8.6.2 倾向得分匹配效果分析

将上述描述性统计表中方差较大的控制变量作为得分匹配协变量，并根据模型（8-3）对实验组和控制组样本进行一一匹配，由于样本数量不大，本实验采取有放回匹配，以提高匹配质量。

表8.23 变量匹配前后差异

变量	Unmatched/Matched	Mean		% reduct		t-test		V（T）/V（C）
		Treated	Control	% bias	bias	t	p＞t	
TobinQ	U	2.668	2.732	-3.200		-0.640	0.522	1.560*
	M	2.620	2.606	0.700	78.200	0.130	0.895	1.190*
Lev	U	0.377	0.333	22.800		4.390	0.000	1.100
	M	0.377	0.377	0.100	99.600	0.020	0.987	1.050

续表

变量	Unmatched/Matched	Mean Treated	Mean Control	% reduct % bias	% reduct bias	t-test t	t-test p>t	V(T)/V(C)
Roe	U	0.046	0.050	-3.700		-0.690	0.493	0.700*
	M	0.046	0.050	-4.100	-9.800	-0.790	0.428	1.300*
Size	U	22.528	22.458	6.200		1.200	0.230	1.230*
	M	22.530	22.511	1.700	73.200	0.280	0.779	1.270*
Fraction	U	0.135	0.113	21.100		4.010	0.000	0.930
	M	0.135	0.138	-2.900	86.200	-0.420	0.671	0.580*

注："***""**""*"分别表示在1%、5%、10%水平上显著相关。

表8.23为处理组和控制组样本匹配前后差异的对比结果,据此可知,除了Lev组,已匹配的（Matched）各组样本偏差均在5%水平上显著,匹配前后差异显著降低,这说明实验组样本能在控制组内找到与之相似度较高的平行样本,有效降低偏差。另外,由匹配密度图可知,得分匹配后处理组和实验组相关变量拟合度较高,说明两组企业之间的共同特性的较显著,匹配效果较好。

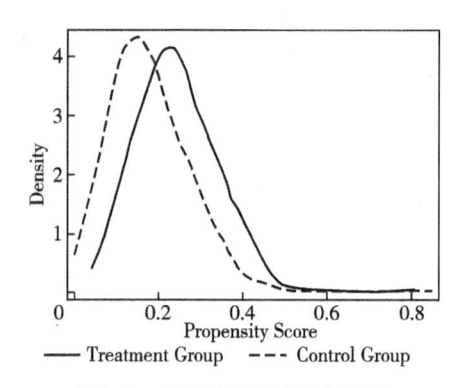

图8.1 匹配前的核密度函数图

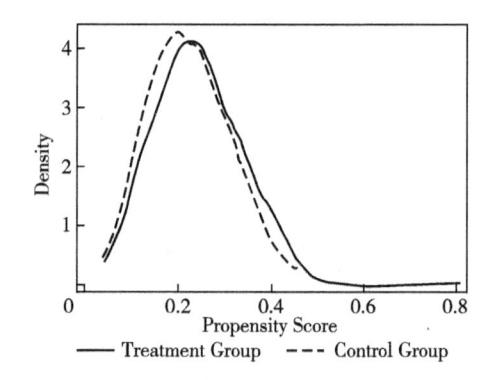

图8.2 匹配后的核密度函数图

表8.24为检验匹配稳健性而拟用最近邻匹配法、卡尺匹配法和马氏匹配法对各样本组的处理组和控制组匹配对比。由表可知,在各类匹配方法下,上市公司全样本已匹配的处理组（Treated）系数和控制组（Controls）系数均不大于未匹配的系数,且匹配的平均处理效应ATT绝对值不大于未匹配的平均处理效应ATT绝对值,这说明定向增发折价率在PSM处理后大幅降低,并且处理组和控制组匹配前后T值均为负,这表明选择发行期第一日为定价基

准日可降低定向增发股溢价，侧向说明定价新规实施对降低大股东择日侵害弱者利益的风险的可行性意义。

从产权性质角度来看，在民营上市公司样本组内，已匹配的处理组（Treated）系数和控制组（Controls）系数均不大于未匹配的系数，且匹配的平均处理效应 ATT 绝对值不大于未匹配的平均处理效应 ATT 绝对值，这说明在民营企业组内定向增发折价率在 PSM 处理后大幅降低，并且处理组和控制组匹配前后 T 值均为负，这表明在民营企业中选择发行期第一日为定价基准日可降低定向增发股溢价，即支持假设 2 定价新规抑制折价率的观点。而国有上市公司匹配前后差异较不明显，说明国有上市公司对定价新规的反应较小。

表 8.24 匹配方法比较

分组	变量	Sample		Treated	Controls	ATT	s.e.	t-stat
上市公司总样本组	DISCOUNT	Unmatched		8.054	22.095	-14.041	1.349	-10.410***
		Matched	最近邻匹配	8.032	20.152	-12.120	1.786	-6.790***
			卡尺匹配	7.842	20.288	-12.446	2.175	-5.720***
			马氏匹配	8.054	19.393	-11.340	1.621	-7.000***
民营上市公司样本组		Unmatched		7.757	23.584	-15.827	1.559	-10.150***
		matched	最近邻匹配	7.728	21.082	-13.354	2.098	-6.360***
			卡尺匹配	6.540	18.163	-11.624	2.952	-3.940***
			马氏匹配	7.757	19.911	-12.154	1.925	-6.320***
国有上市公司样本组		Unmatched		9.307	19.610	-10.303	2.846	-3.620***
		matched	最近邻匹配	9.235	10.124	-0.889	4.482	-0.200
			卡尺匹配	9.235	9.793	-0.558	4.305	-0.130
			马氏匹配	9.307	15.892	-6.585	3.481	-1.890

注："***""**""*"分别表示在 1%、5%、10% 水平上显著相关。

8.6.3 定增新规与隧道效应双重差分结果与分析

为进一步分析定价新规政策的实施效应，以及对比 2017 年前后时间倾向维度变化，本节根据前述倾向得分匹配分析结果，对样本数据进行双重差分分析。表 8.25 为上市公司全样本、民营上市公司和国有上市公司样本据双重差分模型（8-6）回归的结果。

表 8.25　定增新规与隧道效应的双重差分回归分析

被解释变量	DISCOUNT					
分组	上市公司		民营上市公司		国有上市公司	
BIG × Time	-5.430*	-4.682*	-8.645**	-7.529**	-2.005	-2.053
BIG	7.135***	6.406***	11.543***	10.304***	0.136	0.555
Time	-10.317***	-8.377***	-11.851***	-9.624***	-6.511**	-5.838**
TobinQ		7.086*		8.934**		3.624
Lev		-2.194		1.835		-4.943
Roe		0.853		-14.607		-0.005
Size		-0.198		-1.578**		4.852*
Fraction		44.574***		53.205***		-2.885**
SOE		0.495				
Constant	19.252***	11.199***	18.983***	40.150**	19.846***	-14.089*

注："***""**""*"分别表示在1%、5%、10%水平上显著相关。

由表 8.25 可知，在没有引入控制变量时，交叉项 BIG × Time 在 10% 的水平上负相关，说明定价新规颁布后大股东利益输送行为受到打压，进而定向增发股折价率走低，而处理变量 BIG 和虚拟变量 Time 相关性相反，这与模型（8-1）和模型（8-2）回归结果一致；加入控制变量后，以上三个解释变量相关性不变且回归系数显著降低，再次验证大股东参与定向增发促进股票高溢价发行，定价新规的实践有助于降低定向增发股折价率的假设。另外，DID 交乘系数对结果变量 DISCOUNT 的显著时间效应和政策效应则说明颁布定价新规对大股东利益输送行为起到压制作用，再次支持假设2a。

民营上市公司差分处理时得出的回归系数显著性与总样本一致，引入控制变量后的交乘项在 5% 的水平上显著，较上市公司而言，其折价对新规的应对效应更加明显；国有组的回归结果并不显著，说明因体制特点，其大股东在定向增发中实施非理性利益窃取的概率较小。这表明国有体制的股东与非国有企业股东在利益输送问题上的差异，从而支持假设2b。

为更直接地检验"17细则"的实施效果，对双重差分结果继续进行匹配分布检验，结果见表 8.26。从中可看出处理组和实验组的政策实施效果与假设3是否一致。由下表可知，在全样本组和民营上市公司组中结果变量 DISCOUNT 在处理组和控制组中的均值差异性表现为显著，而在国有上市公司组差异不显著，说明定价新规实施对不同性质企业定向增发折价的影响程度不同。

表 8.26　差分结果检验

Weighted Variable（s）	SOE	Mean	Control	Mean	Treated	Diff.
DISCOUNT	上市公司	20.104	26.222	6.118	4.850	21.372***
	民营上市公司	20.218	29.978	9.761	6.210	23.768***
	国有上市公司	19.846	19.982	0.136	0.060	0.948

注："***""**""*"分别表示在1%、5%、10%水平上显著相关。

8.7　PSM-DID 实证结果与分析 II

8.7.1　定增新规与企业创新描述性统计分析

为验证假设 3 关于定价新规对上市公司创新能力影响的假设，本研究重新筛选出具有明确研发投入和专利登记明细的公司作为实验样本。表 8.27 为与公司内部创新能力有关的主要变量描述性统计结果。

表 8.27　企业内部创新能力描述性统计

变量	样本量	均值	标准差	样本量	均值	标准差
R&D/Patents	844	1.966	1.43	844	4.29	1.772
TobinQ	844	2.423	1.513	844	0.336	0.183
Lev	844	0.336	0.183	844	0.051	0.066
Roe	844	0.051	0.066	844	22.336	1.051
Size	844	22.336	1.051	844	0.115	0.09
Fraction	844	0.115	0.09	844	0.704	0.457
SOE	844	0.704	0.457	844	4.29	1.772

8.7.2　倾向得分匹配效果分析

据前述相关性分析，选择显著影响模型（8-7）和模型（8-8）的主要相关协变量进行倾向得分匹配，可得到下面两张前后差异对比表。由表中数据可知，各变量匹配前后偏差（bias）降低率达 90% 以上，且匹配后（Matched）的处理组和实验组偏差（%bias）绝对值都小于 5%，说明样本匹配效果很好。另外，两模型的密度函数分布图显示，匹配后曲线之间的差异在减小，拟合度更高，说明处理组和实验组变量选择符合匹配要求，有效降低了可假设偏差。

表 8.28　R&D 变量匹配前后对比

变量	Unmatched/Matched	Mean Treated	Mean Control	% reduct % bias	% reduct bias	t-test t	t-test p>t	V(T)/V(C)
TobinQ	U	2.716	2.365	23.600		2.520	0.012	0.900
	M	2.709	2.687	1.500	93.700	0.130	0.897	1.080
Lev	U	0.266	0.351	-50.000		-5.150	0.000	0.720
	M	0.270	0.272	-1.100	97.800	-0.110	0.915	1.400
Size	U	21.987	22.413	-46.500		-4.430	0.000	0.340*
	M	22.002	21.973	3.100	93.300	0.330	0.742	0.390*
Fraction	U	0.081	0.122	-53.400		-5.010	0.000	0.820
	M	0.082	0.085	-4.300	92.000	-0.470	0.635	0.810

注："***""**""*"分别表示在1%、5%、10%水平上显著相关。

表 8.29　Patents 变量匹配前后对比

变量	Unmatched/Matched	Mean Treated	Mean Control	% reduct % bias	% reduct bias	t-test t	t-test p>t	V(T)/V(C)
TobinQ	U	2.716	2.365	23.600		2.520	0.012	0.900
	M	2.709	2.687	1.500	93.700	0.130	0.897	1.080
Lev	U	0.266	0.351	-50.000		-5.150	0.000	0.720
	M	0.270	0.272	-1.100	97.800	-0.110	0.915	1.400
Size	U	21.987	22.413	-46.500		-4.430	0.000	0.390*
	M	22.002	21.973	3.100	93.300	0.330	0.742	0.820
Fraction	U	0.081	0.122	-53.400		-5.010	0.000	0.340*
	M	0.082	0.085	-4.300	92.000	-0.470	0.635	0.810

注："***""**""*"分别表示在1%、5%、10%水平上显著相关。

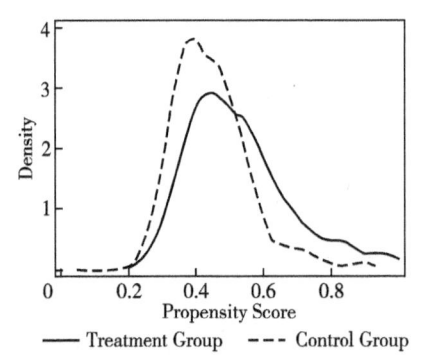

图 8.3　模型 (8-7) 匹配前的核密度函数图

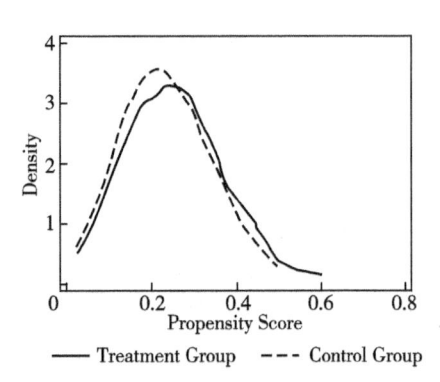

图 8.4　模型 (8-7) 匹配后的核密度函数图

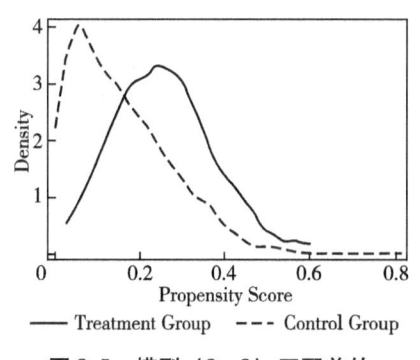

图 8.5　模型（8-8）匹配前的核密度函数图

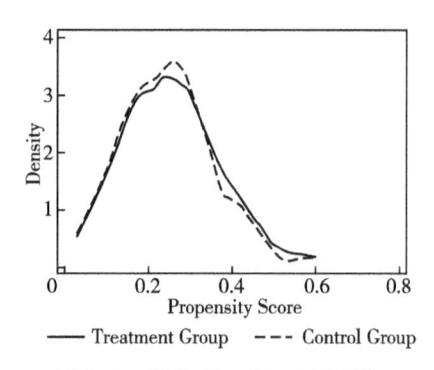

图 8.6　模型（8-8）匹配后的核密度函数图

倾向得分匹配后对上市公司研发投入和产出模型分别进行最近邻匹配、卡尺匹配和马氏匹配。结果显示，未匹配样本折价率均值都高于已匹配的样本，并且完成匹配的处理组样本各均值低于控制组均值，ATT 反映的处理效应也都呈显著负相关，说明定向增发折价率降低将有利于提高企业创新投入和产出。

8.7.3　定增新规与企业创新双重差分结果与分析

根据前述倾向得分匹配的结果，依照程序对模型（8-7）和模型（8-8）的各组样本进行双重差分回归分析，检验定向增发新规实施前后大股东利益输送对上市公司创新研发的影响。由表 8.30 中数据可知，被解释变量 R&D 和 Patents 与双重差分模型的交乘项 $PMS \times Time \times SOE$ 回归系数和反映时间效应的虚拟变量 Time 的相关性为正，而与描述大股东是否进行利益输送的虚拟变量 PMS 的相关性为负，这说明：其一，大股东利益输送行为显著影响企业创新能力；其二，定价新规颁布能够增加企业研发投入产出量；其三，"17 细则"实施后大股东利益输送行为受到显著制约，这使企业能将募集资金用于科研和持续创新发展项目中去。结果支持假设 3。

表 8.30　定增新规与企业创新的双重差分回归分析

Explained	R&D		Patents	
Model	Model（8-7）		Model（8-8）	
$PMS \times Time \times SOE$	0.890 *	1.127 **	0.655	0.655
PMS	-0.340 ***	-0.356 ***	-0.261 **	-0.165
Time	-0.059	0.025	0.193	0.129

续表

Explained	R&D		Patents	
Model	Model (8-7)		Model (8-8)	
SOE		0.109***		-0.280**
TobinQ		0.073**		-0.082*
Lev		-0.047**		
Roe		19.534***		2.054**
Fraction		-2.398***		-2.457***
Constant	2.067***	7.955***	4.340***	4.892***

注：" *** "" ** "" * "分别表示在1%、5%、10%水平上显著相关。

进一步，对处理组和实验组数据进行差分结果检验，由下表可知，模型（8-6）和模型（8-7）中的处理组和实验组变量均值在匹配后仍有显著性差异，其中 R&D 差异在1%水平上显著，Patents 差异在10%水平上显著。这再次验证定价新规对企业发展长线发展能力的积极作用和对大股东利益输送的抑制作用，与假设3一致。

表8.31 差分结果检验

Weighted Variable（s）	Mean	Control	Mean	Treated	Diff.
R&D	2.241	1.768	-0.473	4.190	2.422***
Patents	4.298	4.055	-0.243	1.850	0.0646*

注：" *** "" ** "" * "分别表示在1%、5%、10%水平上显著相关。

8.8 本章小结

本章通过 PSM-DID 方法进一步研究定向增发新规颁布对大股东利益输送及企业创新的影响，进而说明定向增发新规对隧道效应的影响程度。

①定向增发新规的修订降低了大股东利用定增旧规定价基准日选择的过度灵活性进行利益输送的可能。从宏观角度分析，投资者入市准则修正日益完善，在肃严资本市场操控上发挥了一定震慑力量。从微观角度分析，新规对市场信息一体化下交易隐含的内幕交易问题进行了详细规范，将定价基准

日唯一化、固定化、不可选择化，降低了大股东操控定价基准日的可能，从而降低了定向增发发行折价率，抑制了大股东利益输送行为。

②定价新规实施后，企业定向增发融资的资金更多地流入企业创新投入和创新研发。新规实施通过抑制大股东利益输送，规范资本市场交易行为，从而避免大股东资本运作行为，将资金更多地投入企业创新项目上。新规尤其限制民营上市企业大股东的定向增发隧道效应而支持企业创新能力的发展。

第 9 章 科创板定向增发实施规制的国际经验比较研究

2019 年 6 月 13 日,科创板正式开板,这是中国证券市场上首次采取注册制上市的板块。科创板的落地对我国的经济市场建设、证券市场的发展有着重要意义。定向增发作为近 10 年来我国证券市场上最火热的再融资方式,也必定会成为科创板市场上的上市公司的主要的再融资手段。但由于核准制到注册制的转变,目前适用于主板市场的定向增发规制并不适合对标纳斯达克的科创板市场。本章通过对比中美两国的市场环境,对比 A 股市场现行定向增发政策、科创板市场的再融资征求意见稿和纳斯达克市场的制度,总结环境差异与制度的异同。根据科创板市场的特点,初步判定科创板定向增发政策制定方向,提出建设性意见。本章结论将推动注册制下再融资政策的制定,有助于进一步完善合格投资者制度,促进机构投资者发展,增强市场融资活力。

9.1 科创板定向增发政策研究背景

科创板的落地对我国多层次的资本市场建设有着重大的意义。科创板致力于提升服务科技创新企业能力,增强市场包容性,强化市场功能。从首次公开发行的指标考量来看,指标更为多元化,上市标准十分严格。科创板一方面给诸多尚未达到 IPO 发行要求但发展前景十分可观的高新技术产业公司提供了一条新的融资渠道,另一方面也给许多在过去的 20 年间选择国外市场上市的中国公司一条归国的路径,有效解决了高新技术企业融资难的问题,同时,国内的投资者也可以享受到国内高新技术企业发展带来的红利。

上市公司进行股权再融资时有公募和私募两种选择。公募方式主要有公开增发和配股,而私募是要定向增发。1998 年前,再融资主要方式为配股,1998 年后,公开发行股票的占比开始逐年提高。2006 年 5 月,《上市公司证券发行管理办法》出台，定向增发作为一种股权再融资方式在我国首现。2007 年发布的《上市公司非公开发行股票实施细则》对非公开发行进行了细节补充，股权定向增发从此迅速发展起来，深受我国上市公司的青睐，总体融资规模不断增大。从表 9.1 来看，目前定向增发已经以绝对优势成为企业进行股权再融资的首选方式。

表 9.1　2000—2019 年我国公开发行、非公开发行及配股占股权再融资的比重

年份	公开发行	非公开发行	配股
2000	24.7%	0	75.3%
2001	31.0%	0	69.0%
2002	74.4%	0	25.6%
2003	61.0%	0	39.0%
2004	63.8%	0	36.2%
2005	99.1%	0	0.9%
2006	11.0%	88.6%	0.4%
2007	19.9%	72.7%	7.4%
2008	24.6%	69.0%	6.5%
2009	8.6%	87.9%	3.5%
2010	7.5%	64.1%	28.4%
2011	5.8%	85.8%	8.4%
2012	2.9%	93.7%	3.4%
2013	1.9%	86.7%	11.4%
2014	0	98.3%	1.7%
2015	0	99.7%	0.3%
2016	0	98.4%	1.6%
2017	0	98.8%	1.2%
2018	0	97.5%	2.5%
2019	0.9%	97.7%	1.4%

数据来源：国泰安数据库。

世界上的主要市场都经历了如同国内的发展历程，但经历的要比国内稍早一些。20 世纪 90 年代后，股权定向增发已经成为海外成熟证券市场一种流行的再融资模式。股权定向增发凭借其独特的优势，成为美国、加拿大、日本、新西兰、新加坡等发达资本市场首选的股权再融资模式。国外市场一般对进行股权定向增发的上市公司没有硬性的盈利要求，甚至业绩亏损的公司

也可以进行股权定向增发，而一般发行存在的价格折扣又可以给投资人带来较为可观的经济收益，所以投资人也乐意接受这种投资方式。

科创板不同于主板，该板块内采用注册制，本身就是中国市场迈向成熟市场的重要一步。对于科创板上市公司再融资相关制度设计，《上海证券交易所科创板上市公司证券发行承销实施细则（征求意见稿）》指出，遵循以信息披露为核心的注册制理念，以市场化、法治化原则为导向，结合上市公司融资活动特点，优化科创板上市公司非公开发行审核程序，缩短审核周期，为小额非公开发行设立简易审核程序，并建立配套的再融资发行承销流程。

从征求意见稿的具体规制设立目标来看，在科创板内实行的非公开发行规制会与目前 A 股市场有关非公开规制有极大的不同。无论是发行的对象、认购的条件，还是发行的定价和发行后限制出售的期限长度，都值得进一步研究。而国外的资本市场相比国内市场发展早，更加成熟，相同融资模式下不同的政策条件会带来不一样的融资效果。因此，在政策尚未确定的情况下，进行国际比较研究，取其精华，去其糟粕，将国际政策本土化，有助于政策更好地服务于我国经济市场的建设，扶持高新技术产业发展，在中国的土地上孵化出更多优质的中国企业。

9.2　科创板定向增发政策研究目的与意义

首批在科创板上市的公司，将在 3~5 年后面临定向增发再融资问题。由于科创板在设立之初就有别于目前的所有其他板块，因此，科创板企业面临的融资环境将会与 A 股市场企业有明显不同。目前 A 股市场上关于定向增发的规制明显不符合当前科创板以信息披露为核心的注册制理念，优化发行审核程序、大幅缩短审核周期、设立小额非公开发行简易审核程序的美好愿景。

科创板的设立对标于美国纳斯达克市场，本章将通过对比研究纳斯达克市场关于上市公司非公开发行股权的相关规制，目前 A 股市场的定向增发规制和科创板上市公司证券发行承销实施细则征求意见稿中的相关规制，借鉴和参考定向增发的国际经验，对科创板定向增发的实施规制的设立提出建设性的建议。希望规制的设立体现出科创板与其他板块的不同，使其真正服务于高科技创新企业。

9.3 科创板与纳斯达克相关研究综述

9.3.1 定向增发相关研究

1. 定向增发优势

定向增发在我国自推行的第一年，就超越了配股和公开发行两种股权再融资方式，并且在发展的十多年间，其占股权再融资的比例也一直呈现上升趋势。更多企业在进行股权再融资时，选择的是定向增发，这与定向增发本身的优势是密不可分的。

定向增发新股吸收机构投资者，加强对上市公司的监管，代理成本降低，从而提升业绩；同时定向增发融资成本相较于配股和公开发行新股较低，门槛也相对更低。Wurck（1989）对私募发行的公司进行研究，发现定向增发可以提高公司的股权集中度，发挥大股东的监督作用，形成利益的协同效应。Kaplan（2005）、Ang（2017）认为对上市公司来说，股权融资是更好的融资模式，也是更为常用的一种模式。刘广生和岳芳芳（2017）表明成长性高、运营能力强的上市公司倾向股权再融资。章卫东（2008）通过比较三种融资方式的宣告效应，发现定向增发新股的宣告效应要显著好于其余两种方式，认为市场应该为定向增发新股创造一个更好的政策环境，以便融资企业的价值最大化。郭思永和张鸣（2011）从财富转移的视角指出大股东拥有信息优势和融资方式的选择权，当看好投资项目前景时，会积极参与定向增发。

2. 定向增发相关问题

目前我国学者进行的定向增发研究，集中于定向增发的增发价格、增发折价率，定向增发新股对企业治理水平和长短期业绩表现的影响，大股东行为及利益输送，大股东对中小股东的利益侵害。

定向增发大股东通过折价发行实现自我利益输送。Armando 和 Gordon（2012）研究表明，不对称信息在公开和非公开市场上的证券类型选择以及发行证券的市场选择中起着重要的作用。张鸣和郭思永（2009）研究表明大股东利用定向增发融资进行财富转移，掏空上市公司，实施机会主义行为，并且随着大股东认购比例的增加和折价水平的提高，大股东利益输送更加严重。郭思永和张鸣（2011）研究证明大股东歧视性的融资交易行为，有损普通股东的投资选择权，并且侵害了他们的利益。章卫东和黄一松（2017）研究上市公司的研发支出与关联股东认购定向增发新股之间的关系时，发现关联股东利用研发成本来达到低价认购定向发行新股的迹象。张丽丽（2018）研究发现上市公司大股东对上市公司的利益侵占行为已经转移到了并购之后的日常生产经营活动中，而且大股东对上市公司进行多期掏空的行为。

定向增发中，促成发行折价的途径包括盈余管理等。宋鑫等（2017）研究发现大股东在自身参与的定向增发前进行负向真实盈余管理，在市场上传递负向信号，调低股价，而使定向增发发行定价更低。周晓苏和王磊（2017）认为高声誉的保荐代表人有助于抑制定向增发企业的应计盈余管理和真实盈余管理。Caselli 和 Stefano（2013）分析了私募股权投资中合约与收益的关系时发现，高质量的公司更有可能拥有私募融资合同。

还有学者研究了定向增发短期和长期的公告效应。黄晓薇和何丽芬（2014）研究定向增发对股票长期收益的影响时发现定向增发会导致股票长期低绩效。Hertzel 和 Lemmon（2002）研究定向增发公告后的股价表现及公司长期经营表现，发现长期经营业绩并没有得到改善。章卫东和罗希（2019）发现上市公司向关联股东定向增发新股时，治理水平会下降，但向非关联股东定向增发后，治理水平有所改善。周晓苏和王磊（2017）认为上市公司定向增发时盈余管理程度和增发后长期市场呈反向关系，但高声誉保荐代表人有助于抑制定向增发企业的应计盈余管理和真实盈余管理，并且减小定向增发时盈余管理对定向增发后长期市场业绩的负面影响。

3. 定向增发条件及转让限制问题

孔翔（2006）总结出证券私募制度的四大要素：①针对特定对象的投资行为；②发行和转售都采用非公开方式；③买卖双方必须以直接洽商方式转让证券；④购买此类证券必须以投资为目的。万勇（2006）对比分析国内外非公开发行证券认购人资格界定，认为我国目前对认购人资格界定过于笼统，侧重对资金额度的限制，忽视了认购人本身的经验，并且对非公开发行的认购人人数的限制过于简单。Gompers 和 Kplan（2016）研究发现私募股权的投资人会非常重视他们所选择公司的前途，尤其是通过财务管理行为增加企业价值的能力。刘少军（2019）指出目前我国私募发行制度中对募集方式的限制力度不够，修订后的相关法律都仅仅是原则性的规定，无具体的说明阐释；关于私募股权的权限，国内实行一次一审，而国外多数实行一次授权多次募集的模式。Floros（2012）指出，在预计一家公司会连续进行定向增发的情况下，该公司吸引到长期投资者的难度会上升。

以上研究表述了定向增发条件及转让限制问题值得学者进一步关注。万勇（2006）认为私募发行的核心问题有注册豁免和转售规范。美国从购买资格、转售数量、信息公开、报告等方面约束私募转售，我国法律对非公开发行证券转售的规定简单，存在漏洞。

4. 监管层面问题

梁清华（2013）认为我国的私募豁免制度存在规制真空，应当构建以合格投资者制度为核心的私募注册豁免制度。张保红（2015）研究认为应当在"保护投资者、兼顾融资便利"的双重目标下，遵循"尊重意思自治、间接适度干预"的理念，以投资者为中心，构建符合经济规律和我国国情的证券非公开发行制度。李贺（2017）认为，为提高市场运作效率，需要建立完善信息披露制度，以保持公众可获得信息的完整性，同时提高配套服务质量。郭雳和郭励弘（2007）在分析美国证券私募发行的两级监管后认为，州法律强调实质监管，联邦法主张披露监管，强干预并不会负面影响高科技企业的发展。

9.3.2 科创板相关研究

注册制的试点改革主要关注股票发行条件，由上交所负责科创板发行上市审查，由证监会负责科创板股票的注册以及对上交所审核工作进行监督，强化事前、事中、事后全过程监督。

郭施亮（2018）、任泽平和翟盛杰（2018）都表示了对实行注册制、放宽上市标准的科创板成为下一个纳斯达克的美好憧憬。科创板对优质拟上市公司大幅放宽准入标准，解决了企业在快速增长期急需资金却无法对接资本市场的问题。科创板因开放了市盈率"天花板"限制，试点注册制，以及综合各种估值方法进行市场化定价而被称为中国的纳斯达克。邓大洪（2019）也认为科创板的推出，能够为中国市场留住优秀的科创企业。

吴秀波（2019）在文章中提出五个疑问：全球市场中只有纳斯达克成功地在高成长科技企业当中站稳脚跟，科创板也能做到吗？科创板是否分流存量资金？科创板过分看重营业收入的增长吗？科创板允许特别表决权公司发行上市，有足够的监管力度吗？科创板能避免高价发行吗？

9.3.3　纳斯达克市场相关研究

纳斯达克市场作为一个成熟的资本市场，成立后也历经许多的改革和优化，孵化出了很多世界顶级的科技巨头公司。纳斯达克市场做市商的理念、市场分层经验和退市机制，是学界研究的热点。廖士光和缪斯斯（2018）认为，纽交所和纳斯达克作为全国性证券交易所，在美国经济不同发展阶段，调整制度以配合不同类型企业的融资需求，推动经济转型和产业结构调整。彭博和陶仲羚（2016）在对比中美两国退市制度后提出，高昂的上市成本和潜在的法律处罚，导致公司主动退市和被动退市，使退市机制高效运行，确保了市场的活性。

霍达、郑坤山（2014）指出美国私募发行规则逐步集中关注的一个核心的内容为投资者的资格和能力，即确保参与的投资者具有投资分析和风险判断能力且有能力获得发行人的信息，这类投资者统称为合格投资者。这一点反映了私募和公募相区别的核心内容。人数标准的变化、广告使用的范围界定、发行人之间的关系证明以及私募证券转售的向宽松转化，均可体现对非公开标准的判断逐渐变得更贴近法条的原意。

9.3.4　文献述评

无论是国内外的学者研究还是上市公司的实际股权发行方式选择，都证明定向增发是优于其他发行方式的一种选择。虽然定向增发成为股权融资的首选，有很多天然的优势，但是也存在诸多问题。如上市公司实施定向增发的动因，定向增发发行价格偏离，定向增发实施对公司业绩的影响，大股东进行的利益输送等，都是如今学界研究的重点。国内在制度方面的研究，均基于与美国私募市场制度建设的对比，可见发达国家的成熟市场制度对我国的制度建设具有较大的参考意义。

国内研究都基于目前已经实行的 A 股制度，而科创板作为我国资本市场上全新推出的板块，拥有着和 A 股截然不同的制度背景，这为学者提供了一个全新的研究主题，本章就是对这一主题的研究。

由于科创板推出不久，对于科创板的研究并不多，主要集中在对其上市发行制度的研究，或是基于注册制的设立而对科创板未来发展的展望，对于科创板上市公司即将面临的再融资问题的研究较少。新三板推出之时，国内的学者也称其为中国版的纳斯达克，但新三板并没有达到市场的预期。科创板该如何才能不重复新三板的道路并成为真正的中国版的纳斯达克呢？制度的改变是必要的，本章就是基于这一背景对科创板的定向增发规制进行国际对比研究。

9.4 中美市场环境对比分析

9.4.1 中美非公开发行历史发展分析

1. 我国非公开发行历史发展概况

1990年上海证券交易所成立，随后深圳证券交易所成立，而非公开发行是在此16年后，即2006年才登上中国市场的舞台。以《上市公司证券发行管理办法》和《上市公司非公开发行股票实施细则》为主要制度框架，股权定向增发在中国的市场上成为上市公司再融资的重要方式。2017年，证监会对《上市公司非公开发行股票实施细则》进行了首次修订，主要修改了关于定价基准日、发行数量限制和发行间隔期的规定。科创板首次在中国内地推行了注册制，相关制度也在不断地建立和健全。

2. 美国非公开发行历史发展概况

20世纪30年代，美国颁布了"1933年证券法"以及"1934年证券交易法"，建立了证券注册制度，要求各类证券的发行和交易应该事前向美国证监会（SEC）注册，并经由证监会对披露的信息进行审核后方可发行。同时，法律还就很多例外情况做了规定，其中证券私募股权登记豁免制度允许在没有监管机构批准的情况下发行合格的私募股权。从那时起，美国私募股权注册系统也进行了一些改革。首先是从人数标准到需求保护标准的转变。需求保护标准指的是以发行对象是否需要证券法的保护来判断发行行为是否属于非公开发行。如果发行人能够保护自己，不需要证券法保护，则该发行是非公开发行，反之则为公开发行。但是，此类标准过于抽象，于是相关部门在20世纪70年代提出了关系要件的概念，要求发行对象与发行人之间必须具有一种特殊关系。后来，这样的要求被认为过于严格，分离标准由此产生，即发行对象获取信息分为两种情况，一是发行人主动披露发行相关信息，二是发行对象可以获得相关信息，关系要件标准只在第二种情况下才适用。后来相关部门又发布了"146规则"和"D条例",对私募标准进行了全面细化。

私募证券发行制度、私募证券转售的法律制度和私募证券的信息披露法律制度三者形成了目前美国的私募证券体系。

从需求保护标准开始,美国的私募注册豁免制度的核心是合格投资者。拥有净资产较多,或拥有一定的专业知识和投资经验的个人或机构投资者,除证券欺诈的情况,均会受到私募证券时信息披露法的保护。政策从经济实力,投资经验和特殊关系三个层面对投资者的合格性进行综合考量。

9.4.2 中美经济体制对比分析

中国是目前世界上第一大的发展中国家,大力发展社会主义市场经济。中华人民共和国成立后,出现了高度集中的计划经济体制,所有制形式单一,并排斥多种经济形式和经营方式,国家把控了市场活动的决策权,市场没有完全发挥其应该具有的作用,从而影响了经济发展。改革开放后,国家确定社会主义市场经济体制,实行对外开放,推动经济体制改革,实现了GDP的高速增长。

美国在20世纪50年代开始应用第三次科技革命的最新成果,革新了生产技术,新兴工业得到了大力发展,同时向世界各地输出资本,大力扩展海外市场,赚取了高额的利润。20世纪70年代以美元为中心的资本主义世界货币体系解体以后,美国的经济增长进入"滞胀"阶段,20世纪90年代以后加大改革力度,以信息产业为代表的高科技产业带领美国一直保持在世界领先地位。

中国正在尽一切努力发展中国特色社会主义市场经济,而美国是典型的市场经济模式。中国经过四十多年的发展,在经济发展方面取得了显著成就,与美国之间的差距逐渐缩小,但是体量差距仍然存在。同时,因为我国资本市场发展起步较晚,而且在特定的社会主义市场经济体制下,几乎没有其他国家经验可以借鉴,一切都在摸索中逐渐发展。科创板的设立并试点注册制更是我国资本市场向前迈出的重大一步。

9.4.3 中美资本市场市场结构比较分析

1. 我国多层次资本市场结构概述

在科创板设立之前,我国的多层次资本市场体系由主板(沪、深)、创业板、全国中小企业股份转让系统、区域性股权交易市场组成。

第一层次为沪深交易市场,沪深交易主板市场在上市条件、组织建构以及监督管理等方面都基本一致，主要的服务对象为成熟的大中型企业，在社会资源配置中发挥了基础作用。中小板归入第一层次，除公司规模要求外，上市条件基本与主板上市条件相同。中小板服务于已经渡过创业期，高盈利前景可观的企业。第二层次的创业板于2009年设立，目标是服务于具有高科技、高成长性以及高附加值的具有发展潜力的中小企业。第三层次为全国中小企业股份转让系统，是我国场外市场的一种，进行法人股流通，后成为沪深主板市场退市企业进行股份转让的场所。第四层次为区域性股权交易市场，是服务于所在省级行政区域内中小微企业的私募股权市场，提供股权、债务转让和融资等综合性金融服务。

2019年设立的科创板从服务目标企业的角度来看与第二层次的创业板是相同的。但科创板内实行注册制，而创业板内实行审核制，因此科创板的设立应该会起到充盈这一层次的作用。

2. 美国多层次资本市场结构概述

美国的多层次资本市场可以分为四个层次。第一层次由纽约证券交易所（NYSE）、纳斯达克全球精选市场（NASDAQ Global Select Market, NASDAQ SM）和纳斯达克全国市场（NASDAQ Global Market, NASDAQ GM）构成。其中，纽交所面向超级跨国大企业，上市标准较高，而高新技术、高成长企业更偏好选择在纳斯达克市场挂牌上市交易。第二层次由全美证券交易所（NYSE America）和纳斯达克小资本市场（NASDAQ Small-Cap Market, NASDAQ SC）构成，其上市条件低于第一板块，主要为高科技企业和中大型企业提供服务。第三层次由芝加哥证券交易所、费城交易所、波士顿交易所和太平洋交易所等区域性、地方性的交易所组成。第四层次由OTCBB、粉单市场（Pink Market）和属于第三市场和第四市场的灰单市场（Grey Market）组成，是主要面向美国小型企业的场外市场，上市门槛极低，对公司的资产规模或财务盈利基本没有任何要求。

美国资本市场形成了一个层次分明的金字塔结构。上市公司在不同层次的市场之间可进行相互转换，即上市公司可以转升到更高级交易场所，或者退转至较低级交易场所的"转板升降机制"，充分发挥了证券市场的优胜劣汰机制，中国在完善多层次资本市场上可以借鉴。

3. 中美多层次资本市场对比分析

由表9.2和图9.1可以直观地看到我国上市公司数量分布，沪深两市的

A股上市公司为1956家，中小板上市公司943家，创业板上市公司791家。从成交金额来说，A股市场处于遥遥领先的地位。新三板上市公司数量虽然接近9000家，但是年成交金额仅为开盘不足5个月的科创板70家上市公司的交易量的十分之一。占总市值约80%的上市公司都集中在第一层次市场。新三板的上市公司最多，交易却不活跃，国家努力扭转倒金字塔式的资本结构，从上市公司数量来看已经有了一定的成效。但从市场的交易量和上市公司的总市值来看，由于主板市场的体量过于庞大，再加上个人投资者的多年投资习惯的影响，想要彻底扭转还需要付出很多努力。

科创板开盘5个月内虽然仅有70家公司，但是成交金额的表现很好，可见市场对科创板的制度与上市环境具有极高的接受度。科创板的设立对标美国纳斯达克市场，有丰富我国资本市场第二层次的作用，板块的日后表现令人期待。

表9.2 我国各层次资本市场结构

	数量/只	成交金额/亿元	成交量/亿股	总市值/亿元
主板+中小板	2996	4289.97	429.73	522949.31
其中：A板	1956	2956.37	300.43	422956.61
B板	97	2.03	0.39	1311.38
中小板	943	1331.57	128.91	98681.32
科创板	70	68.21	1.52	8637.64
创业板	791	989.84	70.61	61347.62
新三板	8953	7.41	2.85	5616.29

注：数据来自上海证券交易所、深圳证券交易所，截至2019年12月31日。

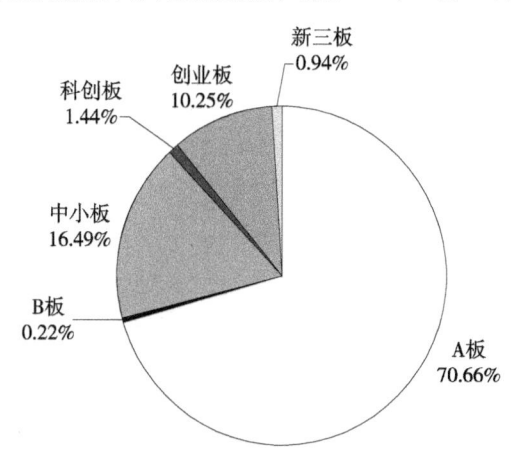

图9.1 我国各板块总市值比较

截至 2019 年 12 月 31 日：纽约交易所上市公司有 1876 家，总市值 308978 亿美元；纳斯达克市场上市公司有 2637 家，总市值 155889 亿美元；美国证券交易所（原 AMEX，现更名为 NYSE American）上市公司有 185 家，总市值 1011 亿美元；OTC 市场包括 OTCQX、OTCQB、Pink、Grey 四个子市场，共有 10755 家上市公司，总市值 3290 亿美元。

对比图 9.1 和图 9.2 可以看到：我国大量上市公司集中在板块的最上层，即 A 股市场和中小板市场，A 股市场占市场总值的 70.66%，中小板市场占市场总值的 16.49%，二者相差较大，二层板块创业板与科创板市场占市场总值的 11.69%，第三层次新三板市场仅占市场总值的 0.94%；美国第一层次的纽交所市场约占市场总值的 66.32%，第二层次的纳斯达克市场占市场总值的 33.46%，而 AMEX 和 OTC 市场占比较小。从发展来看，纳斯达克市场可以与纽交所抗衡，二者形成较好的平衡发展趋势。

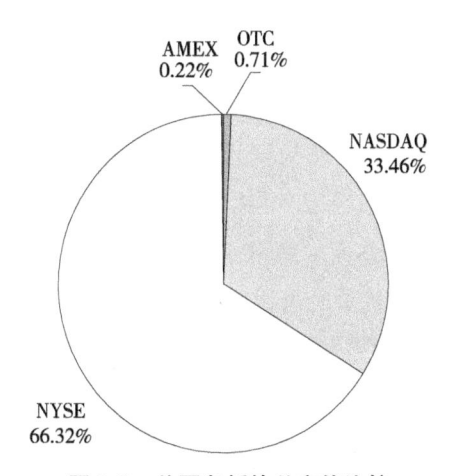

图 9.2 美国各板块总市值比较

数据来源：FactSet，Wind，OTC Markets Annual Review 2019。

9.4.4 中美投资者结构比较分析

1. 我国投资者结构概况

截至 2018 年年末，我国证券市场的投资者总规模达到 14823.83 万户，其中个人投资者 14788.48 万户，机构投资者 35.35 万户，个人投资者的规模是远远大于机构投资者规模的，且无论在主板市场还是在新三板市场，个人投资者都是远多于机构投资者的。

表9.3　投资者情况表　　　　　　　　　　　　　　　　单位：万

类别	2018年
一、新增投资者数量	1252.14
1. 自然人	
2. 非自然人	
二、期末投资者数量	14823.83
1. 自然人	14788.48
其中：	
已开立A股账户投资者	14549.66
已开立B股账户投资者	238.82
2. 非自然人	35.35
其中：	
已开立A股账户投资者	33.07
已开立B股账户投资者	2.28

数据来源：中国证券登记结算统计年鉴2018。

由图9.3可以看到，中国的A股市场主要是以散户投资者为主，散户投资者支配的市值的占比达到市场的40%以上。但根据统计，有接近50%的投资者证券账户内的资产余额在1万元以下，资产在1万~10万元的小规模投资者占比有20%；陆港通以及R/QFII投资者的比例为6%以上；除了散户投资者和一般法人投资者以外，A股市场还有基金、保险、社保、阳光私募以及券商等多种投资主体，各自所占比例比较相近。

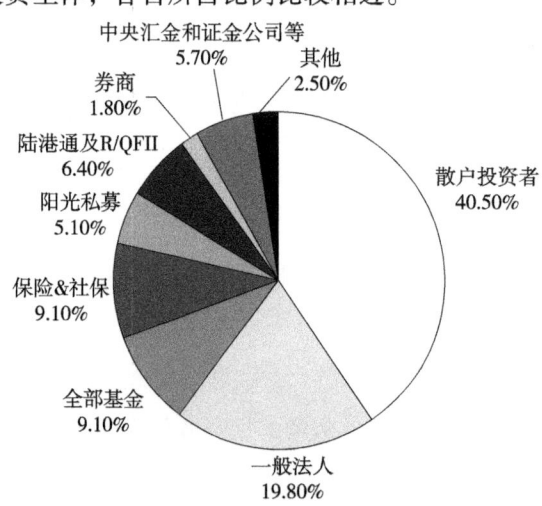

图9.3　A股投资者自由流通市值占比

资料来源：Wind，海通证券研究所。

2. 美国投资者结构概况

美国投资者结构也经过了相当长时间的调整。在 20 世纪 60 年代之前的 40 年间，由于证券市场刚刚起步，市场表现较为出色，市场上涌入了大量个人投资者，所占比例高达 90%。但经过一系列的内幕事件、骗局和战争等因素的影响后，个人投资者的比例开始下降。此时，以养老金为代表的共同基金开始崛起，市值涨了将近 100 倍；由于全球市场资本的涌入，境外的机构投资者所占比例也在提升。次贷危机以后，政策支持进一步促进机构投资者的发展，加上复杂的交易机制和庞大的信息量，个人资本利得与分红所得税率的提高，个人投资者直接参与投资已经不再具有优势，逐渐转为由机构投资者代为进行投资活动。

截至 2018 年年底，美股的投资者中，机构投资者与个人投资者的比例大约为 7∶3，机构投资者占多数。机构投资者中，有外资机构以及个人、交易所交易基金、私人养老基金、地方政府退休基金、非营利组织、财产保险公司、人寿保险公司，等等，十分多样化。

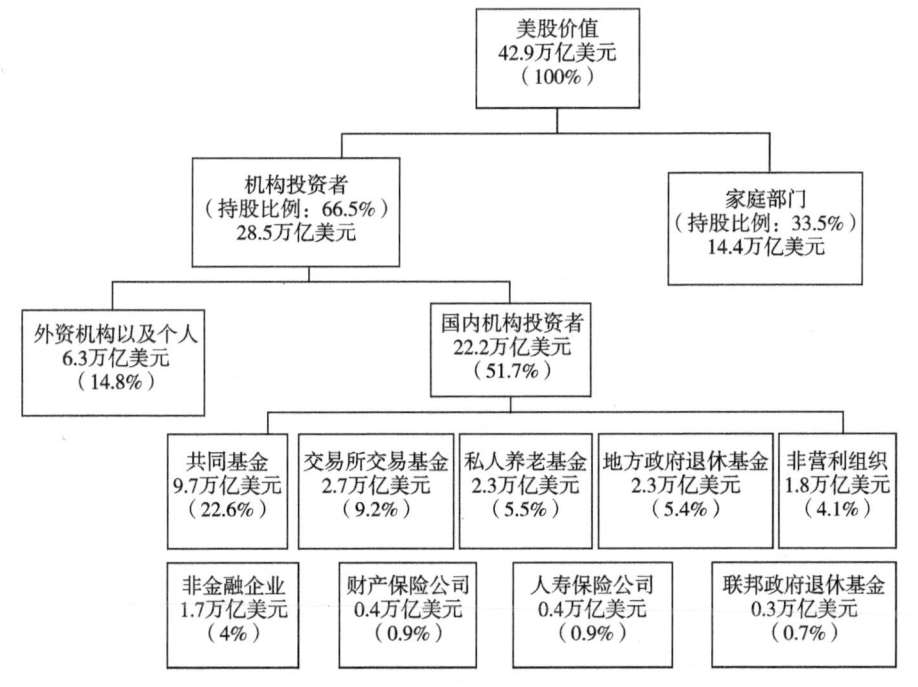

图 9.4 美国投资者持股结构（截至 2018 年年底）

资料来源：美联储、华泰证券研究所。

世界上各国资本市场中机构投资者的占比远比个人投资者高,而美国的机构投资者占比是最高的。机构投资者与个人投资者的获取信息能力存在较大差异。机构投资者能够实时获取和分析大量信息和数据,从而对金融资产的潜在价值做出相对准确的判断,并以此进行交易活动。反之,个人收集和分析信息能力较弱,根据股票价格涨跌进行交易。价格的浮动易引发个人投资者的羊群行为,引发市场动荡。

以 A 股市场的情况来看,我国投资者中,个人投资者占比远高于其他发达国家的市场。科创板引入了合格投资者制度,个人投资者在开通科创板交易权限前 20 个交易日内,证券账户内的日均资产余额不得低于 50 万元,并且需要参与证券交易满两年,依据投资者持有市值比例的分析,有将近 70%的散户投资者无法进行科创板交易,而有近 70%的机构投资者可以参与科创板的交易。科创板的投资者结构会发生巨大改变,机构投资者的占比会得到大幅度的提高,科创板的交易环境会因而产生较大的改变。

9.4.5 中美市场环境对比分析小结

与美国资本市场发展相比,我国的资本市场建设起步较晚。美国早在 20 世纪 30 年代颁布了《1933 年证券法》和《1934 年证券交易法》,资本市场发展时间长,相关法律规章不断更迭,积累了大量经验。在资本市场层次上,美国资本市场是一个层次分明的金字塔结构,且上市公司可以在不同层次的市场之间进行转换,这种"转板升降机制"值得中国在完善多层次资本市场上学习与借鉴。此外,中美投资者结构差异较大,美国以机构投资者为主,而我国资本市场中小投资者占比较大,相比之下,机构投资者对市场信息的判断能力更强,风险承受力更强。虽然国外有更为成熟的经验,但中美的经济体制截然不同,我国资本市场的建设与发展无法照搬照用国外的经验。在慢慢摸索中,我国也逐渐找到了适合自己的道路。

我国市场整体结构正在扭转倒三角的形态,科创板的建设是此中非常重要的一步,起到丰富我国第二层次市场的作用。科创板目前对标的企业为成长性高、前景十分可观的高新技术企业,可以有效地提高第二层次资本市场的市值占比。在机制设计上部分借鉴纳斯达克的制度,设立注册制,引入投资者准入制度,对于进一步开放金融市场、改变我国投资者的投资思维有一定的引领作用。科创板的设立和发展对我国资本市场层次结构和市场投资者的结构的优化有着重大的意义。而再融资作为服务市场内企业的一项重要活动，非公开发行又成为其最为重要的一种融资手段，目前非公开发行在我国仍处于起步的阶段，对非公开发行的投入和建设也十分重要。

9.5　我国上市公司定向增发发行制度对比

2006 年 5 月《上市公司证券发行管理办法》的颁布标志着定向增发融资方式的确立。2007 年 9 月《上市公司非公开发行股票实施细则》补充了对《上市公司证券发行管理办法》中定向增发相关规定的解释。2017 年 2 月《上市公司非公开发行股票实施细则》修订，主要是对发行定价基准日进行修订，以及对非公开发行认购人在解禁期届满后增设了减持的限制。这两项变更对非公开发行来说有一定的打压作用，前者缩小了发行价格和市价的价差空间，后者则变相延长了认购人的限售期。为适应不同的公司特性及其融资需求，科创板再融资征求意见稿与目前 A 股的非公开发行条例也有所不同。下文对两套条例中的一些不同点进行对比分析。

9.5.1　关于发行对象数量限制

根据《上市公司证券发行管理办法》①（以下简称《管理办法》）第三十七条规定，"非公开发行股票的特定对象应当符合下列规定：（一）特定对象符合股东大会决议规定的条件（二）发行对象不超过十名"。同一个证券投资基金管理公司以其名下多只基金认购的情况下，视作同一个发行对象。同时第二十三条中规定的认购邀请书的发送对象除了已经提交认购意向书的投资者、公司前二十名的股东以外，还应当包括不少于 20 家证券投资基金管理公司，不少于 10 家证券公司以及不少于 5 家的保险机构投资者。

而在科创板推出的《科创板上市公司证券发行注册管理办法（征求意见稿）》②（以下简称《征求意见稿》）第五十一条中规定"上市公司非公开发行股票，应当向合格投资者、持有本公司股份百分之五以上的股东，以及本

---

① 证监会 2006 年发布的《上市公司证券发行管理办法（2017 年修订）》。
② 2019 年上证公告（2019）54 号《上海证券交易所科创板上市公司证券发行承销实施细则（征求意见稿）》。

公司的董事、监事、高级管理人员发行，每次发行对象不超过三十五名。"

人数限制从十名增加到三十五名，企业最终发行对象面变广，除去对公司内部高管的发行以外，也可以有更多的基金组织和合资格的个人投资者参与定向增发的过程，增强投资者的积极性。同时，因为科创板当中首次出现了合格投资者的具体标准：（一）申请权限开通前 20 个交易日内证券账户及资金账户内的资产日均不低于 50 万元；（二）参与证券交易二十四个月以上；（三）本所规定的其他条件。合格投资者为参与科创板交易的条件，同时也成为参与上市公司非公开发行的条件之一，即可以参加科创板交易的合格投资者也可以成为科创板上市公司非公开发行的发行对象。这就与 A 股上的规定有所不同，《管理办法》当中的发行对象条件为符合股东大会决议规定的条件，即普通的 A 股投资者也不能进行非公开发行投资。科创板上市公司的非公开发行的对象范围相较于 A 股市场原有规则有所扩大，同时给予个人投资者参与企业非公开发行的权利，承担自负盈亏的风险。没有达到参与要求的投资者，只能通过购买基金等间接方式参与投资，极大程度上限制了科创板市场上缺乏分析能力和风险容忍度的散户科创板投资者的参与，将其资金有意识地引导到机构投资者手中，增大其在市场中占有的比重。市场角度来说，市场上的交易决定也会更加的理性，有利于市场的良性发展。

9.5.2　关于定价方式与发行间隔

对于非公开发行间隔期的规定，在 2018 年 11 月证监会的发行监管回答——关于引导规范上市公司融资行为的监管要求中，"允许前次募集资金基本使用完毕或募集资金投向未发生变更且按计划投入的上市公司，申请增发、配股、非公开发行股票不受 18 个月的融资间隔限制，但相应间隔原则上不得少于六个月。前次募集资金包括首发、增发、配股、非公开发行股票"。对比旧规，上市公司申请增发、配股、非公开发行股票董事会决议日距离前次募集资金到位日原则上不得少于 18 个月，新规定中放宽了融资的间隔，提高了再融资的灵活性。

关于非公开发行股票的定价问题，《上市公司非公开发行股票实施细则》[1] 中，规定定价基准日可以为关于本次非公开发行股票的董事会决议公告

---

[1] 2007 年证监发行字（2007）302 号《上市公司非公开发行股票实施细则》

日、股东大会决议公告日，也可以为发行期首日。但是 2017 年修订过后，目前 A 股市场中，根据《管理办法》第三十八条"上市公司非公开发行股票，应当符合下列规定：（一）发行价格不低于定价基准日前二十个交易日公司股票均价的百分之九十"。根据《上市公司非公开发行股票实施细则》①，"定价基准日"确定为本次非公开发行股票的发行期首日。定价基准日由三个中的一个变为指定的一天，发行期首日。

科创板《征求意见稿》中的第五十二条，同样要求发行价格不低于低价基准日的前二十个工作日，但发行价格不低于定价基准日前二十个交易日公司股票均价的百分之八十。非公开发行的定价基准日仍然为发行期首日。

有关发行价格的确定，从时间范围上来说仍然保持了定价基准日前二十个交易日，但不同的是，定价的幅度变化拓宽了 10%，从不低于定价基准日前二十个交易日公司股票均价的 90% 调整到 80%。给予公司更大的定价权限，低于市场价格的价格会吸引到更多投资者的青睐，的确有利于公司通过非公开发行来取得再融资。

9.5.3　关于转售定向增发发行股票的规定

根据《管理办法》中的第三十八条的第二项，一般发行对象在十二个月内不得对本次非公开发行的股票进行转让，而控股股东、实际控制人以及其控制的企业认购的股份在三十六个月内不得转让。同时《上市公司股东、董监高减持股份的若干规定》② 第九条表示，股东在三个月内通过证券交易所集中竞价交易减持所持有的非公开发行股份不得超过公司股份总数的 1%；第五条，通过大宗交易的方式在 90 日内减持股份不得超过公司股份总数的 2%。

科创板中则把限售期时长缩短，根据《征求意见稿》第五十三条和五十四条，一般发行对象的限售期为六个月，控股股东、实际控制人及其关联人的限售期为十八个月。根据《上海证券交易所科创板股票上市规则》③ 第二十条"上市公司非公开发行股份涉及的减持由本所另行规定，报中国证监会批准后实施"，目前尚未列明受限比例。

---

　① 证监会，2017 年修订版本《上市公司非公开发行股票实施细则》
　② 中国证券监督管理委员会　证监会公告（2017）9 号《上市公司股东、董监高减持股份的若干规定》
　③ 上证发（2019）53 号《上海证券交易所科创板股票上市规则》

目前的规定从出售时间间隔和出售比例两个方面对非公开发行的股票的认购方的出售进行限制。通过限售期的设置，可以避免非公开发行股票的持有者，以低于市价的价格购入公司的股票后，在短期内出售获取价差，进行资本操纵，侵害中小投资者利益。对出售比例的限制，也可避免大股东在短时间内出售大量的股票而引起的市场恐慌情绪。从时间上来看，科创板的非公开发行对象的限售期限都比现行A股市场的规定缩减了一半。但是是否对所有投资者的限售期时长都减半就是有利于公司的发展和投资者的投资活跃度以及公司的良好收益，仍然有待时间的验证。因科创板目前成立时间不长，法条仍处于尚未完善的阶段，科创板当中对股东、董事、监事和高管的减持股份的比例规定仍未出台。

9.5.4 科创板定向增发简易程序

科创板发行管理办法对科创板非公开发行简易程序进行了说明。第三十条中，上市公司要参与简易发行程序，需要符合以下情形：（一）融资额不超过三亿元且不超过最近一年年末净资产百分之二十，但最近十二个月内上市公司非公开发行股票的融资额超过最近一年年末净资产百分之二十的除外；（二）以询价方式确定发行价格、发行数量和认购对象，不得由董事会决议确定具体发行对象，且公司高管、关联方及持股比例超过百分之五的股东及其关联方不参与本次证券发行认购，划定了符合实行简易程序进行非公开发行的公司条件。上交所收到申请文件后一个工作日内决定是否受理，由发行上市审核机构对上市公司的申请文件出具审核报告，发表初步审核意见。上交所在受理之日起五个工作日内结合发行上市审核机构的审核报告做出审核的最终决定。

而目前A股市场，基于《证券法》[1]，非公开发行股票仍然采用核准制度，申请发行到实际发行之间耗费时间普遍偏长。证监会要进行大量的程序进行实质性审核以及大量的必要程序，如反馈会、初审会、发审会以及中间大量的反馈意见以及回复。以中航重机2019年11月27日进行的非公开发行为例，公司于2018年6月19日召集董事会审议通过了非公开发行股票的议案，2019年2月15日股东大会上审议通过了相关议案后，同年4月2日证监会受理，8月16日证监会发行审核委员会审核通过，10月16日公司收到证

---

[1] 全国人民代表大会常务委员会　主席令第37号《中华人民共和国证券法（2019修订）》

监会的批复核准发行。至 12 月 9 日,发行程序完成,交付费用以及核算本次实际募集股本。中航重机本次非公开发行股票从筹备开始花费了一年半的时间,证监会从受理到核准发行耗时六个半月。

目前的非公开发行,证监会进行冗长的程序、详尽的调查可以理解为出于对投资者的保护。但是从另外一个角度来说,过长的发行审核时间对于一个瞬息万变的市场来说,带给投资者和项目本身的不确定性也在增加。反观科创板《管理办法》第九条对发行条件的审核中科创板的简易发行程序,在规定的融资金额内且以询价方式面向公司非关联方进行的非公开发行就可实施,避免了许多烦琐的步骤,审理的时间也相对缩减。至于投资者保护方面,设置合格投资者制度时,考虑到投资者都具有一定风险的承担能力且有两年以上的投资经验。证监会从实质性调查转变为就上市申请是否合法合规发表意见。此举也向市场发送信号,希望投资者能够在充分了解投资项目背景后,谨慎做出投资决定,自我承担投资风险。同时,《管理办法》中的第四十二条,对在简易审核程序的审核中或者审核结束后出现应予采取监管措施或者自律处分的情形的上市公司从重处罚,加大了公司的违法成本也可以视作一种对投资者变相的保护措施。

9.5.5 我国上市公司定向增发发行制度对比小结

从非公开发行的对象数量限制放宽、范围变广,给予了公司更大的定价自主权利、缩短发行间隔时间、减短限售期的时长这几个《征求意见稿》中与现行 A 股的非公开发行的调整点来讲,可以明确感受到从法规层面希望降低再融资的门槛。而在科创板首次设立了非公开发行的简易程序,也大大缩短了上市公司再融资的时间,公司可以更快地完成融资过程。而合格投资者制度的落地也有助于优化科创板内部的投资者结构,同时也让更多优质的个人投资者拥有了进行非公开发行投资的机会,对市场来说无疑是会促进其良性发展的。

9.6 纳斯达克定向增发发行规制研究

与中国市场的定向增发最为接近的美国市场上的概念为私募发行。在上一章的对比分析后不难发现,科创板的定向增发较 A 股市场来说,是希望建立一个较低门槛的发行机制。纳斯达克市场的私募发行的体系中较为重要的是豁免证券的认定以及在合格投资者认定方面较为完善的机制。下文会主要对这两方面进行分析，并将之与科创板进行对比。

9.6.1 豁免条例

《1933年证券法》规定发行制度中发行审核的豁免注册，对发行对象的资格和人数做出规定。获得豁免权后，可以在符合条件的情况下，不经过SEC的登记注册自行发行债券。美股中的非公开发行是基于证券法3（b）或4（2）条，或同时基于两者的，或者必须遵守《D条例》（1982年颁布）中所规定的条件。获得豁免权利的人要承担举证责任，证明其活动属于豁免的范围。关于豁免证券的规定中指出，符合第三条规定免于注册登记的证券，可自动豁免向SEC注册登记的义务，其发行行为和发行以后的转售行为都免于注册。非公开发行的证券属于豁免证券中的发行豁免证券，证券机构免除对其的注册、审查和批准，上市交易时，发行人必须办理相关交易登记手续。

《D条例》中的规则501—506，明确了《1933年证券法》下的三种交易豁免情况。501—503为法规中具有普适性的定义、条款以及条件，特定豁免条例在504—506。504适用于任何连续12个月内出售不超过100万美金的证券的交易，目的是将极小交易额的产品监管义务交由州内管理人员管理。505适用于任何连续12个月内出售不超过500万美金的证券交易，允许出售给35个"非获许投资者"以及不限数量的"获许投资者"。506并没有对发行金额进行限制，所有发行人都可以使用506，以出售给不超过35个"非获许投资者"和不限数量的"获许投资者"。

504和505在某种程度上算是对上市公司的小额私募豁免制度，506则是面向全体公司的发行豁免条例。公司在融资上有极大的自由度，这也意味着公司可以节约大量的融资成本。同时规则中明确提出不对获许投资者以及与发行方有特定关系这两者的人群进行数量限制，35名限制仅针对非获许投资者人群，在非审核且特定人群数量不受限制的情况下，保证了私募的高效以及私募对象范围可以足够大。

科创板目前的定向增发规制还是沿用了A股市场当中对公司的定向增发行为实行的核准制，虽追加设置了针对一定融资额度的简易发行程序，实则公司还是需要完成一定的审批流程才可以获得发行的资格。

9.6.2　20%规则

在豁免条例下，20%规则是一种对公司治理的要求，适用于在纳斯达克以及纽交所上市的公司。每个证券交易所都要求上市公司在发行私募股权时，若发行股份超过发行前流通股份的20%，需要取得公司股东的同意。纳斯达克规则中第5635条要求股东批准公开发行以外的交易，涉及：①发行人以低于账面价值或市值中较大的价格出售、发行或可能发行普通股（或可转换为普通股或可行使的证券），再加上发行人高级人员、董事或大股东的销售，相当于普通股股份的20%或以上；②出售、发行或潜在发行普通股（或可转换为普通股或可行使的证券）相当于普通股20%或以上的股份，或在发行前以低于普通股账面价值或市场价值的价格发行20%或20%以上的未付表决权。

改革前只要发行价不低于每股账面价值或市价中的较高者，即可免除股东批准的要求，该规定修改了市场价值计量标准，即使用最后的收盘价，而非合并收盘价。显然后者更能有效地保护投资者和公司之间进行灵活有效的谈判，在挂牌价与成交价之间取得平衡。

9.6.3　转售限制

认购私募发行的证券，按照相关规定所取得的证券会受到转售限制。要在公开市场上进行转售必须对非公开发行的证券进行注册或者达到相应的豁免要求。144条例对豁免条件从以下几个方面提出了具体的要求。一是持有期限。公司按照《1933年证券法》的规定出售证券且发行时进行过公告的，限售期为6个月。若发行人在发行此证券时没有提交公开发行文件，则限售期为1年。限售期的开始计算时间点为购买行为发生且款项全部支付时。限售期的规定仅仅针对限制性股票。二是近期市场上的公开信息。在交易发生前，市场上一定要有公开的关于公司的信息，公司依据《1933年证券法》对公司信息进行披露。三是交易量限制。若为公司的关联方，3个月内的出售数量不得超过公司已发行股份的1%；若为证券交易所的上市公司，出售数量不得超过递交144表格（出售通知书）前4周的平均每周交易量的1%。四是转让方式的限制。必须为普通经纪交易，若作为关联方，销售必须在所有方面作为常规交易处理，经纪人不得收取超过正常金额的佣金。买方和经纪人都不能招揽购买证券的订单。五是进行事前申报，向SEC提交拟出售的申请。关联方在 3 个月内销售股数超过 5000 股或者交易量达到 50000 美元的情况,需要提请证监会批准。

从上面的规定中可以分析出,非公开发行的证券的持有期限无关持有人的身份,即全体非公开发行证券的持有人都会受到限售期的限制,持有的期限需要满 6 个月以上;对上市公司的关联方提出了更进一步的关于交易量限制的要求。目前我国科创板市场关于非公开发行的规定中,因为考虑到发行对象分为一般发行对象和公司关联方,设置了两种限售期限,分别为 6 个月和 12 个月。

9.6.4 合格投资者

合格投资者是基于《1933 年证券法》中的"Accredited Investor",参与证券私募发行活动的投资者。因为私募证券免于在美国证券交易委员会注册,且允许向合格投资者出售,所以主管部门必须确定投资者财务状况稳定,具有丰富经验及对风险的认识,以保证此类投资者具备抵抗失去全部投资的风险的能力。《D 条例》中 501(a)定义了合格投资者主要包含的类别如下:①注册发行方的董事、执行官或其相关组合;②个人或与配偶共同资产净值(不包括购买者房屋的净值)等于或超出 100 万美元的购买者;③自然人购买者,最近两年中每年的收入均超过 20 万美元,且合理预期本年收入超过 20 万美元或与其配偶共同收入超过 30 万美元;④一个商业实体将被视为一个单独的合格投资者。

由 D 条例延伸出的《专业投资者公平投资法案》于 2018 年 4 月提交表决,与 D 条例的主要区别在于增加认定自然人为合格投资者,包括在 SEC、FINRA 核准注册的经纪人、投资商以及投资顾问,在各州相关部门下注册,或拥有相关牌照从事证券活动的自然人。经 FINRA 或证券法规定的行业自律组织认定的具有相关投资经验的自然人为获准投资者,要求自然人拥有一定的证券知识,能独立了解、理解企业的财务报表,了解投资中存在的风险。

此规定进一步扩大投资者范围,如果认为目前是富有的投资者可以参与私募发行,那么该规则支持了有丰富投资经验和专业知识及可以承受投资风险的投资者参与,进一步提升私募市场的活力。同时,认定具有专业能力的投资者成为合格投资者,也更能进一步提高市场内投资者的水平。

对于合格投资者的规定,科创板由投资者开通权限前的 20 日日均账户资产水平来衡量投资者的经济能力，由开通 A 股账户交易满两年来衡量投资者的投资经验。相对而言，美国上市自由度较高，注册制下比较追求的是公司提供信息的真实性，所以在非公开发行的情况下也延续了上市发行时采用的注册制，对合格投资者也从多角度出发设置了不同的衡量维度，并在近期的改革中不断扩展合格投资者的认定范围。

9.6.5 纳斯达克定向增发规制小结

总体来说，美国上市自由度较高，注册制比较追求的是公司提供信息的真实性，所以在非公开发行的情况下也延续了上市发行时采用的注册制。在小额和符合豁免条例的情况下，并不要求公司的非公开发行行为要经过审批；在大量发行的情况下要求公司事先取得股东的同意；对非公开发行的证券上市流通从期限和销售量两方面做了较为严格的管控，对合格投资者的描绘也从多方面、多角度出发，设置了不同的衡量维度，在近期的改革中，不断扩展合格投资者的认定范围。

9.7 本章小结

1. 以注册制为前提的科创板市场中定向增发审批的再思考

科创板目前相较于 A 股市场的确在规则层面营造了一个更为宽松的再融资环境，增加了发行对象的数量，上市公司对发行价格有了更大的定价范围，缩短了定向增发的股票限售期，也首次推行了非公开发行的简易程序。但科创板再融资过程仍然采用核准制，这与注册制理念有所出入。纳斯达克市场对非公开发行采用豁免条例，在涉及大量交易的情况时增加了 20% 制度的监管，同时使用了严格的惩罚措施来防范公司的违规行为，以保护投资者的利益。科创板也应考虑给予上市公司融资自主权，将监管的手段集中于定向增发的股票流通环节，对其在市场上的流通进一步设置门槛，来保护小股东的利益，同时提高定向增发中的违法成本来对上市公司进行约束，并通过投资者教育让投资者充分了解投资的风险性。若在科创板中制定更为宽松的定向增发融资政策，保持科创板市场内政策的一贯性，以此作为尝试，逐步转变，将使科创板和主板市场在未来的发展道路上有所差别，从而拓宽科技企业融资渠道，增强市场的活力，充分发挥科创板"试验田"作用。

2. 考虑细分及多维化合格投资者的衡量标准

扩大投资者的范围可以使市场中可募集的资金增加，市场交易变得更加活跃，有助于企业从市场当中获得更多的资金，促进企业的发展。在法条中规定了科创板中合格投资者的衡量标准，以投资者参与A股投资的年限来衡量投资者的投资经验，以投资账户中20日内日均余额来衡量投资者的财力水平。目前科创板的准入门槛和参加科创板定向增发的合格投资者的门槛是相同的。纳斯达克市场中的合格投资者标准是为参与非公开发行单独设置的标准，本身对比参与整个板块的正常交易的标准有一定的提高，同时衡量标准也更加多元。投资者可以选择年均收入认定，也可以选择除房产外的资产净值认定，除了对个人的投资认定，也有对以家庭为单位的投资者进行的资产认定。推行中的改革措施更是规定了有专业知识的人士在经过认定注册后也可以成为一名合格投资者。科创板可以考虑是否把参与非公开发行的标准进一步提高，增加认定以家庭为单位的投资主体成为合格投资者，为其单独设定衡量标准；进一步考虑是否让拥有证券行业专业知识的人员或通过了证券、金融相关高水平考试获得证书的人员也成为合格投资者，拥有参加非公开发行的资格。

同时针对目前个人投资者占比较大以及大部分的散户投资者无法参与科创板交易的状况，可以将其资产引流至机构投资者的账户中，由机构投资者代为投资操作。同时，强化对有关投资机构的管制，提高机构投资者在市场上的可信度，建立以信息披露为核心的审核体系，营造良好的市场氛围，持续优化资本市场生态。

第 10 章　主要结论及政策建议

10.1　主要结论

本书基于中小投资者保护视角，在我国资本市场的制度背景下，重点分析定向增发社会关系、定向增发新规规制与大股东的隧道行为之间的关系。在文献回顾、理论研究和中国资本市场环境分析的基础上，本书构建了理论分析模型，推导在不同的市场环境和交易状态下，大股东和关系方在定向增发事件中的利益构成。进一步，本书建立了大股东与机构投资者合谋策略组合，在顺序博弈下，探讨不同条件下的均衡决策，并在此基础上提出研究假设，建立实证回归模型，重点分析大股东定向增发事件所形成的社会关系，即政治关联、机构投资者及其他股东对大股东在定向增发中隧道行为的影响，以及定向增发新规"17细则"对隧道效应和企业创新的影响，进一步探究中美再融资制度的差异，在中国情境下初步探讨注册制下的定向增发制度的制定，合格投资者制度的完善。具体内容可以分为以下几个部分。

本书建立了定向增发价格机理理论分析模型，在完美市场环境条件下，推演社会关系各方在定向增发中的利益构成，并逐步放松假设，在信息不对称与存在交易费用的条件下推演是否存在大股东隧道效应。研究发现，无论是在完美市场环境下，还是在非完美市场环境下，大股东定向增发中均存在隧道效应，且大股东参与程度越高，定向增发定价越低，获得的超额收益越高。进一步，本书构建了大股东与机构投资者合谋博弈模型。在一般条件下，进行顺序博弈得到了非合作均衡，大股东与机构投资者未达成合谋；但据资金用途的甄别机制，大股东与机构投资者存在亲密关系时，得到了合作均衡，大股东与机构投资者在定向增发中达成合谋。模型推演为定向增发隧道效应的实证检验提供了理论基础。

研究发现，定向增发现今几乎成为上市公司股权再融资的唯一选择。募集的定向增发资金虽然大多数用于项目融资，但近年来项目融资的占比却逐年减少。"17细则"出台后，定向增发数量锐减，资本运作的比重也在下降。围绕定向增发事件形成多层次复杂的社会关系网，不同的定向增发参与主体嵌入关系网中，包括组内相关关系和组间相关关系，关系主体之间互动频繁程度不同，构成强弱不同的相关关系。根据嵌入性理论，关系强弱将影响定向增发中的资源获取和利益分配。

在上述理论模型的基础上，结合我国定向增发市场现状，本书分别从上层政治关系层面、公司外部关系层面和公司内部关系层面，运用2006年至2016年定向增发数据，对定向增发新规前政治关联、机构投资者及其他股东等围绕大股东形成的社会关系与定向增发隧道效应之间的关系进行实证数据检验；运用2015年至2019年的定向增发数据，研究2017年定向增发新规对大股东隧道效应和企业创新的影响。

本研究主要结论如下。

①本书揭示大股东在定向增发中隧道行为的外部条件和传导路径。在定向增发过程中，大股东压低定向增发发行价格，利用高折价率实现隧道效应，并利用政治关联提高定向增发过会率，推动定向增发项目的进行，增加实施隧道行为的概率。相对于国有企业，民营企业在政治关联外在条件下，隧道效应更为明显。本书根据中介效应检验，验证大股东通过真实盈余管理活动操控造成定向增发高折价，实现自我利益输送的隧道效应。

②大股东参与以资本运作为目的的定向增发融资，快速实现资金转移，利用隧道效应实现自我利益输送。在一般情况下，机构投资者则更多地参与以项目融资为目的的定向增发融资，承担了更多的项目风险，制衡了大股东的隧道行为，降低了定向增发的隧道效应。而在机构投资者与大股东存在密切关系的条件下，机构投资者有机会参与资本运作的定向增发项目，与大股东合谋实施隧道效应，二者以此共同获取超额收益。进一步研究表明，大股东与机构投资者的合谋效应在国有企业、股权集中度较弱的公司中表现更为明显。在融资约束较弱的公司中，公司的资金充足率较高，大股东会降低项目融资的风险补偿要求。

③股权结构关系有效地影响大股东隧道行为。股权关系的亲密度与大股东参与定向增发行为呈倒U关系，而且相比国有企业，民营企业这种关系更

为显著。随着股权关系亲密度的提升，大股东认购定向增发股份的热情进一步提升，达到一定临界值后，大股东认购热情降低。股权关系亲密度的提升对大股东的隧道行为产生了推动作用，股权关系亲密度的提升有助于大股东在定向增发中进行资本运作，而非进行实体项目运营，提高定向增发隧道效应。从股权关系制衡角度看，股权关系制衡度的提高对大股东在定向增发中隧道行为的制衡有显著的效果，在抑制大股东定向增发折价方面，联合第二大持股股东制衡效果最为显著。同时，其他股东股权联合还有效抑制了大股东定向增发资本运作行为。

④定向增发新规"17 细则"的实施有效地抑制了大股东利益输送行为，促进了企业的创新投入。定价新规实施以前，上市公司大股东发行定向增发股票时，利用自身权益优势，通过盈余管理、择时定价等一系列手段进行利益输送。新规修改了旧规中定价基准日选择权，限制了大股东对定价区间的控制，一定程度上制约了定向增发中的隧道效应。新规实施不仅有效抑制大股东利益输送，规范资本市场交易行为，稳定各方利益相关者关系，同时支持民营上市企业创新能力发展，将定向增发融资资金投入企业的创新研发，为融资企业争取更多主动权，并在创新绩效产出方面也有一定的助力作用。

⑤科创板的定向增发政策趋近于 A 股市场的定向增发政策，相较于纳斯达克市场再融资政策审核略严格，与之注册制的宽松的审核制度和设立初衷有所偏离。纳斯达克市场对非公开发行设立豁免条例，在涉及大量交易的情况时增加了 20% 的制度监管，使用了严格的惩罚措施来防止公司违规行为的出现，保护投资者的利益。另外，在合格投资者的衡量标准细分及多维化方面，科创板的准入门槛和参加科创板内的定向增发的合格投资者门槛是相同的，而纳斯达克市场衡量标准更加宽松，更加多维化。

10.2 政策建议

根据上述分析结论，基于当前资本市场发展的新形势，本书从社会关系的视角，为抑制我国定向增发隧道效应，提升定向增发市场效率，保护中小投资者利益，科学制定注册制下定向增发制度，提出以下几点政策建议。

1. 完善资本市场信息披露制度，增强资本市场监管力度

我国应进一步完善资本市场相关的法律法规，加强对市场主体行为的监

管力度，以保护投资者合法权益。我国金融体系缺乏足够的流动性和透明度，应对金融风险能力不足，金融体系内部道德风险、逆向选择问题严重。完善资本市场信息披露制度，并对上市公司信息披露的持续性、信息披露质量做出严格的规定，建立多种形式的信息披露手段，推动信息披露模式创新化、涉及范围广泛化，可以提高资本市场的透明度，化解信息不足带来的金融挤兑风险，减少信息不对称造成的投资者利益侵害。在投资者利益保护方面，应建立明确的投资者保护法律法规，并适时提高相关法律法规的普及程度，使中小投资者明确何为投资者权利和义务，在何种情况下自身的利益受到了侵害，并如何维护自身权利。我国中小投资者是典型的"噪声交易者"，应加强中小投资者证券投资和分析等相关知识的普及，引导中小投资者理性投资，树立科学的投资理念。加强资本市场的监管力度，制度与监管应该并举，我国资本市场上的诸多规定在实际操作中无法落实，原因在于监管不力。上市公司的盈余管理行为、机构投资者的股价操纵、定向增发过程中的劣质资产注入等问题屡见不鲜，说明执法过程并没有实现有效率的监管和惩戒。

2. 规范完善定向增发市场，提升定向增发市场化程度

其一，进一步完善定向增发定价的市场化机制。研究发现定向增发的定价机制给了大股东极大的操纵空间。虽然证监会规定，上市公司定向增发时的股票发行价格不能低于定价基准日前 20 个交易日公司股票均价的 90%，但依然存在大股东利用定价基准日选择权[①]通过盈余管理、内幕交易等压低定向增发发行价格，实施利益转移。2017 年 2 月证监会修改了《上市公司非公开发行股票实施细则》，将定价基准日锁定为本次非公开发行股票发行期的首日，极大限制了大股东对定价基准日的操控，显著抑制了大股东的利益输送行为。但有研究表明，大股东依然可以通过停牌操控和市场择时等手段实现低价认购的目的（黄叶苨，2017）。因此，还应进一步完善定向增发定价的市场化机制，避免大股东通过停牌操控和定价择时等手段，实现定向增发折价带来的隧道效应。其二，优化定向增发的准入机制，并且适当提高定向增发准入门槛，防止大股东利用政治关联提高定向增发过会率。其三，有效监控大股东与机构投资者的社会关系，限制与大股东有密切关系的机构投资者进入定向增发市场进行资本运作，避免大股东与机构投资者合谋实施隧道行为。

---

① 定价基准日可以为董事会决议公告日、股东大会决议公告日和发行期的首日三个日期其中之一。

其四，严格限制并有效地监督大股东和机构投资者认购定向增发股份后的减持行为，防止大股东和机构投资者利用定向增发进行短期套利行为。

3. 引导形成制衡型的社会关系网，培育中小投资者非正式保护机制

从社会关系的嵌入性视角来看，围绕定向增发事件形成了加剧大股东隧道行为和制衡大股东隧道行为的两类社会关系。监管方应充分引导促进制衡型社会关系的形成，着力监督大股东隧道行为的助力方；在定向增发中积极引导机构投资者参与，进行理性投资和价值投资；在鼓励超常规发展机构投资者的战略指导下，大力发展机构投资者，充分发挥其积极作用，同时建立相应机制，识别与大股东共同参与资本运作的机构投资者的行为与目的，防范个别机构投资者的内幕交易、操纵股票价格和非法融资行为，切实保护中小投资者利益。从股权关系视角看，应优化我国上市公司的股权结构，建立股东联合制约机制，改善其公司治理，加强企业内部的制衡与监管，进而有效减少大股东的隧道行为。股权分置改革对非流通股股东的股份补偿并没能改变我国上市公司"一股独大"的现状，有必要推进所有权结构的多元化、股权关系的多层次化，使股权关系的制衡作为补充法律监管的非正式机制，在内部公司治理和外部资本市场的公平性维护上发挥重要作用。

4. 发展债券市场，拓宽金融市场融资渠道

我国上市公司的融资偏好一直与融资优序理论相悖，表现出偏好外源融资和股权融资的特点。这与我国债券市场发展缓慢、债务融资困难有极大的关系。为了平衡金融市场的发展，防止定向增发的过热发展，控制投机者场外配资，多倍杠杆炒作定向增发题材，应进一步发展债券市场，提高上市公司债券融资能力、市场对抗能力，防范系统性金融风险；应促进多元化的再融资资本市场体系的良好运行，提高资本市场资源配置效率。

5. 以注册制为前提，借鉴国际经验整合定向增发制度

科创板目前相较于 A 股市场在规则层面营造出了一个更为宽松的再融资环境，增加了发行对象的数量，扩大了定价范围，缩短了定向增发股票限售期，但是仍然实施定向增发审批核准制度。监管方应参考纳斯达克市场的豁免条例，尤其是利用高额的惩罚防止公司的违规行为，保护投资者的利益，放松事前监管，不代表不进行监管，而是加强事后监管。此外，监管方应考虑细分及多维化合格投资者的衡量标准。科创板的准入门槛和参加科创板内的定向增发的合格投资者门槛是相同的，而纳斯达克市场衡量标准更加宽松

和多维化。扩大投资者的范围可以增加市场中的募集资金，活跃市场交易，促进金融市场健康、稳定发展。

10.3 不足与展望

本研究围绕定向增发新规规制、社会关系与大股东隧道行为进行研究，旨在保护中小投资者利益，但仍存在不足之处，有待进一步改善。

①在理论模型的分析中，假设了大股东认购定向增发股份，而中小股东并未认购定向增发股份，并未讨论不同股东同时认购定向增发股份情形下收益状况；在博弈分析矩阵中，对大股东和机构投资者策略组合的探讨情况较基础，并未涉及多期行为模式对博弈均衡的影响。后续研究时，应在模型推演中对更为复杂的情形加以讨论。

②在定向增发社会关系的研究中，本书主要关注定向增发政治关联、大股东与机构投资者关系以及股权结构关系密切程度对定向增发的影响。社会关系的研究方面，围绕定向增发形成的复杂动态的社会关系网，本书并没有逐一进行研究，有待进一步研究和讨论。

③本书主要采用实证研究的方式进行检验，其中也有无法考虑周全的内生性问题以及变量选取问题。本书并未结合案例进行研究，未对研究问题进行个案解析，若能够结合案例，将增加研究结论的说服力。

④对机构投资者并没有采取更详细的分类。近年来，大量投资资本系如泽熙系、硅谷天堂、中植系活跃在资本投资市场上和媒体舆论中。投资资本系对定向增发项目的热衷及其上演的股市传奇，都是值得研究的重点。

本书对定向增发社会关系与隧道效应的研究只是大量研究工作的一小部分，未来还有诸多研究工作需要展开。资本市场的发展应该以公平与效率统一为目标，资本市场肩负着新时代的重要使命。党的十九大报告提出，深化金融体制改革，增强金融服务实体经济能力，提高直接融资比重，促进多层次资本市场健康发展，这意味着资本市场是现代金融体系的重要构成，优化资源配置、提高资源配置效率才能更好地助推经济增长转型、支持创新创业。本书的研究主要关注资本市场公平性，另一个资本市场研究的重点是资本市场的资源配置效率的研究，本书并未涉及，这也是未来研究的重要方面。

参考文献

[1] Barclay M J, Holderness C G, Sheehan D P. Private Placements and Managerial Entrenchment [J]. Journal of Corporate Finance, 2007, 13 (4): 461-484.

[2] Wruck K H. Equity Ownership Concentration and Firm Value: Evidence from Private Equity Financing [J]. Journal of Financial Economics, 1989, 23 (1): 3-28.

[3] Lee C M C, Shleifer A, Thaler R H. Investor Sentiment and the Closed-End Fund Puzzle [J]. Journal of Finance, 1991, 46 (1): 75-109.

[4] Ben-Rephael A, Kandel S, Wohl A. Measuring Investor Sentiment with Mutual Fund Flows [J]. Journal of Financial Economics, 2012, 104 (2): 363-382.

[5] Schmeling M. Institutional and Individual Sentiment: Smart Money and Noise Trader Risk? [J]. International Journal of Forecasting, 2008, 23 (1): 127-145.

[6] Hertzel M, Smith R L. Market Discounts and Shareholder Gains for Placing Equity Privately [J]. Journal of Finance, 1993, 48 (2): 459-485.

[7] Bushee B J. The Influence of Institutional Investors on Myopic R&D Investment Behavior [J]. Accounting Review, 1998, 73 (3): 305-329.

[8] Shleifer A, Vishny R W. Large Shareholders and Corporate Control [J]. Journal of Political Economy, 1986, 94 (3): 461-488.

[9] Holderness C G, Sheehan D P. The Role of Majority Shareholders in Publicly Held Corporations: An Exploratory Analysis [J]. Journal of Financial Economics, 1988, 20 (1-2): 317-346.

[10] Useem M, Bowman E H, Myatt J. US Institutional Investors Look at Corporate Governance in the 1990s [J]. European Management Journal, 1993, 11 (2): 175-189.

[11] Daily C M, Johnson J L, Ellstrand A E. Institutional Investor Activism: Follow the Leaders? [M]. Social Science Electronic Publishing, 1996.

[12] Pound J. Proxy Contests and the Efficiency of Shareholder Oversight [J]. Journal of Financial Economics, 1988, 20: 237-265.

[13] Granovetter M S. Economic Action and Social Structure. [J]. American Journal of Sociology, 1985, 91 (3): 481-510.

[14] Porta R L, Lopez-de-Silanes F, Shleifer A. Corporate Ownership around the World [J].

Journal of Finance, 1999, 54 (2): 471-517.

[15] Alchian A, Demsetz H. Production, Information Costs and Economic Organization [J]. The American Economic Review, 1972, 62 (5): 777-795.

[16] Berle A A, Means G C, Weidenbaum M L. The Modern Corporation and Private Property [J]. Economic Journal, 1932, 20 (6): 119-129.

[17] Jensen M, Meckling W. Theory of the Firm: Managerial Behavior, Agency Costs and Ownership Structure [J]. Journal of Financial Economics, 1976, 3 (4): 305-360.

[18] Ross S A. The Economic Theory of Agency: The Principal's Problem [J]. American Economic Association, 1973, 53 (4): 134-139.

[19] Mirrlees J A. The Optimal Structure of Incentives and Authority Within an Organization [J]. Bell Journal of Economics, 1976, 7 (1): 105-131.

[20] Fama E F. Agency Problems and the Theory of the Firm [J]. Journal of Political Economy, 1980, 88 (2): 288-307.

[21] Grossman S J, Hart O D. The Costs and Benefits of Ownership: A Theory of Vertical and Lateral Integration [J]. Journal of Political Economy, 1986, 94 (4): 691-719.

[22] Hart O, Moore J. Property Rights and the Nature of the Firm [J]. Journal of Political Economy, 1990, 98 (6): 1119-1158.

[23] Grossman S J, Hart O D. Takeover Bids, the Free-Rider Problem and the Theory of the Corporation [J]. Bell Journal of Economics, 1980, 11 (1): 42-64.

[24] Levy H. Economic Evaluation of Voting Power of Common Stock [J]. Journal of Finance, 1983, 38 (1): 79-93.

[25] Claessens S, Djankov S, Lang L H P. The Separation of Ownership and Control in East Asian Corporations [J]. Journal of Financial Economics, 2000, 58 (1-2): 81-112.

[26] Franks J R. Corporate Ownership and Control in Germany, the UK and France [J]. Journal of Applied Corporate Finance, 1997, 9 (4): 30-45.

[27] Faccio M, Lang L H P. The Ultimate Ownership of Western European Corporations [J]. Journal of Financial Economics, 2002, 65 (3): 365-395.

[28] Cronqvist H. Agency Costs of Controlling Minority Shareholders [J]. Journal of Financial & Quantitative Analysis, 2003, 38 (4): 695-719.

[29] Shleifer A, Vishny R W. A Survey of Corporate Governance [J]. Journal of Finance, 1997, 52 (2): 737-783.

[30] Porta R, Lopez-de-Silanes F, Shleifer A. Investor Protection and Corporate Valuation [J]. Journal of Finance, 2002, 57 (3): 1147-1170.

[31] Johnson S, Porta R L, Lopez-de-Silanes F. Tunneling [J]. American Economic Review, 2000, 90 (2): 22-27.

[32] Porta R L, Lopez-de-Silanes F, Shleifer A. Legal Determinants of External Finance [J]. Journal of Finance, 1997, 52: 1131-1150.

[33] Cheung Y L, Rau P R, Stouraitis A. Tunneling, Propping and Expropriation: Evidence from Connected Party Transactions in Hong Kong [J]. Journal of Financial Economics, 2006, 82 (2): 343-386.

[34] Bertrand M, Mehta P, Mullainathan S. Ferreting out Tunneling: An Application to Indian Business Groups [J]. The Quarterly Journal of Economics, 2002, 117 (1): 121-148.

[35] Riyanto Y E, Toolsema L A. Tunneling and Propping: A Justification for Pyramidal Ownership [J]. Journal of Banking & Finance, 2008, 32 (10): 2178-2187.

[36] Peng W Q, Wei K C J, Yang Z. Tunneling or Propping: Evidence from Connected Transactions in China [J]. Journal of Corporate Finance, 2011, 17 (2): 306-325.

[37] Shleifer A, Vishny R W. Large Shareholders and Corporate Control [J]. Journal of Political Economy, 1986, 94 (3): 461-488.

[38] Zwiebel J. Block Investment and Partial Benefits of Corporate Control [J]. Review of Economic Studies, 1995, 62 (2): 161-185.

[39] Bennedsen M, Wolfenzon D. The Balance of Power in Closely Held Corporations [J]. Journal of Financial Economics, 2000, 58 (1-2): 113-139.

[40] Edwards J S S, Weichenrieder A J. Ownership Concentration and Share Valuation [J]. German Economic Review, 2004, 5 (2): 143-171.

[41] Prima A D, Stevenson S. Investor Protection, Corporate Governance and Firm Performance: Evidence from Asian Real Estate Investment Trusts [R]. European Real Estate Society, 2015.

[42] Gomes A, Novaes W. Sharing of Control as a Corporate Governance Mechanism [J]. Penn Caress Working Papers, 2001, 12 (3): 142-156.

[43] Volpin P F. Governance with Poor Investor Protection: Evidence from Top Executive Turnover in Italy [J]. Journal of Financial Economics, 2002, 64 (1): 61-90.

[44] Maury B, Pajuste A. Multiple Large Shareholders and Firm Value [J]. Journal of Banking & Finance, 2005, 29 (7): 1813-1834.

[45] Edwards J S S, Weichenrieder A J. Control Rights, Pyramids and the Measurement of Ownership Concentration [J]. Journal of Economic Behavior & Organization, 2009, 72 (1): 489-508.

[46] Bednarek Z, Moszoro M. The Arrow-Lind Theorem Revisited: Ownership Concentration and Valuation [J]. Applied Financial Economics, 2014, 24 (5): 357-375.

[47] Porta R L, Lopez-de-Silanes F, Shleifer A. Law and Finance [J]. Journal of Political Economy, 1998, 106 (6): 1113-1155.

[48] Nenova T. Control Values and Changes in Corporate Law in Brazil [J]. Latin American Business Review, 2006, 6 (3): 1-37.

[49] Johnson S, Boone P, Breach A. Corporate Governance in the Asian Financial Crisis [J]. Journal of Financial Economics, 2000, 58 (1-2): 141-186.

[50] Allen F, Qian J, Qian M. Law, Finance and Economic Growth in China [J]. Journal of Financial Economics, 2005, 77 (1): 57-116.

[51] Barnes J A. Class and Committees in a Norwegian Island Parish [J]. Human Relations, 1954, 7 (1): 39-58.

[52] Bott E. Family and Social Network [J]. Mental Health, 1958, 17 (3): 110-111.

[53] Breiger R L. Social Mobility and Social Structure [J]. Administrative Science Quarterly, 1990, 37 (1): 386-391.

[54] Lin N. Social Mobility and Social Structure [M]. Cambridge University Press, 1990.

[55] Marsden P V, Lin N. Social Structure and Network Analysis [J]. Social Forces, 1982, 63 (3): 854.

[56] Lin N, Ensel W M, Vaughn J C. Social Resources and Strength of Ties: Structural Factors in Occupational Status Attainment [J]. American Sociological Review, 1981, 46 (4): 393-405.

[57] Lin N. Social Networks and Status Attainment [J]. Annual Review of Sociology, 1999, 25 (1): 467-487.

[58] Granovetter M. The Strength of Weak Ties [J]. Social Networks, 1973, 78 (6): 1360-1380.

[59] Granovetter M. Getting a Job: A Study of Contacts and Careers [M]. University of Chicago Press, 1995.

[60] Burt R S. Structural Holes: The Social Structure of Competition [M]. Harvard University Press, 2009.

[61] Burt R S. Bridge Decay [J]. Social Networks, 2002, 24 (4): 333-363.

[62] Bell G G. Clusters, Networks and Firm Innovativeness [J]. Strategic Management Journal, 2005, 26 (3): 287-295.

[63] Tichy N M, Tushman M L, Fombrun C. Social Network Analysis for Organizations [J]. Academy of Management Review, 1979, 4 (4): 507-519.

[64] Houston J F, Jiang L, Lin C. Political Connections and the Cost of Bank Loans [J]. Journal of Accounting Research, 2014, 52 (1): 193-243.

[65] McMillan J, Woodruff C. Dispute Prevention without Courts in Vietnam [J]. Journal of Law, Economics and Organization, 1999, 15 (3): 637-658.

[66] Chuluun T, Prevost A, Puthenpurackal J. Board Ties and the Cost of Corporate Debt [J]. Financial Management, 2014, 43 (3): 533-568.

[67] Liedong T A, Rajwani T. The Impact of Managerial Political Ties on Corporate Governance and Debt Financing: Evidence from Ghana [J]. Long Range Planning, 2017, 3 (1): 81-109.

[68] Cohen L, Frazzini A, Malloy C. The Small World of Investing: Board Connections and

Mutual Fund Returns [J]. Journal of Political Economy, 2008, 116 (5): 951-979.

[69] Noyes E, Brush C, Hatten K. Firm Network Position and Corporate Venture Capital Investment [J]. Journal of Small Business Management, 2014, 52 (4): 713-731.

[70] Tsai W. Knowledge Transfer in Intra-organizational Networks: Effects of Network Position and Absorptive Capacity on Business Unit Innovation and Performance [J]. Academy of Management Journal, 2001, 44 (5): 996-1004.

[71] Baum J R, Locke E A. The Relationship of Entrepreneurial Traits, Skill and Motivation to Subsequent Venture Growth [J]. Journal of Applied Psychology, 2004, 89 (4): 587-598.

[72] Bell G G. Clusters, Networks and Firm Innovativeness [J]. Strategic Management Journal, 2005, 26 (3): 287-295.

[73] Dhanasai C, Parkhe A. Orchestrating Innovation Networks [J]. Academy of Management Review, 2006, 31 (3): 659-669.

[74] Adler P S, Kwon S W. Social Capital: The Good, the Bad and the Ugly [J]. Knowledge & Social Capital, 2000, 12 (Suppl B): 89-115.

[75] Mcevily B, Marcus A. Embedded Ties and the Acquisition of Competitive Capabilities [J]. Strategic Management Journal, 2005, 26 (11): 1033-1055.

[76] Zhang Q. Influence of Relationship between Supply Chain Members on Innovation Performance [J]. Open Journal of Social Sciences, 2015, 2 (9): 167-172.

[77] Molin J. Shareholder Gains from Equity Private Placements: Evidence from the Stockholm Stock Exchange [M]. Stockholm School of Economics, Economic Research Inst., 1996.

[78] Chen S S, Ho K W, Lee C. Wealth Effects of Private Equity Placements: Evidence from Singapore [J]. Financial Review, 2002, 37 (2): 165-183.

[79] Cronqvist H, Nilsson M. The Choice between Rights Offerings and Private Equity Placements [J]. Journal of Financial Economics, 2005, 78 (2): 375-407.

[80] Chakraborty I, Gantchev N. Does Shareholder Coordination Matter? Evidence from Private Placements [J]. Journal of Financial Economics, 2013, 108 (1): 213-230.

[81] Loughran T, Ritter J R. The New Issues Puzzle [J]. Journal of finance, 1995, 50 (1): 23-51.

[82] Teoh S H, Welch I, Wong T J. Earnings Management and the Underperformance of Seasoned Equity Offerings [J]. Journal of Financial Economics, 1998, 50 (1): 63-99.

[83] Shivakumar L. Do Firms Mislead Investors by Overstating Earnings before Seasoned Equity Offerings? [J]. Journal of Accounting and Economics, 2000, 29 (3): 339-371.

[84] Rangan S. Earnings Management and the Performance of Seasoned Equity Offerings [J]. Journal of Financial Economics, 1998, 50 (1): 101-122.

[85] Bartels L M, Brady H E. Economic Behavior in Political Context [J]. American Economic Review, 2003, 93 (2): 156-161.

[86] Shleifer A, Vishny R W. Politicians and Firms [J]. The Quarterly Journal of Economics, 1994, 109 (4): 995 – 1025.

[87] Correia M M. Political Connections and SEC Enforcement [J]. Journal of Accounting and Economics, 2014, 57 (2 – 3): 241 – 262.

[88] Chaney P K, Faccio M, Parsley D. The Quality of Accounting Information in Politically Connected Firms [J]. Journal of Accounting and Economics, 2011, 51 (1 – 2): 58 – 76.

[89] Johnson S, McMillan J, Woodruff C. Property Rights and Finance [J]. American Economic Review, 2002, 92 (5): 1335 – 1356.

[90] Su X, Yang Z. State Control, Financial Constraints and Firm Growth: Evidence from China [J]. Unpublished Working Paper. International Conference on the Corporate Finance and Governance of Emerging Markets, City University of Hong Kong, 2009.

[91] Schipper K. Commentary on Earnings Management [J]. Accounting Horizons, 1989, 3 (4): 91 – 102.

[92] Kim M, Ritter J R. Valuing IPOs [J]. Journal of Financial Economics, 1999, 53 (3): 409 – 437.

[93] Gunny K A. The Relation Between Earnings Management Using Real Activities Manipulation and Future Performance: Evidence from Meeting Earnings Benchmarks [J]. Contemporary Accounting Research, 2010, 27 (3): 855 – 888.

[94] Dechow P M, Skinner D J. Earnings Management: Reconciling the Views of Accounting Academics, Practitioners and Regulators [J]. Accounting Horizons, 2000, 14 (2): 235 – 250.

[95] Roychowdhury S. Earnings Management Through Real Activities Manipulation [J]. Journal of Accounting & Economics, 2006, 42 (3): 335 – 370.

[96] Baek J S, Kang J K, Lee I. Business Groups and Tunneling: Evidence from Private Securities Offerings by Korean Chaebols [J]. Journal of Finance, 2006, 61 (5): 2415 – 2449.

[97] Jones J J. Earnings Management During Import Relief Investigation [J]. Journal of Accounting Research, 1991, 29 (2): 193 – 228.

[98] Dechow P M, Sloan R G, Sweeney A P. Detecting Earnings Management [J]. The Accounting Review, 1995, 70 (2): 193 – 225.

[99] Cohen D A, Dey A, Lys T Z. Real and Accrual-Based Earnings Management in the Pre-and Post-Sarbanes-Oxley Periods [J]. The Accounting Review, 2008, 83 (3): 757 – 787.

[100] Alvarez-Ramirez J, Alvarez J, Rodríguez E. Asymmetric Long-Term Autocorrelations in Crude Oil Markets [J]. Physica A, 2015, 424: 330 – 341.

[101] Njah M. Jarboui A. Institutional Investors, Corporate Governance and Earnings Management Around Merger: Evidence from French Absorbing Firms [J]. Journal of Economics, Finance and Administrative Science, 2013, 18 (35): 89 – 96.

［102］Chakrabarti G. Time–Series Momentum Trading Strategies in the Global Stock Market ［J］. Business Economics, 2015, 50 (2): 80–90.

［103］Shi H L, Jiang Z Q, Zhou W X. Time–Varying Return Predictability in the Chinese Stock Market ［J］. Reports in Advances of Physical Sciences, 2016, 1 (1).

［104］Wang Y, Liu L, Gu R. Analysis of Market Efficiency for the Shanghai Stock Market Over Time ［J］. Physica A, 2010, 389 (8): 1635–1642.

［105］Shi H L, Jiang Z Q, Zhou W X. Profitability of Contrarian Strategies in the Chinese Stock Market ［J］. PLoS One, 2015, 10 (9).

［106］Baek J S, Kang J K, Lee I. Business Groups and Tunneling: Evidence from Private Securities Offerings by Korean Chaebols ［J］. Journal of Finance, 2006, 61 (5): 2415–2449.

［107］Kaplan S N, Zingales L. Do Investment-Cash Flow Sensitivities Provide Useful Measures of Financing Constraints? ［J］. Quarterly Journal of Economics, 1997, 112 (1): 169–215.

［108］Berle A A, Means G G C. The Modern Corporation and Private Property ［M］. Transaction publishers, 1991.

［109］Bloch F, Hege U. Multiple Shareholders and Control Contests ［J］. Unpublished Working Paper. HEC School of Management, 2003.

［110］Gomes A, Novaes W. Sharing of Control Versus Monitoring ［J］. Unpublished Working Paper. University of Pennsylvania Law School, 2005.

［111］Laeven L, Levine R. Beyond the Biggest: Do Other Large Shareholders Influence Corporate Valuations ［J］. Unpublished Working Paper. University of Minnesota, 2004.

［112］Wenjie M A, Cao X, Yin C. The Option Characteristics of Discount Rate in Private Placements and Its Information Contents ［J］. China Economic Quarterly, 2018.

［113］He D, Wang N. Tunneling, Information Asymmetry and Private Placement Discounts ［J］. Frontiers of Business Research in China, 2012, 6 (3): 325–346.

［114］Jing Lin, Yunbi An, Jun Yang, Yinhe Liang. Price Inversion and Post Lock-up Period Returns on Private Investments in Public Equity in China: An Interest Transfer Perspective ［J］. Journal of Corporate Finance, 2019, 54: 47–84.

［115］Aguilera R V, Jackson G. The Cross-national Diversity of Corporate Governance: Dimensions and Determinants ［J］. Academy of Management Review, 2003, 28 (3): 447–465.

［116］Niamh M Brennan, Jill Solomon. Corporate Governance, Accountability and Mechanisms of Accountability: An Overview ［J］. Accounting Auditing & Accountability Journal, 2008, 21: 885–906.

［117］Jensen, Michael C, Meckling, William H. Theory of the Firm: Managerial Behavior, Agency Costs and Ownership Structure ［J］. Social Science Electronic Publishing ［J］. 1976, 3 (4): 305–360.

［118］Chng D H M, Rodgers M S, Shih E, et al. Leaders' Impression Management During Organizational Decline: The Roles of Publicity, Image Concerns and Incentive Compensation ［J］. The

Leadership quarterly, 2015, 26 (2): 270 - 285.

[119] Jensen M, Murphy K. Performance Pay and Top Management Incentives [J]. Journal of Political Economy, 1990, 98: 225 - 264.

[120] Williamson O E. Markets and Hierarchies: Analysis and Antitrust Implications [M]. New York: The Free Pres, 1975.

[121] Kang I, Han S, Lee J, Olfman L. An Evolutionary Perspective of Opportunism in High-technology Alliance: the Evidence from South Korean Companies [J]. Asia Pacific Bussiness Review, 2016, 22 (2): 238 - 261.

[122] Paswan A K, Hirunyawipada T, Iyer P. Opportunism, Governance Structure and Relational Norms: an Interactive Perspective [J]. Bussiness Research, 2017, 77: 131 - 139.

[123] George Akerlof. The Market for "Lemons": Quality Uncertainty and the Market Mechanism [J]. Quarterly Journal of Economics, 1970, 84.

[124] Spence M. Job Market Signaling [J]. The Quarterly Journal of Economics, 1973, 87 (3): 355 - 374.

[125] Stiglitz J E. Incentives and Risk Sharing in Sharecropping [J]. Review of Economic Studies, 1974, 41 (2): 219 - 255.

[126] Myers S C. The capital structure puzzle [J]. Journal of Finance, 1984, 39: 575 - 592.

[127] Myers S C, Majluf N. Corporate Financing and Investment Decisions when Firms Have Information Investors do not Have [J]. Journal of Financial Economics, 1984, 13: 187 - 221.

[128] Coase R H. The SOE of the Firm [J]. Economica, 1937, 4 (16): 386 - 405.

[129] Sarig O, Warga A. Bond Price Cata and Bond Market Liquidity [J]. Journal of Financial and Quantitative Analysis, 1989, 24 (3): 367 - 378.

[130] Krishnamurthy A. The bond/old-bond Spread [J]. Journal of Financial Economics, 2002, 66 (2): 463 - 506.

[131] Longstaff F A, Mithal S, Neis E. Corporate Yield Spreads: Default Risk or Liquidity? New Evidence from the Credit Default Swap Market [J]. Journal of Finance, 2005, 60 (5): 2213 - 2253.

[132] Silber William L. Discounts on Restricted Stock: The Impact of Illiquidity on Stock Prices [J]. Financial Analysts Journal, 1991, 47 (4): 60 - 64.

[133] Yakov Amihud, Haim MendeLSon. Stock and Bond Liquidity and its Effect on Prices and Financial Policies [J]. Financial Markets & Portfolio Management, 2006, 20 (1): 19 - 32.

[134] Vayanos D, Weill P O. A search-based Theory of the On-the-run Phenomenon [J]. Journal of Finance, 2008, 63 (3): 1361 - 1398.

[135] Díaz A, Escribano A. Liquidity Measures Throughout the Lifetime of the US Treasury Bond [J]. Journal of Financial Market, 2017, 33: 42 - 74.

[136] Bajaj M, Vijh A M, Westerfield R W. Ownership Structure, Agency Costs and Dividend

Policy [J]. Research in Finance, 2002, 19 (19): 1 - 28.

[137] Sarin A, Das S R, Jagannathan M. The Private Equity Discount: An Empirical Examination of the Exit of Venture Backed Companies [J]. Social Science Electronic Publishing.

[138] Kahl M. How Valuable is Stock to a Stockholder Who is Restricted from Selling it? [J] Journal of Financial Economics, 2003, 67 (3): 385 - 410.

[139] Aragon G O. Share Restrictions and Asset Pricing: Evidence From the Hedge Fund Industry [J]. Journal of Financial Economics, 2007, 83 (1): 33 - 58.

[140] Francis A Longstaff, Jiang Wang. Asset Pricing and the Credit Market [J]. Review of Financial Studies, 2008, 25 (11).

[141] Bollen A N P B. Locked Up by a Lockup: Valuing Liquidity as a Real Option [J]. Financial Management, 2010, 39 (3): 1069 - 1095.

[142] Hou W, Howell S. Trading Constraints and Illiquidity Discounts [J]. Social Science Electronic Publishing, 2012, 18 (1): 1 - 27.

[143] Schaub N, Schmid M. Hedge Fund Liquidity and Performance: Evidence from the Financial Crisis [J]. Journal of Banking & Finance, 2013, 37 (3): 671 - 692.

[144] Hertzel, Michael G, Richa L Smith. Market Discounts and Shareholder Gains for Placing Equity Privately [J]. Journal of Finance, 1993, 48: 459 - 485.

[145] Barclay, Michael J, Clifford G, Holderness, Denis P Sheehan. Private Placements and Managerial Entrenchment [J]. Forthcoming, Journal of Corporate Finance, 2007.

[146] Finnerty, John D. The Impact of Stock Transfer Restrictions on the Private Placement Discount [J]. Financial Management, 2013, 42 (3): 575 - 609.

[147] Borochin P, Yang J. Options, Equity Risks and the Value of Capital Structure Adjustments [J]. Journal of Corporate Finance, 2017, 42.

[148] Baker M P, Ruback R, Wurgler J. Behavioral Corporate Finance: A survey. In: Eckbo, E. (Ed.), The Handbook of Corporate Finance: Empirical Corporate Finance. vol. 1 (chap. 4. North-Holland).

[149] Huang R, Ritter J R. Testing Theories of Capital Structure and Estimating the Speed of Adjustment [J]. Financ. Quant Anal, 2009, 44: 237 - 271.

[150] Cochrane J H. Presidential address: Discount Rates [J]. Finance, 2011, 66: 1047 - 1108.

[151] Gomes, Armando, Phillips, GoR&Don. Why do Public Firms Issue Private and Public Securities? [J]. Journal of Financial Intermediation, 2012, 21 (4): 619 - 658.

[152] Murray Z Frank, Mahdi Nezafat. Testing the Credit-Market-Timing Hypothesis Using Counterfactual Issuing Dates [J]. Journal of Corporate Finance, 2019, 58: 187 - 207.

[153] Charmaine G, Oneil H, Jeff M, Thanh N. The Impact of Mispricing and Asymmetric Information on the Price Discount of Private Placement of Common Stock [J]. Financial Review, 2012, 47 (4): 665 - 696.

[154] La Porta R, Lopez-de-Silanes F, Shleifer A, Vishny R. Investor Protection and Corporate Governance [J]. Journal of Finance, 2000, 58: 3-28

[155] Hertzel M G, Smith R L. Market Discounts and Shareholder Gains for Placing Equity Privately [J]. Journal of Finance, 1993, 48.

[156] Kaplan S N, Schoar A. Private Equity Performance: Returns, Persistence and Capital Flows [J]. The Journal of Finance, 2005, 60 (4): 1791-1823.

[157] Ang A, Chen B, Goetzmann W N, et al. Estimating Private Equity Returns from Limited Partner Cash Flows [J]. J Financ, 2018, 73 (4): 1751-1783.

[158] Gomes A, Phillips G. Why do Public Firms Issue Private and Public Securities? [J]. Journal of Financial Intermediation, 2012, 21 (4): 619-658.

[159] Caselli S, Garcia-Appendini E, Ippolito F. Contracts and Returns in Private Equity Investments [J]. Journal of Financial Intermediation, 2013, 22 (2): 201-217.

[160] Hertzel M, Lemmon M, Linck J S, et al. Long-run Performance Following Private Placements of Equity [J]. The Journal of Finance, 2002, 57 (6): 2595-2617.

[161] Paul, Gompers, Steven, et al. What do Private Equity Firms Say They Do? [J]. Journal of Financial Economics, 2016.

[162] Floros I V, Sapp T R A. Why Do Firms Issue Private Equity Repeatedly? On the Motives and Information Content of Multiple PIPE Offerings [J]. Journal of Banking & Finance, 2012, 36 (12): 3469-3481.

[163] 支晓强, 邓路. 投资者异质信念影响定向增发折扣率吗 [J]. 财贸经济, 2014, 2: 56-65.

[164] 朱少醒, 吴冲锋, 张则斌. 基于随机图论的股市"羊群效应"模型 [J]. 系统工程理论方法应用, 2000, 1: 11-16.

[165] 谢琳, 唐松莲, 尹宇明. 内幕交易、股价操纵和大股东侵占效应——基于全流通时代定向增发事件研究 [J]. 科技管理研究, 2011, 31 (3): 240-246.

[166] 王志强, 张玮婷, 林丽芳. 上市公司定向增发中的利益输送行为研究 [J]. 南开管理评论, 2010, 13 (3): 109-116+149.

[167] 王克敏, 陈井勇. 股权结构、投资者保护与公司绩效 [J]. 管理世界, 2004, 7: 127-133+148.

[168] 王鹏. 投资者保护、代理成本与公司绩效 [J]. 经济研究, 2008, 2: 68-82.

[169] 薄仙慧, 吴联生. 国有控股与机构投资者的治理效应: 盈余管理视角 [J]. 经济研究, 2009, 44 (2): 81-91+160.

[170] 潘越, 戴亦一, 魏诗琪. 机构投资者与上市公司合谋了吗: 基于高管非自愿变更与继任选择事件的分析 [J]. 南开管理评论, 2011, 14 (2): 69-81.

[171] 郭思永, 刘春江. 市场时机、定向增发与财富转移 [J]. 经济与管理研究, 2013, 2:

27-34.

[172] 吴育辉,魏志华,吴世农. 时机选择、停牌操控与控股股东掏空——来自中国上市公司定向增发的证据 [J]. 厦门大学学报（哲学社会科学版）,2013,1：46-55.

[173] 章卫东. 定向增发新股与盈余管理——来自中国证券市场的经验证据 [J]. 管理世界,2010,1：54-63+73.

[174] 张维迎. 博弈论与信息经济学 [M]. 上海：上海三联书店,1996.

[175] 邹平,付莹. 我国上市公司控制权与现金流权分离——理论研究与实证检验 [J]. 财经研究,2007,9：135-143.

[176] 陆正华,钟婉怡. 关联担保上市公司隧道效应的存在性与实施路径——上市公司关联担保偏好原因探析 [J]. 现代财经（天津财经大学学报）,2011,31（9）：19-27.

[177] 唐跃军,谢仍明. 股份流动性、股权制衡机制与现金股利的隧道效应——来自1999—2003年中国上市公司的证据 [J]. 中国工业经济,2006,2：120-128.

[178] 张光荣,曾勇. 大股东的支撑行为与隧道行为——基于托普软件的案例研究 [J]. 管理世界,2006,8：126-135+172.

[179] 张鸣,郭思永. 大股东控制下的定向增发和财富转移——来自中国上市公司的经验证据 [J]. 会计研究,2009,5：79-86+97.

[180] 章卫东,刘珍秀,孙一帆. 公开增发新股与定向增发新股中盈余管理的比较研究 [J]. 当代财经,2013,1：118-129.

[181] 邓鸣茂. 大股东减持时机与定向增发套利行为研究 [J]. 审计与经济研究,2016,31（3）：73-82.

[182] 黄叶苨,赵远榕,刘莉亚. 定价基准日选择、市场择时与定向增发中的大股东利益输送 [J]. 经济管理,2017,39（8）：177-193.

[183] 何丽梅,蔡宁. 我国上市公司定向增发长期股价效应的实证研究 [J]. 北京工商大学学报（社会科学版）,2009,24（6）：59-65+72.

[184] 徐寿福,龚仰树. 定向增发与上市公司长期业绩下滑 [J]. 投资研究,2011,10：98-111.

[185] 耿建新,吕跃金,邹小平. 我国上市公司定向增发的长期业绩实证研究 [J]. 审计与经济研究,2011,26（6）：52-58.

[186] 李诗田,宋献中. 投资者情绪、利益输送与定向增发融资偏好 [J]. 南京审计大学学报,2016,13（4）：88-99.

[187] 肖作平,廖理. 大股东、债权人保护和公司债务期限结构选择——来自中国上市公司的经验证据 [J]. 管理世界,2007,10：99-113.

[188] 黄俊,卢介然. 股权结构、高管持股与股东隧道行为 [J]. 财经问题研究,2012,8：59-65.

[189] 苏启林,蒲惠荧. 家族控制、PE股权制衡与公司价值 [J]. 预测,2015,34（1）：41-47.

[190] 吴永明, 袁春生. 法律治理、投资者保护与财务舞弊: 一项基于上市公司的经验证据 [J]. 中国工业经济, 2007, 3: 104-111.

[191] 林钟高, 魏立江, 王海生. 投资者法律保护、产品市场竞争与公司价值 [J]. 审计与经济研究, 2012, 27 (5): 57-67.

[192] 李海凤, 史燕平. 投资者保护、政府干预与资本配置效率 [J]. 经济经纬, 2014, 31 (3): 139-144.

[193] 唐建新, 卢剑龙, 余明桂. 银行关系、政治联系与民营企业贷款——来自中国民营上市公司的经验证据 [J]. 经济评论, 2011, 3.

[194] 杨星, 田高良, 司毅, M M Fonseka. 所有权性质、企业政治关联与定向增发——基于我国上市公司的实证分析 [J]. 南开管理评论, 2016, 19 (1): 51-58+96.

[195] 王营, 曹廷求. 董事网络增进企业债务融资的作用机理研究 [J]. 金融研究, 2014, 7: 189-206.

[196] 杨勇. 基金经理网络位置与投资绩效 [J]. 经济经纬, 2012, 5: 157-160.

[197] 张敏, 童丽静, 许浩然. 社会网络与企业风险承担——基于我国上市公司的经验证据 [J]. 管理世界, 2015, 11: 161-175.

[198] 陈运森. 社会网络与企业效率: 基于结构洞位置的证据 [J]. 会计研究, 2015, 1: 48-55+97.

[199] 杨洪涛, 杨平晓. 开放度、关系网络及知识共享对企业创新绩效的影响 [J]. 工业工程与管理, 2015, 20 (2): 68-73.

[200] 郑凯, 阮永平, 何雨晴. 询价对象间关系网络的 IPO 定价后果研究 [J]. 管理科学学报, 2017, 20 (7): 57-67.

[201] 史欣向, 肖旦, 王满四. 上市公司社会网络及其对 IPO 定价效率的影响 [J]. 华东经济管理, 2015, 29 (7): 108-116.

[202] 徐寿福. 大股东认购与定向增发折价——来自中国市场的证据 [J]. 经济管理, 2009, 31 (9): 129-135.

[203] 何丽梅. 我国上市公司定向增发折价研究——基于较完整市场周期的分析 [J]. 经济管理, 2010, 32 (2): 144-151.

[204] 颜淑姬, 许永斌. 资产注入定向增发中控股股东的择机行为研究 [J]. 社会科学战线, 2011, 11: 234-236.

[205] 薛爽, 郑琦. 盈余质量与定向增发股份解锁后机构投资者的减持行为 [J]. 财经研究, 2010, 36 (11): 93-103.

[206] 李增福, 黄华林, 连玉君. 股票定向增发、盈余管理与公司的业绩滑坡——基于应计项目操控与真实活动操控方式下的研究 [J]. 数理统计与管理, 2012, 31 (5): 941-950.

[207] 王俊飚, 刘明, 王志诚. 机构投资者持股对新股增发折价影响的实证研究 [J]. 管理世界, 2012, 10: 172-173.

[208] 郭思永. 投资者保护、定向增发和财富转移 [J]. 当代经济科学, 2012, 34 (2): 71 – 79 + 126 – 127.

[209] 沈艺峰, 杨晶, 李培功. 网络舆论的公司治理影响机制研究——基于定向增发的经验证据 [J]. 南开管理评论, 2013, 16 (3): 80 – 88.

[210] 卢闯, 李志华. 投资者情绪对定向增发折价的影响研究 [J]. 中国软科学, 2011, 7: 155 – 164.

[211] 李健, 陈传明, 孙俊华. 企业家政治关联、竞争战略选择与企业价值——基于上市公司动态面板数据的实证研究 [J]. 南开管理评论, 2012, 15 (6): 147 – 157.

[212] 罗党论, 甄丽明. 民营控制、政治关系与企业融资约束——基于中国民营上市公司的经验证据 [J]. 金融研究, 2008, 12: 164 – 178.

[213] 于蔚, 汪淼军, 金祥荣. 政治关联和融资约束: 信息效应与资源效应 [J]. 经济研究, 2012, 47 (9): 125 – 139.

[214] 潘红波, 夏新平, 余明桂. 政府干预、政治关联与地方国有企业并购 [J]. 经济研究, 2008, 4: 41 – 52.

[215] 彭文伟. 政治关联、定向增发与长期业绩——以民营上市公司为例 [J]. 会计之友, 2017, 16: 41 – 46.

[216] 毛世平. 金字塔控制结构与股权制衡效应——基于中国上市公司的实证研究 [J]. 管理世界, 2009, 1: 140 – 152.

[217] 祝继高, 陆正飞. 货币政策、企业成长与现金持有水平变化 [J]. 管理世界, 2009, 3.

[218] 祝继高, 陆正飞. 产权性质、股权再融资与资源配置效率 [J]. 金融研究, 2011, 1.

[219] 许浩然, 荆新. 社会关系网络与公司债务违约——基于中国 A 股上市公司的经验证据 [J]. 财贸经济, 2016, 9: 36 – 52.

[220] 温忠麟, 张雷, 侯杰泰, 刘红云. 中介效应检验程序及其应用 [J]. 心理学报, 2004, 36 (5): 614 – 620.

[221] 薄仙慧, 吴联生. 国有控股与机构投资者的治理效应: 盈余管理视角 [J]. 经济研究, 2009, 44 (2).

[222] 许年行, 于上尧, 伊志宏. 机构投资者羊群行为与股价崩盘风险 [J]. 管理世界, 2013, 7: 31 – 43.

[223] 潘越, 戴亦一, 魏诗琪等. 机构投资者与上市公司"合谋"了吗: 基于高管非自愿变更与继任选择事件的分析 [J]. 南开管理评论, 2011, 14 (2): 69 – 81.

[224] 章卫东, 李海川. 定向增发新股、资产注入类型与上市公司绩效的关系——来自中国证券市场的经验证据 [J]. 会计研究, 2010, 3.

[225] 郭思永, 刘春江. 市场时机、定向增发与财富转移 [J]. 经济与管理研究, 2013, 2: 27 – 34.

[226] 梅洁, 张明泽. 基金主导了机构投资者对上市公司盈余管理的治理作用?——基于

内生性视角的考察 [J]. 会计研究, 2016, 4.

[227] 魏志华, 曾爱民, 李博. 金融生态环境与企业融资约束——基于中国上市公司的实证研究 [J]. 会计研究, 2014, 5: 73-80.

[228] 李君平, 徐龙炳. 资本市场错误定价、融资约束与公司融资方式选择 [J]. 金融研究, 2015, 12: 113-129.

[229] 李增泉, 孙铮, 王志伟. "掏空"与所有权安排——来自我国上市公司大股东资金占用的经验证据 [J]. 会计研究, 2004, 12.

[230] 陈晓, 王琨. 关联交易、公司治理与国有股改革——来自我国资本市场的实证证据 [J]. 经济研究, 2005, 4.

[231] 唐建新, 李永华, 卢剑龙. 股权结构、董事会特征与大股东掏空——来自民营上市公司的经验证据 [J]. 经济评论, 2013, 1: 86-95.

[232] 刘星, 刘伟. 监督, 抑或共谋?——我国上市公司股权结构与公司价值的关系研究 [J]. 会计研究, 2007, 6.

[233] 崔晓蕾, 何婧. 投资者情绪对定向增发中财富转移的影响——基于定向增发折价的视角 [J]. 山西财经大学学报, 2016, 38 (11): 35-46.

[234] 何贤杰, 朱红军. 利益输送、信息不对称与定向增发折价 [J]. 中国会计评论, 2009, 3: 283-298.

[235] 林乐芬, 熊发礼. 定向增发价格政策: 大股东净效应与发行折价 [J]. 产业经济研究, 2018.

[236] 王丽娟, 潘峥. 管理者风险偏好、市场择时与资本结构动态调整 [J]. 财会通讯, 2018, 4: 64-69.

[237] 罗琦, 付世俊. 控股股东市场择时行为研究 [J]. 中国软科学, 2014, 2: 145-154.

[238] 俞静, 徐斌, 王晓亮. 大股东投机行为、市场择机与定向增发公告效应研究 [J]. 中南财经政法大学学报, 2015, 5.

[239] 黄叶苨, 赵远榕, 刘莉亚. 定价基准日选择、市场择时与定向增发中的大股东利益输送 [J]. 经济管理, 2017, 8: 179-195.

[240] 章卫东, 汪芸倩, 刘若梦. 上市公司增发新股类型与过度投资关系——来自中国A股上市公司的经验证据 [J]. 经济评论, 2017, 1.

[241] 王晓亮, 俞静. 定向增发、盈余管理与股票流动性 [J]. 财经问题研究, 2016, 1: 64-71.

[242] 郑琦. 定向增发对象对发行定价影响的实证研究 [J]. 证券市场导报, 2008, 4: 35-38.

[243] 刘广生, 岳芳芳. 企业特征与再融资方式选择——来自中国上市公司2007—2015年的经验数据 [J]. 经济问题, 2017, 8.

[244] 章卫东. 上市公司股权再融资方式选择: 配股、公开增发新股、定向增发新股? [J].

经济评论, 2008, 6: 71-81.

[245] 郭思永, 张鸣. 公开增发还是定向增发——基于财富转移视角的上市公司股权再融资方式选择研究 [J]. 经济与管理研究, 2011, 11: 44-51.

[246] 章卫东, 黄一松, 李斯蕾, 鄢翔. 信息不对称、研发支出与关联股东认购定向增发股份——来自中国证券市场的经验数据 [J]. 会计研究, 2017, 1.

[247] 张丽丽. 定向增发并购中大股东的角色: 支持还是利益输送——基于上市公司并购非上市公司的实证研究 [J]. 山西财经大学学报, 2018, 40 (7): 82-97.

[248] 宋鑫, 阮永平, 郑凯. 大股东参与、盈余管理与定向增发价格偏离 [J]. 财贸研究, 2017, 28 (10): 86-97.

[249] 周晓苏, 王磊. 保荐代表人声誉、定向增发盈余管理与股价长期市场表现 [J]. 投资研究, 2017, 36 (5): 29-47.

[250] 黄晓薇, 何丽芬, 居思行. 定向增发与股票长期低绩效关系研究 [J]. 证券市场导报, 2014, 10: 10-17.

[251] 章卫东, 罗希, 王玉龙, 李浩然. 定向增发新股投资者类别对公司治理的影响研究 [J]. 国际金融研究, 2019, 8: 87-96.

[252] 孔翔. 我国需要什么样的证券非公开发行制度 [J]. 证券市场导报, 2006, 2: 4-11.

[253] 万勇. 美国私募发行证券的转售问题研究——兼论我国非公开发行证券转售制度的构建 [J]. 证券市场导报, 2006, 9: 50-57.

[254] 刘少军, 田晓莎. 我国证券私募发行问题浅析 [J]. 法制博览, 2019, 29: 87-88.

[255] 梁清华. 美国私募注册豁免制度的演变及其启示——兼论中国合格投资者制度的构建 [J]. 法商研究, 2013, 30 (5): 144-152.

[256] 张保红. 论证券非公开发行制度的重构——以投资者规制为中心 [J]. 政治与法律, 2015, 4: 90-102.

[257] 李贺. 非公开发行股权交易市场信息披露规则探讨 [J]. 证券市场导报, 2017, 2: 72-78.

[258] 郭雳, 郭励弘. 美国证券私募发行的两级监管 [J]. 调查研究报告, 2007, 234: 1-15.

[259] 郭施亮. 科创板来了, 中国版纳斯达克离我们还远吗? [J]. 金融经济, 2018, 497 (23): 32-33.

[260] 任泽平, 翟盛杰, 曹志楠. 科创板+注册制会成为中国版纳斯达克吗? [J]. 卓越理财, 2018, 11: 20-21.

[261] 邓大洪. 科创板开锣, 中国版纳斯达克登场? [J]. 中国商界, 2019, 8.

[262] 吴秀波. 对科创板热的冷思考 [J]. 国际融资, 2019, 6: 34-39.

[263] 廖士光, 缪斯斯, 张晓斐, 史婧祎. 纽交所和纳斯达克上市制度变迁及启示 [J]. 证券市场导报, 2018, 1: 13-20.

[264] 彭博, 陶仲羚. 中美退市制度及实施效果比较研究 [J]. 现代经济探讨, 2016, 10: 88-92.

[265] 霍达, 郑坤山. 美国证券私募发行制度研究 [J]. 证券市场导报, 2014, 6: 4-8.

附　录

附录1　2006年5月8日颁布施行《上市公司证券发行管理办法》（部分）

《上市公司证券发行管理办法》自2006年5月8日起颁布施行，里面明确地规定了非公开发行股票的条件。具体发行管理办法为第三章"非公开发行股票的条件"。

第三章　非公开发行股票的条件

第三十六条　本办法规定的非公开发行股票，是指上市公司采用非公开方式，向特定对象发行股票的行为。

第三十七条　非公开发行股票的特定对象应当符合下列规定：

（一）特定对象符合股东大会决议规定的条件；

（二）发行对象不超过十名。

发行对象为境外战略投资者的，应当经国务院相关部门事先批准。

第三十八条　上市公司非公开发行股票，应当符合下列规定：

（一）发行价格不低于定价基准日前二十个交易日公司股票均价的百分之九十；

（二）本次发行的股份自发行结束之日起，十二个月内不得转让；控股股东、实际控制人及其控制的企业认购的股份，三十六个月内不得转让；

（三）募集资金使用符合本办法第十条的规定；

（四）本次发行将导致上市公司控制权发生变化的，还应当符合中国证监会的其他规定。

第三十九条　上市公司存在下列情形之一的，不得非公开发行股票：

（一）本次发行申请文件有虚假记载、误导性陈述或重大遗漏；

（二）上市公司的权益被控股股东或实际控制人严重损害且尚未消除；

（三）上市公司及其附属公司违规对外提供担保且尚未解除；

（四）现任董事、高级管理人员最近三十六个月内受到过中国证监会的行政处罚，或者最近十二个月内受到过证券交易所公开谴责；

（五）上市公司或其现任董事、高级管理人员因涉嫌犯罪正被司法机关立案侦查或涉嫌违法违规正被中国证监会立案调查；

（六）最近一年及一期财务报表被注册会计师出具保留意见、否定意见或无法表示意见的审计报告。保留意见、否定意见或无法表示意见所涉及事项的重大影响已经消除或者本次发行涉及重大重组的除外；

（七）严重损害投资者合法权益和社会公共利益的其他情形。

附录2　2007年9月17日发布《上市公司非公开发行股票实施细则》（部分）

为规范上市公司非公开发行股票行为，证监会根据《上市公司证券发行管理办法》（以下简称《管理办法》）的有关规定，制定了《上市公司非公开发行股票实施细则》（以下简称《实施细则》）。该细则对上市公司非公开发行股票的发行对象与认购条件、董事会与股东大会决议、核准与发行做出了清晰的解释，详见《实施细则》第二章、第三章、第四章。

第二章　发行对象与认购条件

第七条　《管理办法》所称"定价基准日"，是指计算发行底价的基准日。定价基准日可以为关于本次非公开发行股票的董事会决议公告日、股东大会决议公告日，也可以为发行期的首日。上市公司应按不低于该发行底价的价格发行股票。

《管理办法》所称"定价基准日前20个交易日股票交易均价"的计算公式为：定价基准日前20个交易日股票交易均价＝定价基准日前20个交易日股票交易总额/定价基准日前20个交易日股票交易总量。

第八条　《管理办法》所称"发行对象不超过10名"，是指认购并获得本次非公开发行股票的法人、自然人或者其他合法投资组织不超过10名。

证券投资基金管理公司以其管理的2只以上基金认购的，视为一个发行对象。

信托公司作为发行对象，只能以自有资金认购。

第九条　发行对象属于下列情形之一的，具体发行对象及其认购价格或者定价原则应当由上市公司董事会的非公开发行股票决议确定，并经股东大会批准；认购的股份自发行结束之日起36个月内不得转让：

（一）上市公司的控股股东、实际控制人或其控制的关联人；

（二）通过认购本次发行的股份取得上市公司实际控制权的投资者；

（三）董事会拟引入的境内外战略投资者。

第十条　发行对象属于本细则第九条规定以外的情形的，上市公司应当在取得发行核准批文后，按照本细则的规定以竞价方式确定发行价格和发行对象。发行对象认购的股份自发行结束之日起12个月内不得转让。

第三章　董事会与股东大会决议

第十一条　上市公司申请非公开发行股票，应当按照《管理办法》的相关规定召开董事会、股东大会，并按规定及时披露信息。

第十二条　董事会决议确定具体发行对象的，上市公司应当在召开董事会的当日或者前1日与相应发行对象签订附条件生效的股份认购合同。

前款所述认购合同应载明该发行对象拟认购股份的数量或数量区间、认购价格或定价原则、限售期，同时约定本次发行一经上市公司董事会、股东大会批准并经中国证监会核准，该合同即应生效。

第十三条　上市公司董事会作出非公开发行股票决议，应当符合下列规定：

（一）应当按照《管理办法》的规定选择确定本次发行的定价基准日，并提请股东大会批准。

（二）董事会决议确定具体发行对象的，董事会决议应当确定具体的发行对象名称及其认购价格或定价原则、认购数量或者数量区间、限售期；发行对象与公司签订的附条件生效的股份认购合同应当经董事会批准。

（三）董事会决议未确定具体发行对象的，董事会决议应当明确发行对象的范围和资格，定价原则、限售期。

（四）本次非公开发行股票的数量不确定的，董事会决议应当明确数量区间（含上限和下限）。董事会决议还应当明确，上市公司的股票在定价基准日至发行日期间除权、除息的，发行数量和发行底价是否相应调整。

（五）董事会决议应当明确本次募集资金数量的上限、拟投入项目的资金需要总数量、本次募集资金投入数量、其余资金的筹措渠道。募集资金用于补充流动资金或者偿还银行贷款的，应当说明补充流动资金或者偿还银行贷款的具体数额；募集资金用于收购资产的，应当明确交易对方、标的资产、作价原则等事项。

第十四条　董事会决议经表决通过后，上市公司应当在2个交易日内披露。

董事会应当按照《公开发行证券的公司信息披露内容与格式准则第25号——上市公司非公开发行股票预案和发行情况报告书》的要求编制非公开发行股票预案，作为董事会决议的附件，与董事会决议同时刊登。

第十五条　本次发行涉及资产审计、评估或者上市公司盈利预测的，资产审计结果、评估结果和经审核的盈利预测报告至迟应随召开股东大会的通知同时公告。

第十六条　非公开发行股票的董事会决议公告后，出现以下情况需要重新召开董事会的，应当由董事会重新确定本次发行的定价基准日：

（一）本次非公开发行股票股东大会决议的有效期已过；

（二）本次发行方案发生变化；

（三）其他对本次发行定价具有重大影响的事项。

第十七条　上市公司股东大会就非公开发行股票作出的决定，至少应当包括《管理办法》和本细则规定须提交股东大会批准的事项。

《管理办法》所称应当回避表决的"特定的股东及其关联人"，是指董事会决议已确定为本次发行对象的股东及其关联人。

第四章 核准与发行

第十八条 股东大会批准本次发行后，上市公司可向中国证监会提交发行申请文件。

申请文件应当按照本细则附件1《上市公司非公开发行股票申请文件目录》的有关规定编制。

第十九条 保荐人和发行人律师应当各司其职，勤勉尽责，对本次非公开发行股票申请的合规性审慎地履行尽职调查职责。

保荐人出具的发行保荐书和发行人律师出具的法律意见书，应当对照中国证监会的各项规定逐项发表明确的结论性意见，并载明得出每项结论的查证过程及事实依据。

第二十条 中国证监会按照《管理办法》规定的程序审核非公开发行股票申请。

上市公司收到中国证监会发行审核委员会关于本次发行申请获得通过或者未获通过的结果后，应当在次一交易日予以公告，并在公告中说明，公司收到中国证监会作出的予以核准或者不予核准的决定后，将另行公告。

第二十一条 上市公司取得核准批文后，应当在批文的有效期内，按照《证券发行与承销管理办法》（证监会令第37号）的有关规定发行股票。

上市公司收到中国证监会予以核准决定后作出的公告中，应当公告本次发行的保荐人，并公开上市公司和保荐人指定办理本次发行的负责人及其有效联系方式。

上市公司、保荐人对非公开发行股票进行推介或者向特定对象提供投资价值研究报告的，不得采用任何公开方式，且不得早于上市公司董事会关于非公开发行股票的决议公告之日。

第二十二条 董事会决议确定具体发行对象的，上市公司在取得核准批文后，应当按照本细则第九条的规定和认购合同的约定发行股票。

第二十三条 董事会决议未确定具体发行对象的，在取得中国证监会的核准批文后，由上市公司及保荐人在批文的有效期内选择发行时间；在发行期起始的前1日，保荐人应当向符合条件的特定对象提供认购邀请书。

第二十四条 认购邀请书发送对象的名单由上市公司及保荐人共同确定。

认购邀请书发送对象的名单除应当包含董事会决议公告后已经提交认购意向书的投资者、公司前20名股东外，还应当包含符合《证券发行与承销管理办法》规定条件的下列询价对象：

（一）不少于20家证券投资基金管理公司；

（二）不少于10家证券公司；

（三）不少于5家保险机构投资者。

第二十五条 认购邀请书应当按照公正、透明的原则，事先约定选择发行对象、确定认购价格、分配认购数量等事项的操作规则。

认购邀请书及其申购报价表参照本细则附件2的范本制作，发送时由上市公司加盖公章，由保荐代表人签署。

第二十六条　认购邀请书发出后，上市公司及保荐人应当在认购邀请书约定的时间内收集特定投资者签署的申购报价表。

在申购报价期间，上市公司、保荐人应当确保任何工作人员不泄露发行对象的申购报价情况，申购报价过程应当由发行人律师现场见证。

第二十七条　申购报价结束后，上市公司及保荐人应当对有效申购按照报价高低进行累计统计，按照价格优先的原则合理确定发行对象、发行价格和发行股数。

第二十八条　发行结果确定后，上市公司应当与发行对象签订正式认购合同，发行对象应当按照合同约定缴款。

发行对象的认购资金应先划入保荐人为本次发行专门开立的账户，验资完毕后，扣除相关费用再划入发行人募集资金专项存储账户。

第二十九条　验资完成后的次一交易日，上市公司和保荐人应当向中国证监会提交《证券发行与承销管理办法》第五十条规定的备案材料。

发行情况报告书应当按照《公开发行证券的公司信息披露内容与格式准则第25号——上市公司非公开发行股票预案和发行情况报告书》的要求编制。

第三十条　保荐人关于本次发行过程和认购对象合规性的报告应当详细记载本次发行的全部过程，列示发行对象的申购报价情况及其获得配售的情况，并对发行结果是否公平、公正，是否符合非公开发行股票的有关规定发表意见。

报价在发行价格之上的特定对象未获得配售或者被调减配售数量的，保荐人应当向该特定对象说明理由，并在报告书中说明情况。

第三十一条　发行人律师关于本次发行过程和认购对象合规性的报告应当详细认证本次发行的全部过程，并对发行过程的合规性、发行结果是否公平、公正，是否符合非公开发行股票的有关规定发表明确意见。

发行人律师应当对认购邀请书、申购报价表、正式签署的股份认购合同及其他有关法律文书进行见证，并在报告书中确认有关法律文书合法有效。

附录3　2017年2月15日公布《关于修改〈上市公司非公开发行股票实施细则〉的决定》（部分）

2017年2月15日，中国证监会对《上市公司非公开发行股票实施细则》进行了修改，具体修改条例如下。

一、第七条第一款修改为："《管理办法》所称'定价基准日'，是指计算发行底价的基准日。定价基准日为本次非公开发行股票发行期的首日。上市公司应按不低于发行底价的价格发行股票。"

二、第九条修改为："发行对象属于下列情形之一的，具体发行对象及其定价原则应当由上市公司董事会的非公开发行股票决议确定，并经股东大会批准；认购的股份自发行结束之日起

36个月内不得转让：

"（一）上市公司的控股股东、实际控制人或其控制的关联人；

"（二）通过认购本次发行的股票取得上市公司实际控制权的投资者；

"（三）董事会拟引入的境内外战略投资者。"

三、第十二条第二款修改为："前款所述认购合同应载明该发行对象拟认购股份的数量或数量区间、定价原则、限售期，同时约定本次发行一经上市公司董事会、股东大会批准并经中国证监会核准，该合同即应生效。"

四、第十三条第（一）项、第（二）项、第（四）项修改为：

"（一）应当按照本细则的规定确定本次发行的定价基准日，并提请股东大会批准。

"（二）董事会决议确定具体发行对象的，董事会决议应当确定具体的发行对象名称及其定价原则、认购数量或者数量区间、限售期；发行对象与公司签订的附条件生效的股份认购合同应当经董事会批准。

"（四）本次非公开发行股票的数量不确定的，董事会决议应当明确数量区间（含上限和下限）。董事会决议还应当明确，上市公司的股票在董事会决议日至发行日期间除权、除息的，发行数量是否相应调整。"

五、删除第十六条。

六、第二十一条第一款修改为："上市公司取得核准批文后，应当在批文的有效期内，按照《证券发行与承销管理办法》（证监会令第121号）的有关规定发行股票。"

七、第二十九条第一款修改为："验资完成后的次一交易日，上市公司和保荐人应当向中国证监会提交《证券发行与承销管理办法》规定的备案材料。"

本决定自公布之日起施行。

《上市公司非公开发行股票实施细则》根据本决定作相应的修改并对条文顺序作相应调整，重新公布。

2017年证监会对上市公司非公开发行股票的发行对象与认购条件、董事会与股东大会决议、核准与发行的修改细则如下，详见《实施细则》第二章、第三章、第四章。

第二章　发行对象与认购条件

第七条　《管理办法》所称"定价基准日"，是指计算发行底价的基准日。定价基准日为本次非公开发行股票的首日。上市公司应按不低于发行底价的价格发行股票。

《管理办法》所称"定价基准日前20个交易日股票交易均价"的计算公式为：定价基准日前20个交易日股票交易均价＝定价基准日前20个交易日股票交易总额/定价基准日前20个交易日股票交易总量。

第八条　《管理办法》所称"发行对象不超过10名"，是指认购并获得本次非公开发行股票的法人、自然人或者其他合法投资组织不超过10名。

证券投资基金管理公司以其管理的2只以上基金认购的，视为一个发行对象。

信托公司作为发行对象，只能以自有资金认购。

第九条　发行对象属于下列情形之一的，具体发行对象及其定价原则应当由上市公司董事会的非公开发行股票决议确定，并经股东大会批准；认购的股份自发行结束之日起 36 个月内不得转让：

（一）上市公司的控股股东、实际控制人或其控制的关联人；

（二）通过认购本次发行的股份取得上市公司实际控制权的投资者；

（三）董事会拟引入的境内外战略投资者。

第十条　发行对象属于本细则第九条规定以外的情形的，上市公司应当在取得发行核准批文后，按照本细则的规定以竞价方式确定发行价格和发行对象。发行对象认购的股份自发行结束之日起 12 个月内不得转让。

第三章　董事会与股东大会决议

第十一条　上市公司申请非公开发行股票，应当按照《管理办法》的相关规定召开董事会、股东大会，并按规定及时披露信息。

第十二条　董事会决议确定具体发行对象的，上市公司应当在召开董事会的当日或者前 1 日与相应发行对象签订附条件生效的股份认购合同。

前款所述认购合同应载明该发行对象拟认购股份的数量或数量区间、定价原则、限售期，同时约定本次发行一经上市公司董事会、股东大会批准并经中国证监会核准，该合同即应生效。

第十三条　上市公司董事会作出非公开发行股票决议，应当符合下列规定：

（一）应当按照本细则的规定确定本次发行的定价基准日，并提请股东大会批准。

（二）董事会决议确定具体发行对象的，董事会决议应当确定具体的发行对象名称及其定价原则、认购数量或者数量区间、限售期；发行对象与公司签订的附条件生效的股份认购合同应当经董事会批准。

（三）董事会决议未确定具体发行对象的，董事会决议应当明确发行对象的范围和资格，定价原则、限售期。

（四）本次非公开发行股票的数量不确定的，董事会决议应当明确数量区间（含上限和下限）。董事会决议还应当明确，上市公司的股票在董事会决议日至发行日期间除权、除息的，发行数量是否相应调整。

（五）董事会决议应当明确本次募集资金数量的上限、拟投入项目的资金需要总数量、本次募集资金投入数量、其余资金的筹措渠道。募集资金用于补充流动资金或者偿还银行贷款的，应当说明补充流动资金或者偿还银行贷款的具体数额；募集资金用于收购资产的，应当明确交易对方、标的资产、作价原则等事项。

第十四条　董事会决议经表决通过后，上市公司应当在 2 个交易日内披露。

董事会应当按照《公开发行证券的公司信息披露内容与格式准则第 25 号——上市公司非公开发行股票预案和发行情况报告书》的要求编制非公开发行股票预案，作为董事会决议的附件，与董事会决议同时刊登。

第十五条 本次发行涉及资产审计、评估或者上市公司盈利预测的,资产审计结果、评估结果和经审核的盈利预测报告至迟应随召开股东大会的通知同时公告。

第十六条 上市公司股东大会就非公开发行股票作出的决定,至少应当包括《管理办法》和本细则规定须提交股东大会批准的事项。

《管理办法》所称应当回避表决的"特定的股东及其关联人",是指董事会决议已确定为本次发行对象的股东及其关联人。

第四章 核准与发行

第十七条 股东大会批准本次发行后,上市公司可向中国证监会提交发行申请文件。

申请文件应当按照本细则附件1《上市公司非公开发行股票申请文件目录》的有关规定编制。

第十八条 保荐人和发行人律师应当各司其职,勤勉尽责,对本次非公开发行股票申请的合规性审慎地履行尽职调查职责。

保荐人出具的发行保荐书和发行人律师出具的法律意见书,应当对照中国证监会的各项规定逐项发表明确的结论性意见,并载明得出每项结论的查证过程及事实依据。

第十九条 中国证监会按照《管理办法》规定的程序审核非公开发行股票申请。

上市公司收到中国证监会发行审核委员会关于本次发行申请获得通过或者未获通过的结果后,应当在次一交易日予以公告,并在公告中说明,公司收到中国证监会作出的予以核准或者不予核准的决定后,将另行公告。

第二十条 上市公司取得核准批文后,应当在批文的有效期内,按照《证券发行与承销管理办法》(证监会令第121号)的有关规定发行股票。

上市公司收到中国证监会予以核准决定后作出的公告中,应当公告本次发行的保荐人,并公开上市公司和保荐人指定办理本次发行的负责人及其有效联系方式。

上市公司、保荐人对非公开发行股票进行推介或者向特定对象提供投资价值研究报告的,不得采用任何公开方式,且不得早于上市公司董事会关于非公开发行股票的决议公告之日。

第二十一条 董事会决议确定具体发行对象的,上市公司在取得核准批文后,应当按照本细则第九条的规定和认购合同的约定发行股票。

第二十二条 董事会决议未确定具体发行对象的,在取得中国证监会的核准批文后,由上市公司及保荐人在批文的有效期内选择发行时间;在发行期起始的前1日,保荐人应当向符合条件的特定对象提供认购邀请书。

第二十三条 认购邀请书发送对象的名单由上市公司及保荐人共同确定。

认购邀请书发送对象的名单除应当包含董事会决议公告后已经提交认购意向书的投资者、公司前20名股东外,还应当包含符合《证券发行与承销管理办法》规定条件的下列询价对象:

(一)不少于20家证券投资基金管理公司;

（二）不少于 10 家证券公司；

（三）不少于 5 家保险机构投资者。

第二十四条　认购邀请书应当按照公正、透明的原则，事先约定选择发行对象、确定认购价格、分配认购数量等事项的操作规则。

认购邀请书及其申购报价表参照本细则附件 2 的范本制作，发送时由上市公司加盖公章，由保荐代表人签署。

第二十五条　认购邀请书发出后，上市公司及保荐人应当在认购邀请书约定的时间内收集特定投资者签署的申购报价表。

在申购报价期间，上市公司、保荐人应当确保任何工作人员不泄露发行对象的申购报价情况，申购报价过程应当由发行人律师现场见证。

第二十六条　申购报价结束后，上市公司及保荐人应当对有效申购按照报价高低进行累计统计，按照价格优先的原则合理确定发行对象、发行价格和发行股数。

第二十七条　发行结果确定后，上市公司应当与发行对象签订正式认购合同，发行对象应当按照合同约定缴款。

发行对象的认购资金应先划入保荐人为本次发行专门开立的账户，验资完毕后，扣除相关费用再划入发行人募集资金专项存储账户。

第二十八条　验资完成后的次一交易日，上市公司和保荐人应当向中国证监会提交《证券发行与承销管理办法》规定的备案材料。

发行情况报告书应当按照《公开发行证券的公司信息披露内容与格式准则第 25 号——上市公司非公开发行股票预案和发行情况报告书》的要求编制。

第二十九条　保荐人关于本次发行过程和认购对象合规性的报告应当详细记载本次发行的全部过程，列示发行对象的申购报价情况及其获得配售的情况，并对发行结果是否公平、公正，是否符合非公开发行股票的有关规定发表意见。

报价在发行价格之上的特定对象未获得配售或者被调减配售数量的，保荐人应当向该特定对象说明理由，并在报告书中说明情况。

第三十条　发行人律师关于本次发行过程和认购对象合规性的报告应当详细认证本次发行的全部过程，并对发行过程的合规性、发行结果是否公平、公正，是否符合非公开发行股票的有关规定发表明确意见。

发行人律师应当对认购邀请书、申购报价表、正式签署的股份认购合同及其他有关法律文书进行见证，并在报告书中确认有关法律文书合法有效。

附录4　2019 年 11 月 8 日发布关于就《上海证券交易所科创板上市公司证券发行承销实施细则（征求意见稿）》公开征求意见的通知（部分）

为了规范上海证券交易所科创板上市公司（以下简称上市公司）证券发行与承销行为，根据《证券发行与承销管理办法》(以下简称《承销办法》)、《科创板上市公司证券发行注册管理办法(试行)》(以下简称《科创板再融资办法》)、《上海证券交易所科创板股票发行与承销实施办法》(以下简称《实施办法》)等有关规定,制定本细则。有关定向增发的详细意见稿为本细则第三章"非公开发行证券"。

第三章 非公开发行证券

第十六条(推介方式与时间)上市公司、主承销商对非公开发行证券进行推介或者向符合条件的投资者提供投资价值研究报告的,不得采用任何公开方式,且不得早于上市公司董事会关于非公开发行证券的决议公告日。

第十七条(确定全部对象)董事会决议确定全部发行对象的,董事会决议中应当同时确定具体发行对象及其认购价格或者定价原则,并经股东大会作出决议。

上市公司和主承销商在取得中国证监会同意注册后,应当按照股东大会决议及认购合同的约定发行证券。

第十八条(确定部分对象)董事会决议确定部分发行对象的,上市公司和主承销商应当向其他符合条件的投资者提供认购邀请书,并通过询价方式确定发行价格、发行数量。

董事会决议确定具体发行对象的,应当经股东大会作出决议。董事会决议确定的发行对象不得参与发行定价的询价,且应当承诺根据其他发行对象的询价结果,以相同价格认购其在认购合同中约定认购的股份。

第十九条(股份认购合同)董事会决议确定具体发行对象的非公开发行股票,上市公司应当在召开董事会的当日或者前一日与相应发行对象签订附条件生效的股份认购合同。

适用简易审核程序的,不得由董事会决议确定具体发行对象。上市公司应当以询价方式确定发行价格、发行数量和发行对象。确定发行对象后,上市公司应当在提交注册申请文件前与相应发行对象签订附条件生效的股份认购合同。

本条所述认购合同应载明该发行对象拟认购股份的数量或数量区间、认购价格或定价原则、限售期。董事会决议确定具体发行对象的非公开发行股票的认购合同同时约定本次发行一经上市公司董事会、股东大会或经股东大会授权的董事会批准并经中国证监会同意注册,该合同即应生效;适用简易审核程序的认购合同同时约定,本次发行一经中国证监会同意注册,该合同即应生效。

第二十条(未确定对象)董事会决议未确定全部发行对象的,应当由董事会确定本次发行对象的范围和资格、定价原则。

第二十一条(认购意向书)上市公司非公开发行股票董事会决议公告后,符合条件的投资者可以向上市公司和主承销商提交认购意向书。

第二十二条(发行时间)获中国证监会同意注册后,由上市公司和主承销商在同意注册批复的有效期内选择发行时间。在发行期起始前,上市公司和主承销商应当及时向本所报备发行与承销方案,本所在三个工作日内表示无异议的,上市公司和主承销商可以在发行期首日前一日，向符合条件的投资者提供认购邀请书。

适用简易审核程序的，在上市公司股东大会或经股东大会授权的董事会通过本次发行事项后二十个工作日内，向符合条件的特定对象提供认购邀请书。上市公司应当在获中国证监会同意注册后五个工作日内组织实施申购。

第二十三条（认购邀请书内容）上市公司和主承销商应当按照公正、透明的原则，在认购邀请书中事先约定选择发行对象、确定认购价格、分配认购数量等事项的操作规则。

第二十四条（认购邀请书发送对象）上市公司非公开发行股票认购邀请书发送对象除应当包含董事会决议公告后已经提交认购意向书的投资者、公司前二十名股东外，还应当包括符合《承销办法》规定条件的下列网下投资者：

（一）不少于20家证券投资基金管理公司；

（二）不少于10家证券公司；

（三）不少于5家保险机构投资者。

上市公司和主承销商应当根据本条规定及认购邀请书中事先约定的原则，协商确定发送认购邀请书的对象。

第二十五条（申购报价）认购邀请书发出后，上市公司和主承销商应当在认购邀请书约定的时间内收集投资者签署的申购报价表。

在申购报价期间，上市公司和主承销商应当确保不以任何方式泄露发行对象的申购报价情况，申购报价过程应当由律师现场见证。

第二十六条（确定发行价格）申购报价结束后，上市公司和主承销商应当对有效申购按照报价高低进行累计统计，按照价格优先的原则合理确定发行对象、发行价格和发行数量。

第二十七条（缴款安排）发行结果确定后，上市公司应当与发行对象签订正式认购合同，发行对象应当按照合同约定缴款。

发行对象的认购资金应当先划入主承销商为本次发行专门开立的账户，验资完毕后，扣除相关费用再划入上市公司募集资金专项存储账户。

第二十八条（申购备案与披露要求）上市公司和主承销商应当在本次非公开发行验资完成后的三个工作日内，将股份认购合同、发行情况报告书、发行过程和认购对象合规性审核报告、专项法律意见书和验资报告等文件向本所报备。

本所在三个工作日内表示无异议的，上市公司应及时办理股份登记。登记完成后，上市公司向本所申请办理股份上市事宜，并在上市前披露非公开发行股票发行结果及股份变动情况、发行情况报告书、主承销商出具的发行过程和认购对象合规性审核报告、律师出具的专项法律意见书。

第二十九条（发行情况报告书）上市公司出具的发行情况报告书应当披露本次发行的基本情况、发行前后相关情况对比、中介机构对于本次非公开发行过程、发行对象合规性的结论意见、上市公司全体董事的公开声明和备查文件。

第三十条（核查报告）主承销商关于本次发行过程和认购对象合规性的报告应当详细披露

本次发行的全部过程,列示发行对象的申购报价情况及其获得配售的情况,并对发行结果是否公平、公正,是否符合非公开发行股票的有关规定发表意见。

报价在发行价格之上的特定对象未获得配售或者被调减配售数量的,主承销商应当向该特定对象说明理由,并在报告书中说明情况。

第三十一条（专项法律意见书）律师关于本次发行过程和认购对象合规性的专项法律意见书应当详细认证本次发行的全部过程,并对发行过程的合规性、发行结果是否公平、公正,是否符合非公开发行股票的有关规定发表明确意见。

律师应当对认购邀请书、申购报价表、正式签署的股份认购合同及其他有关法律文书进行见证,并在专项法律意见书中确认有关法律文书合法有效。

附录 5　纳斯达克实行的"20% 规则"

通常提到的"20% 规则"是适用于在纳斯达克、NYSE 或 NYSE 美国（统称为"交易所"）上市的公司的公司治理要求。每家交易所都有具体的要求,适用于上市公司在"非公开发行"中发行 20% 或 20% 以上的未偿普通股或表决权之前获得股东批准。交易所还要求股东批准与某些其他交易有关的事项。以下参考附录为《20% 规则及非注册证券发行的常见问题解答》。

Understanding the 20% Rule

What is the 20% rule?

The "20% rule", as it is often referred to, is a corporate governance requirement applicable to companies listed on Nasdaq, the NYSE or the NYSE American LLC (NYSE American) (collectively, the Exchanges). Each Exchange has specific requirements applicable to listed companies to receive shareholder approval before they can issue 20% or more of their outstanding common stock or voting power in a "private offering". The Exchanges also require shareholder approval in connection with certain other transactions. Generally:

Nasdaq Rule 5635 (d) requires shareholder approval for transactions, other than "public offerings", involving (1) the sale, issuance or potential issuance by an issuer of common stock (or securities convertible into or exercisable for common stock) at a price less than the greater of book or market value, which, together with sales by officers, directors or substantial shareholders of the issuer, equals 20% or more of the shares of common stock or 20% or more of the voting power outstanding before the issuance, or (2) the sale, issuance or potential issuance by the issuer of common stock (or securities convertible into or exercisable for common stock) equal to 20% or more of the shares of common stock or 20% or more of the voting power outstanding before the issuance at a price less than the greater of book or market value of the common stock.

NYSE American section 713 (a) contains a rule almost identical to the Nasdaq rule.

NYSE Rule 312.03 (c) requires shareholder approval prior to the issuance of common stock, or securities convertible into or exercisable for common stock, if (1) the common stock has, or will have upon issuance, equals or exceeds 20% of the voting power outstanding before the issuance of such stock; or (2) the number of shares of common stock to be issued is, or will be upon issuance, equal to or in excess of 20% of the number of shares of common stock outstanding before the transaction. "Voting power outstanding" refers to the aggregate number of votes that may be cast by holders of those securities outstanding that entitle the holders thereof to vote generally on all matters submitted to the issuer's security holders for a vote.

However, under NYSE Rule 312.03 (c), the situations in which shareholder approval will not be required include: (1) any public offering for cash, or (2) any issuance involving a "bona fide private financing①", if such private financing involves a sale of: (a) common stock, for cash, at a price at least as great as each of the book and market value of the issuer's common stock; or (b) securities convertible into or exercisable for common stock, for cash, if the conversion or exercise price is at least as great as each of the book and market value of the issuer's stock (a so-called "above market" transaction).

What is the purpose of the 20% rule?

Follow-on offerings of equity securities of an issuer are potentially dilutive to the issuer's existing shareholders and offerings of 20% or more of an issuer's equity securities at a price below book or market value might be significantly dilutive. Further, due to the private nature of these offerings, an issuer's existing smaller shareholders typically cannot participate. Thus, the purpose of the 20% rule is to provide shareholders with adequate notice and disclosure of the proposed offering so that they might have an opportunity to sell their shares or vote on the proposed offering.

What are the consequences of violating the 20% rule?

Companies that do not comply with the 20% rule may face delisting by the relevant exchange②. Accordingly, listed companies must carefully plan transactions that may be subject to the 20% rule.

---

① NYSE Rule 312.04 (g) defines "bona fide private financing" as a sale in which either: (ⅰ) a registered broker-dealer purchases securities from the issuer with a view to the private sale of such securities to one or more purchasers; or (ⅱ) the issuer sells the securities to multiple purchasers, and no one such purchaser, or group of related purchasers, acquires or has the right to acquire upon exercise or conversion of the securities, more than 5% of the shares of the issuer's common stock or more than 5% of the issuer's voting power before the sale.

② See Nasdaq Rule 5801, NYSE Rule 801.00, and NYSE American section 1002.

What types of transactions trigger the 20% rule?

The 20% rule applies to any non-public transaction and certain public transactions, including shares issued in connection with acquisitions (in the case of an NYSE-listed company) and issuances of equity securities or securities exercisable for equity securities.

How does the 20% rule relate to the rules governing transactions involving a "change in control" or an acquisition?

Change of Control

Both Nasdaq and the NYSE American require an issuer to obtain shareholder approval prior to an issuance of securities that will result in a "change of control". Nasdaq requires issuers to notify Nasdaq at least 15 calendar days before issuing securities that may potentially result in a change of control. The NYSE American simply cautions that an issuer considering issuing "a significant percentage" of its shares should consult the exchange to determine whether shareholder approval is required.

While neither Nasdaq nor the NYSE American has formally defined "change of control", Nasdaq has provided some guidance. Nasdaq will consider several factors in determining whether a change of control will occur as a result of a transaction, the most salient of which are the post-transaction stock ownership and voting rights of the investors. This "change of control" test can be somewhat subjective. Generally, if a transaction results in an investor or group of investors obtaining a 20% interest or a right to acquire that interest in the issuer on a post-transaction basis, and that ownership position would be the largest position in the issuer, the transaction may be presumed to be a change of control and should be carefully reviewed. Needless to say, this threshold is less than the "51% or greater" ownership that might suggest "control" to many; accordingly, practitioners should make the parties to a transaction aware of these issues as early as possible. However, if pre-existing control positions are not displaced by the transaction (for example, if another shareholder has a more significant ownership interest), Nasdaq may determine that shareholder approval is not required with respect to the transaction (although it may be required for other reasons, including the 20% rule)①.

The NYSE has a similar rule that shareholder approval is required prior to an issuance that will result in a "change of control". The NYSE also does not define change of control, and the exchange applies a subjective test on a case-by-case basis. Generally, purchases of more than 30% of the outstanding voting stock are presumed to constitute a change of control, and purchases of between 20% and 30% of the outstanding voting stock may be presumed to constitute a change of control, depending on the NYSE's review of the issuer's corporate governance structure, such as board seats, management rights and other control rights of the acquirer of the securities. Although the NYSE has allowed certain transactions to proceed without a shareholder vote under both the 20% rule and the change of control rule, under this

---

① See, e.g., Nasdaq Staff Interpretative Letters 2007 – 25, 2008 – 3 and 2008 – 5.

subjective NYSE test, an issuance of even less than 20% of common stock or voting power may be sufficient in some situations to be deemed to have resulted in a change of control. Issuers should seek specific guidance from the NYSE before proceeding with a transaction.

Acquisitions

Nasdaq issuers must also keep in mind that an acquisition-related issuance of securities may fall under the "acquisition rule" rather than the 20% rule, if the issuance is equal to or greater than 20% of the number of shares of common stock or voting power outstanding, or if insiders have an interest in the target entity, 5% of the number of shares of common stock or voting power outstanding. Nasdaq will use the following factors to determine which rule to apply:

- proximity of the financing to the acquisition;
- timing of board approvals;
- stated contingencies in the acquisition documents;
- stated uses of proceeds①.

The NYSE American has a similar rule that shareholder approval is required for securities issued as sole or partial consideration for an acquisition of the stock or assets of another company if the issuance is equal to or greater than 20% of the number of shares of common stock or voting power outstanding, or if insiders have an interest in the target entity, 5% of the number of shares of common stock or voting power outstanding. The NYSE American also notes that a series of closely related transactions may be regarded as one transaction for the purpose of the acquisition rule. Issuers should seek specific guidance from the NYSE before proceeding with an acquisition-related issuance.

It is prudent to consider the change of control rule, the acquisition rule and the 20% rule in any transaction that involves an issuance close to 20%. In many cases, it will be appropriate to consult the relevant exchange early in the transaction process.

When do issuances to officers, directors, significant shareholders and other related parties require a shareholder vote?

Under the NYSE rules, shareholder approval is required prior to the issuance of common stock, or securities convertible into or exercisable for common stock, in any transaction to a director, officer or significant shareholder of the issuer (a "Related Party"), a subsidiary, affiliate or other closely-related person of a Related Party, or any company or entity in which a Related Party has a substantial direct or indirect interest, if the number of shares of common stock to be issued, or the number of shares of common stock into which the securities may be convertible or exercisable, exceeds 1% of either the number of shares of common stock or the voting power outstanding before the issuance (or 5% of either

---

① For more information on the Nasdaq acquisition rule, see Nasdaq FAQs, Shareholder Approval—Acquisitions.

the number of shares of common stock or the voting power outstanding if the Related Party is only a significant shareholder).

However, there is a new exemption from this rule under some circumstances for smaller companies. In December 2015, the NYSE amended section 312. 03 (b) of its Listed Company Manual to permit "early stage companies" to issue shares of common stock (or exchangeable or convertible securities) without shareholder approval to a related party, a subsidiary, affiliate or other closely-related person of a related party or any company or entity in which a related party has a substantial direct or indirect interest. An "early stage company" is a company that has not reported revenues in excess of $20 million in any two consecutive fiscal years since its incorporation; and a "related party" is defined as a director, officer or holder of 5% or more of the issuer's common stock. In order to use the exemption, the audit committee (or a similar committee of independent directors) of the issuer must review and approve the transaction prior to completion. This exemption is only available for sales of securities for cash and is not available for issuances in connection with an acquisition transaction.

In contrast to the NYSE, Nasdaq and the NYSE American do not have an analogous rule and do not require shareholder approval for issuances to Related Parties unless one of the other rules discussed herein is implicated. However, Nasdaq might view an issuance to an employee, officer or director priced at a discount as equity compensation under Nasdaq Rule 5635 (c), thus requiring shareholder approval.

The "Public Offering" exception and Analyzing Different Types of Offerings under the 20% Rule

What is the "public offering" exception to the 20% rule?

Under Nasdaq and NYSE American rules, shareholder approval is not required for a "public offering."[①] under each exchange's rules, an offering is not deemed to be a "public offering" merely because it is made pursuant to a registration statement, but a firm commitment underwritten offering, registered with the Securities and exchange Commission (the "SeC"), will be considered a public offering. The Nasdaq and NYSE American staffs will consider all relevant factors when determining whether an offering qualifies for the public offering exemption, including:

• the type of offering, including (1) whether the offering is conducted by an underwriter on a firm commitment basis, (2) whether the offering is conducted by an underwriter or placement agent on a best efforts basis, or (3) whether the offering is self-directed by the issuer;

• the manner in which the offering is marketed;

---

① See Nasdaq Rule 5635 (d) and NYSE American section 713.

● the extent of the offering's distribution, including the number of investors who participate in the offering;

● the offering price;

● the extent to which the issuer (as opposed to, for example, a third-party underwriter) controls the offering and its distribution. ①

Issuers are encouraged to seek the relevant Exchange staff's advice to determine whether or not a particular offering is a public offering for purposes of the 20% rule.

The NYSE similarly exempts "public offerings for cash" from the 20% rule②, but does not offer formal guidance to determine when a particular offering would qualify as a public offering. However, the NYSE will generally consider firm commitment underwritten offerings to be "public offerings."

Issuers seeking to ensure that an offering meets the public offering exemption should plan to market the offering broadly, including to both retail and institutional investors.

How are hybrid offerings, such as registered direct offerings, analyzed under the 20% rule?

The mere fact that the offering is registered with the SeC does not necessarily make the offering "public" for exchange purposes. Although a registered direct transaction by definition is a public offering for SeC purposes, in certain circumstances such transaction may be considered by the exchanges to be a private placement and, accordingly, subject to the 20% rule. For example, Nasdaq's unwritten policy is to consider whether the offering was marketed widely to retail investors. Nasdaq will consider the particular circumstances of the transaction, such as the number of offerees and the manner in which the offering was marketed. Additionally, Nasdaq expects the issuer to issue a press release announcing the offering in advance of the completion of the marketing effort.

As discussed above, the NYSE does not offer formal guidance to determine when a particular offering would qualify as a public offering.

When conducting a narrowly marketed hybrid offering, issuers might obtain shareholder approval prior to commencing the offering, limit the size of the offering to 19.99% of the issuer's common stock outstanding prior to the offering, or ensure pricing at or above market.

Does the 20% rule raise any concerns in the context of a confidentially marketed public offering?

Confidentially marketed public offerings (CMPOs) will typically not be affected by the 20% rule. Unlike hybrid offerings, CMPOs are firm commitment underwritten offerings; thus the Exchanges will consider CMPOs "public offerings." Additionally, in a CMPO, the issuer will typically issue a press release announcing the offering at 4: 01 p.m. on the last day of confidential pre-marketing, at which point the offering becomes public and retail investors can participate. This further satisfies the

---

① See Nasdaq IM 5635 - 3 and Commentary to NYSE American section 713.
② See NYSE Rule 312.03 (c).

"public offering" requirement.

How are Rule 144A offerings analyzed under the 20% rule?

Offerings under Rule 144A ("Rule 144A") under the Securities Act of 1933, as amended (the "Securities Act"), are not by definition "public offerings" despite the fact that they generally share many of the characteristics of a public offering, including a firm commitment obligation of the initial purchasers to purchase the securities. Additionally, the "non-fungibility" provisions of Rule 144A prohibit the issuance of equity securities pursuant to Rule 144A that are substantially similar to a class of securities listed on a national securities exchange or quoted in an automated inter-dealer quotation system. These attributes of Rule 144A offerings have led a number of market participants and their counsel to suggest to Nasdaq that Rule 144A offerings be considered "public offerings" for purposes of the 20% rule. At this time, Nasdaq has not indicated whether it will propose such a change to its rules. In contrast, Rule 144A offerings fall under the "bona fide private financing" exemption under NYSE Rule 312.04 (g).

For securities convertible or exchangeable for a listed security, the Rule 144A non-fungibility provision is satisfied if the securities have a conversion premium of at least 10%. Such a conversion premium would theoretically satisfy the Exchanges' concerns about excessive dilution without the approval of shareholders. Offerings under Rule 144A for securities convertible or exchangeable for a listed security typically also have a "blocker" provision in the document describing the rights of the securityholder (i.e., the indenture for convertible debt securities or the certificate of designations for convertible preferred stock). A blocker provision serves to prevent violations of the 20% rule incident to conversions of the securities, the impact of a fundamental change clause or the effect of a make-whole provision satisfied in stock.

How are "net share settled" convertible bonds treated for purposes of the 20% rule?

Net share settled convertible bonds allow for the payment to the investor to be made in shares, cash or a combination of both. An issuer that is concerned about the dilutive effect of settling in stock may elect to pay a portion of the conversion value in cash rather than in shares. Previously, both Nasdaq and the NYSE considered issuances of this type of convertible bond to be ineligible for the exemption from shareholder approval. However, in March 2015, Nasdaq indicated that convertible bonds with flexible settlement provisions will be treated the same way as physically-settled bonds under the rule. If the conversion price of the bonds equals or exceeds the greater of the book value and market value per share of the issuer's common stock, shareholder approval will not be required. [1]

---

[1] See Nasdaq FAQ 1136.

Market Value, Calculating the 20% Limit and the Treatment of Warrants

How is "less than market value" determined?

Nasdaq defines "market value" as the consolidated closing bid price immediately preceding the time at which the parties enter into the agreement to issue the securities. If a transaction is entered into during market hours before the close of the regular session at 4:00 p.m., eST, the closing bid from the previous day's trading will be used. If the transaction is entered into after the close of the regular session, then that day's closing bid price is used.

The NYSE defines "market value" as the official closing price on the NYSE as reported to the consolidated tape immediately preceding the time at which the parties enter into a binding agreement to issue the securities.

The NYSE American rules do not include a definition of market value.

The exchanges will not consider an average price over two or more trading days or a volume weighted average price (VWAP) in determining market price. Therefore, the timing of the signing of a definitive purchase agreement may be meaningful if the issuer's stock price is volatile.

For Nasdaq purposes, "book value" is the shareholders' equity from the issuer's most recent public filing with the SeC. The shareholders' equity divided by the total shares outstanding is the book value per share. Goodwill and other intangible assets are included in an issuer's book value. Also, a more recent book value may be used if an issuer files a document with the SeC, such as a Current Report on Form 8-K or Report on Form 6-K, reflecting the shareholders' equity and shares outstanding to allow for the calculation of an updated book value. The NYSE and NYSE American rules do not include a definition of book value.

How is the market value of convertible securities determined?

For Nasdaq issuers, securities convertible into or exercisable for common stock are issued at a discount to market value if the conversion or exercise price is less than the market value of the common stock at the time the parties enter into a binding agreement with respect to the issuance. The NYSE and NYSE American have applied a similar formulation in specific transactions, but have not issued formal guidance on this point.

How is the 20% limit calculated?

Under the Nasdaq and NYSE American rules, the percentage of common stock to be issued in a transaction is calculated by dividing the "maximum potential issuance" by the number of shares of common stock issued and outstanding before the transaction. The "maximum potential issuance" will include all securities initially issued or potentially issuable or potentially exercisable or convertible into shares of common stock as a result of the transaction, including as a result of earn-out clauses, penalty

237

provisions and equity compensation awards. The number of shares of common stock issued and outstanding before the transaction will include all classes of common stock added together and should not assume the conversion or exercise of any options, warrants or other convertible securities. Accordingly, the test is "biased" in favor of calculating a higher percentage.

Under the NYSE rules, the calculation depends on voting power: the 20% limit is based on the voting power of the common stock, or securities convertible into common stock, to be issued divided by the "voting power outstanding" before the issuance. "Voting power outstanding" refers to the aggregate number of votes that may be cast by holders of those securities outstanding that entitle the holders to vote generally on all matters submitted to the issuer's security holders for a vote.

The Exchanges will each aggregate sales by officers, directors and substantial shareholders with shares issued by an issuer in calculating the 20% limit.

How are warrants treated for purposes of the 20% rule?

The inclusion of warrants in a private placement or registered direct offering will affect the analysis of the market value of the securities offered. For Nasdaq issuers, if the common stock portion of an issuance that includes warrants is less than the 20% threshold and the shares of common stock are offered at a price below the greater of market or book value, but with the inclusion of the warrant portion (assuming full exercise) the offering results in an issuance of shares of common stock that is greater than 20% of the pre-transaction shares outstanding, then the transaction will require shareholder approval. However, the warrant portion will be excluded from the 20% rule analysis if the warrant exercise price is at or above the greater of market or book value and the warrants are not exercisable for at least six months.

If the common stock portion of an offering that includes warrants exceeds the 20% threshold, Nasdaq will value the warrants at $0.125 (plus any amount by which the warrant is in the money), regardless of whether the exercise price exceeds the market value. ①This is often referred to as the "1/8th Test." Therefore, a Nasdaq issuer issuing units with 100% warrant coverage should price the units at least $0.125 above the greater of market or book value of the common stock or else seek shareholder approval prior to the transaction. even if the warrants have a six-month exercise period, they will still be included in the calculation.

The NYSE and NYSE American do not provide formal guidance on the valuation of warrants for purposes of the 20% rule. The NYSE has, however, given informal guidance indicating that it will accept a valuation based on Nasdaq's 1/8th Test.

---

① For example, if an issuer's common stock has a market value of $10 per share and the issuer issues units consisting of one share of common stock and one warrant (thus reflecting 100% warrant coverage) exercisable at $10 per share, unless the price of the units in the offering is at least $10.125, Nasdaq will consider the offering to be issued at a discount, regardless of whether the warrants are immediately exercisable.

How are transactions that include "penny warrants" treated for purposes of the 20% rule?

Nasdaq has indicated that it closely examines any offering that includes warrants that are exercisable for little or no consideration, referred to as "penny warrants," as such a transaction may be dilutive to shareholders and provide little economic benefit to the issuer. Nasdaq may exercise its discretionary authority to object to a transaction involving penny warrants, even when shareholder approval is not required. Issuers considering a transaction involving penny warrants or other deeply discounted securities should consult Nasdaq before moving forward.

The NYSE and NYSE American do not provide guidance on the evaluation of penny warrants.

How are warrants with a cashless exercise feature treated under the 20% rule?

In February 2017, Nasdaq indicated that, although its rules do not explicitly prohibit the issuance of warrants with a cashless exercise feature (i.e., warrants that allow the holder, under certain circumstances, to exercise or exchange them for stock in a cashless transaction), they could still result in the issuance of an increasing number of shares as the issuer's share price declines. Depending on the circumstances, Nasdaq can determine that the issuance of these types of warrants raises public interest concerns.

When reviewing transactions that include these types of warrants, Nasdaq generally assumes that the conversion of the warrants will result in the maximum possible dilution over the shortest period of time. In addition, in determining whether the issuance of these types of warrants raise public interest concerns, Nasdaq will consider the following factors:

- the business purposes of the transaction;
- the amount to be raised in the transaction relative to the issuer's existing capital structure;
- the dilutive effect of the transaction on the existing shareholders;
- the risk undertaken by the investors in the new securities;
- the relationship between the investors and the issuer;
- whether the transaction was preceded by other similar transactions;
- whether the transaction is consistent with the just and equitable principles of trade; and
- whether the warrant includes features to limit the potential dilutive effect of its conversion or exercise.

Issuers considering a transaction involving warrants with a cashless exercise feature should consult Nasdaq before moving forward.

Two-Step Transactions and Share Caps

How are two-step transactions used to comply with the 20% rule?

The amount of time required to obtain shareholder approval of a transaction, including preparation and possible SeC review of the proxy statement and the notice period required by state law, is typically prohibitive for most substantial private placements. Furthermore, the issuer may have an immediate need for cash. Private placements may be expedited by structuring the transaction in two steps (or tranches). An issuer may issue:

- up to 19.9% of the outstanding common stock (or securities convertible into or exercisable for common stock) prior to receiving shareholder approval; and

- an additional amount if and when shareholder approval is obtained (such vote to be scheduled after the closing of the first tranche).

How are share caps evaluated by the Exchanges?

Nasdaq guidance specifically indicates that "share caps" (i. e., provisions prohibiting the issuance of securities in excess of 19.9% of the pre-transaction total shares outstanding) and "floors" on the conversion price of convertible securities are acceptable mechanisms to avoid the need to obtain shareholder approval prior to the completion of a transaction. However, Nasdaq will not accept a share cap if the shares that are issuable under the cap (in the first part of the transaction) are entitled to vote to approve the second step of the transaction.

Similarly, securities that are convertible for common stock are not entitled to convert prior to the shareholder vote; and if shareholders disapprove the transaction, then conversions can take place up to but not reaching an amount that would require shareholder approval. In addition, a cap must apply for the life of the security or until shareholder approval is obtained. Nasdaq will also not accept a cap that is only in place while an issuer is listed on Nasdaq. ①

The NYSE American has provided similar guidance indicating that share caps may be employed as a way to avoid the need for shareholder approval prior to the completion of a transaction, although the use of share caps cannot be coercive. ②

The NYSE has not provided formal guidance on two-step transactions, but it has accepted such transactions on several occasions, although the use of a share cap cannot be coercive. ③

What are "alternative outcomes" in the context of two-step transactions?

In accordance with Nasdaq guidance, share caps may not be used in connection with the issuance of convertible securities that include a "penalty" or "sweetener" triggered upon the outcome of the shareholder vote (referred to by Nasdaq as "alternative outcome transactions"). Penalties and sweeteners are terms of convertible instruments (such as an increased coupon or conversion ratio or a monetary fee to the issuer) that are triggered if shareholders reject a portion of the transaction. An

---

① See Nasdaq IM 5635 – 2

② See Commentary to NYSE American section 101.

③ See, e. g., Current Reports on Form 8 – K filed by CAMAC energy Inc. on January 6, 2012, and by Cal Dive International, Inc. on July 18, 2012.

example of an impermissible share cap would be an issue of convertible preferred stock or debt that provides for conversions of up to 19.9% of the total shares outstanding, with any further conversions subject to shareholder approval, if the terms of the convertible preferred stock or debt contain a penalty or sweetener. ①Impermissible sweeteners might also be structured to benefit the existing shareholders, for instance, if the interest rate on a convertible note starts at 20%, but decreases to 5% if the shareholders approve the second step of a two-step transaction.

Other examples of alternative outcomes include changes to the interest and/or dividend rates, rights of rescission where funds are returned to an investor if shareholder approval is not obtained, changes to maturity dates, and changes to investment amounts, even if these changes may benefit the issuer. ②Although the NYSE and NYSE American do not provide the robust guidance that Nasdaq provides on alternative outcomes, issuers should consult with the relevant exchange before setting the final terms of a transaction as the exchanges will provide informal guidance on the features they deem coercive.

Under what circumstances will offerings be "aggregated" for the purposes of the 20% rule?

Nasdaq will consider the following factors in determining whether multiple issuances should be aggregated for the purposes of the 20% rule:

- the timing of the issuances;
- the facts surrounding the initiation of the subsequent transaction (i.e., if the issuer is already planning the subsequent transaction at the time of the first transaction, or if the issuer already expected that it would need to raise additional capital);
- the commonality of investors;
- the existence of contingencies between the transactions;
- any commonalities as to use of proceeds;
- timing of board approvals.

The more links that exist between the issuances, the more likely it is that Nasdaq will aggregate the issuances. If the aggregated issuances breach the 20% threshold, shareholder approval will be required. These considerations are similar, though not identical, to the five-factor integration test under Rule 502 (a) of Regulation D under the Securities Act ("Regulation D"). The five-factor test is used to analyze whether two or more private offerings should be integrated for the purposes of determining whether an issuance meets the requirements under Regulation D for exemption from registration. For example, Nasdaq generally does not aggregate transactions that are more than six months apart. The NYSE and NYSE American, however, do not provide precise guidance as to when multiple issuances will be aggregated.

---

① See Nasdaq IM 5635 – 2 and Nasdaq FAQs, Shareholder Approval—Alternative Outcomes & Defective Share Caps.

② See Nasdaq Staff Interpretative Letter 2009 – 15.